Ludwig Nieder, Werner Schneider (Hg.)

# Die Grenzen des menschlichen Lebens

*[handschriftliche Widmung:]*
Für Renate
zum Geburtstag
und zu
Weihnachten
2007
[Unterschrift]

# Studien zur interdisziplinären Thanatologie

herausgegeben von

Prof. Dr. phil. Armin Nassehi (München)

Prof. Dr. päd. Franco Rest (Dortmund)

Prof. Dr. theol. Dr. phil. h.c. Georg Weber (Münster)

Band 10

LIT

Ludwig Nieder, Werner Schneider (Hg.)

# Die Grenzen des menschlichen Lebens

Lebensbeginn und Lebensende aus sozial- und
kulturwissenschaftlicher Sicht

LIT

Umschlagbild: Kasimir Malewitsch: Schwarzes Quadrat auf weißem
Grund (1913/14)

**Bibliografische Information der Deutschen Nationalbibliothek**
Die Deutsche Nationalbibliothek verzeichnet diese Publikation in der
Deutschen Nationalbibliografie; detaillierte bibliografische Daten sind
im Internet über http://dnb.d-nb.de abrufbar.

ISBN 978-3-8258-0825-9

© LIT VERLAG Dr. W. Hopf Hamburg 2007
Auslieferung/Verlagskontakt:
Fresnostr. 2   48159 Münster
Tel. +49 (0)251–620320   Fax +49 (0)251–231972
e-Mail: lit@lit-verlag.de   http://www.lit-verlag.de

# Inhaltsverzeichnis

# Grenzfragen menschlichen Lebens: Lebensbeginn und Lebensende aus kultursoziologischer Sicht – Einleitung

*Werner Schneider / Ludwig Nieder*

## 1. Vorbemerkung

Kasimir Malewitschs „Schwarzes Quadrat" aus dem Jahr 1913/14 wurde von ihm selbst als „Ikone der neuen Kunst" bezeichnet und verdeutlicht den Versuch, die Kunst vom Gewicht der Dinge zu befreien. Als Gründungswerk der geometrisch abstrakten Malerei soll es beim Betrachter die Empfindung der Gegenstandslosigkeit und Leere hervorrufen. „In ihm, dem Quadrat", schreibt Malewitsch 1920 begleitend zu seinem Bild, „sehe ich das, was die Menschen einstmals im Angesicht Gottes sahen".[1] Das Schwarze Quadrat markiert die Grenze zur Abstraktion und geometrischen Reduktion am Beginn des zwanzigsten Jahrhunderts und steht damit am Übergang von Tradition zu Modernität in der Kunst. Mehr noch: Als „Schwarzes Quadrat auf weißem Grund" repräsentiert es in dieser elementaren Gegensätzlichkeit womöglich die Grundlogik jeglicher moderner Grenzziehung par excellence – sofern man soziologisch 'das Moderne' als auch und gerade durch kontrastierende Unterscheidbarkeit und Vereindeutigung gekennzeichnet sieht.

    Hier liegt die Verbindung zum Thema des vorliegenden Bandes nicht fern. Die Grenzen des Lebens erscheinen dem modernen Denken – in Abgrenzung zu den mythisch-magischen Vorstellungen traditionaler Gesellschaften – als durch rationales Wissen, durch (Natur-)Wissenschaft eindeutig bestimmbar: So wie in der vom Maler durch Farbwahl und Linienzüge vorgenommenen 'vereindeutigten' Grenzziehung markieren Lebensbeginn und Lebensende gleichsam von der Biologie vorgegebene, fixe und definitive Zeitpunkte, die als eindeutige existentielle Entweder-Oder-Differenzen lediglich korrekt erkannt werden müssen, um damit gesellschaftliches Handeln an den Grenzen menschlichen Lebens grundlegend zu orientieren. Doch wie bei einem Bild, welches als gemachtes niemals Abbild sein kann, sondern immer Wirklichkeit (mit)erschafft, handelt es sich bei den Grenzen menschlichen Lebens um gesellschaftlich konstruierte und damit grundsätzlich kontingente Grenz*ziehungen*. In einer kultursoziologischen Perspektive wird deutlich, dass die Grenzziehungen immer in kulturellen Wertentscheidungen gründen, die in der heutigen pluralisierten Wissensgesellschaft, die sich auch immer mehr ihres Nicht-Wissen-Könnens bewusst wird (Schneider 1999a: 202ff., 286ff.; Wehling 2006), ihren unhinterfragbaren Anspruch auf Allgemeinverbindlichkeit, einschließlich der damit verbundenen kollektiven Deutungsgewissheit und Handlungssicherheit, verloren haben. Damit drängen

---

1   Kasimir Malewitsch, cit. nach Nemeczek (2003: 15).

heute solche Grenzfragen und Grenzziehungsprobleme symbolisch wie praktisch zunehmend in unseren eigenen Verantwortungsbereich, verlieren ihre ehedem vermeintlich traditionell-religiöse oder naturwissenschaftliche Festgestellt-
heit. D.h.: Nicht nur in der distanziert reflektierenden wissenschaftlichen Analyse, sondern gerade auch in den alltäglichen Erfahrungen und Handlungsproble-
men von Lebens- bzw. Todes-Experten verschiedenster Professionen wie auch
von Laien wird immer deutlicher, dass wir selbst es sind, die diese Grenzen
konstruieren, definieren und immer schon konstruiert und definiert haben – ob
wir es wahrhaben wollen oder nicht.

Doch was folgt aus dem *Wissen* um die *Reflexivität gesellschaftlichen Wissens*, aus dem heutigen Bewusstsein, solche Grenzen selbst ziehen zu müssen,
solche Konstruktionen konstruieren zu müssen? Vielleicht gar der Wunsch nach
einem prinzipiellen Nicht-Wissen-Wollen? Und dennoch bleibt gerade an den
Grenzen menschlichen Lebens zu klären: Was unterliegt dem gesellschaftlichen
Zugriff, was erscheint uns für die gesellschaftliche Gestaltung offen? Was davon gilt es (aus welchen Gründen) vor der weiteren Umgestaltung zu bewahren?
Und was entzieht sich dem gestaltenden Zugriff?

Das sind Fragen, welche die Soziologie nicht allein, sondern nur im interdisziplinären Austausch mit Disziplinen wie z.B. der Theologie, der Humanethologie und den vergleichenden Kulturwissenschaften beantworten kann. Ein
gemeinsamer Referenzpunkt hierfür liegt in der Abgrenzung gegenüber den
weithin geforderten/geförderten 'life sciences' mit ihrer positivistischen Ausrichtung, die uns den gezielten Umbau der Natur des Menschen verheißen, sobald wir diese nur 'komplett entschlüsselt' hätten, und gegenüber der in den
politisch-medialen Diskursen vorherrschenden Bearbeitung solcher Fragen innerhalb medizinisch-naturwissenschaftlicher und formal-rechtlicher Rahmen.
Dem entgegen möchte der vorliegende Band explizit an die Traditionen eines
kultur- und geisteswissenschaftlichen Programms anknüpfen, bei dem nicht
zuletzt der Blick in andere kulturelle Kontexte das Verständnis der eigenen
Kultur und gesellschaftlichen Dynamik erweitert. Denn die 'Natur des Menschen', sein 'Wesen' – als sozial konstruierte Wirklichkeit – ändert sich in dem
Moment, in dem wir als Gesellschaft seine 'Natur', sein 'Wesen' anders definieren und diese andere Wahrnehmung, dieses andere 'für-wahr-nehmen' dessen, was 'den' Menschen kennzeichnet, unsere Handlungen und Interaktionen
leitet (Schneider 2005) – und zwar gerade am Lebensbeginn und Lebensende.

Die in diesem Band versammelten Beiträge gründen zum Großteil in Vor-
trägen, die im Rahmen einer interdisziplinären und kulturvergleichenden wissenschaftlichen Tagung zum Thema „Die Modernisierung religiöser Sinnstruk-
turen und die Grenzen des menschlichen Lebens – Lebensbeginn und Lebensende aus kulturwissenschaftlicher Sicht" aus Anlass der Emeritierung von Professor Dr. Horst Jürgen Helle vom 7. bis 8. November 2002 in München stattfand. Ungeachtet ihrer unterschiedlichen inhaltlichen Spezialisierungen und
theoretischen Perspektiven konvergieren die einzelnen Beiträge in einem thematischen Fokus, der die Leitfrage dieser Publikation bildet: Auf welche unter-

schiedlichen Weisen konstituieren Menschen in verschiedenen sozialen Kontexten und entlang der jeweiligen kulturellen Vorgaben die Grenzziehungen am Beginn und am Ende des Lebens? Die aus verschiedenen Disziplinen stammenden Buchbeiträge zeigen anhand verschiedener Themen eindrücklich die kulturelle, historische und geographische Diversität und Variabilität der Grenzziehungspraktiken, in denen und durch die sich die jeweiligen, als 'wahr' geltenden Grenzen des Lebens manifestieren.

Vor einer einleitenden Übersicht zu den Beiträgen des Bandes sollen die folgenden Abschnitte – in orientierender Absicht und fokussiert nicht nur auf die Grenzprobleme in modernen Gegenwartsgesellschaften – die mit diesem Band aus sozial- und kulturwissenschaftlicher Sicht verfolgte Analyseperspektive auf die Grenzfragen des menschlichen Lebens kurz skizzieren.

## 2. Grenzfragen menschlicher/sozialer Existenz

Wo beginnt menschliches Leben und wo endet es? Welche bislang gültigen Grenzen der Verfügbarkeit von Leben gilt es zu bewahren, welche müssen neu ge- oder gar 'erfunden' werden? Worin bestehen und auf welchen Fundamenten gründen unsere normativen Vorgaben für den Umgang mit dem beginnenden menschlichen Leben, mit Noch-Lebenden, aber bereits Sterbenden, und mit Toten? Drängender denn je, so scheint es dem unbefangenen Beobachter der öffentlichen Diskussionen rund um zumeist medizinisch dominierte Themen wie z.B. Pränataldiagnostik, Stammzellenforschung, Hirntod-Definition und Transplantationsmedizin oder Sterbebegleitung versus Sterbehilfe, sehen sich moderne Gesellschaften mit solchen Fragen konfrontiert, die an den Grundfesten des gesellschaftlichen Zusammenlebens rütteln.

Dies erfordert in der sogenannten 'Zweiten, reflexiven Moderne' (z.B. Beck/Bonß 2001; Beck/Bonß/Lau 2004; Beck/Lau 2005) wachsende Deutungsanstrengungen, um die mit der medizintechnischen Entwicklung einhergehenden, selbst produzierten Unsicherheiten ('manufactured uncertainties'; vgl. z.B. Beck/Giddens/Lash 1996: 289ff., 316ff.) im Umgang mit 'dem Menschlichen' mit ihren zunehmenden Entscheidungsmöglichkeiten und -zwängen gesellschaftlich bearbeiten zu können. Aber entgegen der im öffentlichen, medialen Diskurs gemeinhin hierzu herrschenden feuilletonistischen Aufgeregtheit offenbart ein kultursoziologisch und -historisch vergleichender Blick auf dieses Problemfeld zunächst, dass jede Gesellschaft, gleich welchem Kulturkontext oder welcher historischen Epoche zugehörig, die Aufgabe zu bewältigen hat, (Handlungs-)Sicherheit und (Deutungs-)Gewissheit darüber herzustellen, wann menschliches Leben beginnt und wann es endet (vgl. Schneider 1999a: 57ff.). Mehr noch: In der kulturspezifisch gezogenen Trennlinie zwischen dem (menschlichen) Leben versus dem Noch-Nicht- oder Nicht-Mehr-Lebendigen manifestieren sich in einem umfassenden und grundlegenden Sinn die jeweils geltenden 'Grenzen des Sozialen' (vgl. Lindemann 2002).

Im soziologischen Sinne 'wirk-lich' – also handlungswirksam – werden die Grenzen menschlichen Lebens für die jeweiligen Gesellschaftsmitglieder insbesondere durch die jeweils institutionalisierten rituellen Praktiken am Lebensbeginn und -ende. Hier wird den Mitgliedern einer Gemeinschaft in der sozialen Praxis rund um Zeugung, Schwangerschaft und Geburt, Sterben und Tod konkret erfahrbar, wann wem aufgrund von was der Status der Mitgliedschaft in einer sozialen Gemeinschaft verliehen bzw. entzogen wird. Dies zeigt sich bei – auf den ersten Blick so unterschiedlichen – Kulturphänomenen wie z.B. traditionalen Fruchtbarkeitsriten oder modernen in-vitro-Fertilisationen ebenso wie bei schamanistischen Praktiken der Kontaktaufnahme mit verstorbenen Ahnen oder der ärztlichen Praxis der Todesfeststellung. Die dazugehörigen Deutungsmuster und Sinngebungsoptionen verweisen dabei nicht nur auf die symbolisch vermittelten und handlungswirksamen Differenzen zwischen Menschlichem und Nicht-Menschlichem. Sondern sie gründen auch und gerade auf Unterscheidungen wie zwischen dem, was z.B. ontologisiert als natürlich gegeben oder als von Gott gesetzt gedacht wird, versus dem, was als gesellschaftlich zu gestalten oder gar als individuell zu entscheiden gilt. Und nicht zuletzt steht damit auch eine Antwort auf die Frage im Raum, wie sich 'das Soziale' nicht nur in einem diesseitigen Erfahrungsbereich konstituiert, sondern, wie es sich zu anderen, als transzendent gesetzten Wirklichkeitsbereichen verhält.

## 3. Zur Grenzziehungsproblematik am Lebensbeginn / Lebensende

Sowohl zu Fruchtbarkeit und Geburt als auch – und vielleicht wichtiger noch – zu Sterben und Tod bot Religion in einem traditionellen Verständnis als 'Sinnstifter par excellence' den Menschen Antworten auf die soeben angedeuteten Grundfragen. So schreiben Peter L. Berger und Thomas Luckmann mit Blick auf den Tod: „In der Legitimation des Todes manifestiert sich die Kraft symbolischer Sinnwelten im Hinblick auf Transzendenz am klarsten, und die Fähigkeit der absoluten Legitimation der obersten Wirklichkeit des Alltagslebens, die menschliche Urangst zu mildern, enthüllt sich in ihr." (Berger/Luckmann 1980: 109)

Wendet man sich mit dieser Vorgabe zunächst der gesellschaftlichen Ordnung des Lebensendes zu, so ist das gesellschaftliche Grundproblem des Todes ein zweifaches. Zum einen geht es in Bezug auf das sterbende bzw. gestorbene Gesellschaftsmitglied ganz konkret um die Frage nach Un-/Sicherheit des in der Grenzziehung zwischen tot oder lebendig verwendeten Todeswissens. Im Kontext unserer modernen, medizinisch-naturwissenschaftlich geprägten Kultur markiert die ärztliche Todesfeststellung als soziale Praxis die Grenze zwischen dem Aufrechterhalten oder dem Entzug des Status einer 'Person'. Dabei werden körperliche Zustände und Äußerungen des Betreffenden, identifiziert als Lebens- oder Todeszeichen, von den beteiligten Akteuren als noch-Vorhandensein oder bereits als Abwesenheit von 'Personalität' gedeutet. Zum anderen geht es um die symbolische Bewältigung der Erfahrung des Todes eines Gesellschaftsmitgliedes für die darin involvierten Weiterlebenden, indem ihnen diese soziale Praxis der Todesfeststellung sinnhaft verstehbar erscheint (z.B. im Hinblick auf die damit zum Ausdruck gebrachte Relation zwischen Körperlichkeit und Personalität). Allgemeiner gesagt ist damit die Anforderung gemeint, die jeweiligen Todesdeutungen, welche die Praxis des Umgangs mit Sterbenden und Toten grundlegend orientieren, idealiter so in das Wertesystem einer Kultur zu integrieren, dass sie langfristig angelegt sind sowie umfassende Akzeptanz besitzen. Eine solche gesellschaftliche 'Ordnung des Todes' – als kollektivierte Deutungsmuster und objektiviert in den entsprechenden institutionellen Bereichen von Medizin, Religion, Recht usw. bis hin zu den konkreten Praktiken der Todesfeststellung; – eine solche Ordnung ermöglicht den Gesellschaftsmitgliedern, das Sterben, den Tod von anderen, den antizipierten eigenen Tod mit Sinn auszustatten und ihnen als Lebende den Glauben an die Sinnhaftigkeit des individuellen oder kollektiven Weiterlebens im Diesseits zu vermitteln bzw. auf recht zu erhalten (Schneider 1999a; 2007). Vor diesem Hintergrund zeigt gerade der Länder- bzw. Kulturvergleich – z.B. zum Umgang mit dem Hirntod-Konzept und Organtransplantation oder unterschiedliche rechtliche Regelungen im kontroversen Feld von Sterbehilfe – die kulturelle Variabilität der damit verbundenen sozialen Praxis und die ihr zugrunde liegenden Deutungen.[2]

Ähnliches offenbart der Blick auf den Lebensbeginn: Während die traditionelle Sicht den Beginn des menschlichen Lebens noch gleichsam 'quasi-natürlich' entweder mit der Geburt des Kindes oder davor mit dem Spürbarwerden von Regungen des Fötus im Mutterleib ansetzte,[3] scheint die Grenzziehung zwischen Noch-nicht-Leben und Leben in reflexiv modernen Gesellschaften zunehmend ausschließlicher und entschiedener an soziale Definitionsprozesse gekoppelt zu werden. Die gesellschaftliche Ordnung des Lebensbeginns ist – abgesehen von der langen historischen Entwicklung zum Thema Kindstötung bzw. Abtreibung – erst mit den jüngsten Entwicklungen moderner Reproduktionstechniken, verschiedener biomedizinischer Diagnosemöglichkeiten beim ungeborenen Leben bis hin zur Stammzellenforschung im öffentlichen Bewusstsein moderner Gesellschaften als ein Bereich des gesellschaftlich Gestaltbaren zum Gegenstand kontroverser Auseinandersetzungen geworden (vgl. z.B. Beck-Gernsheim 1995; grundlegend auch Duden 1991). Die alte Frage „wann beginnt der Mensch, ein Mensch zu sein?", welche die Moderne auf der Basis

---

2  Vgl. zum Thema Hirntod und Organtransplantation z.B. die einzelnen Beiträge zu Japan, Spanien, Deutschland, Schweiz und Österreich von William LaFleur, David Casado-Neira, Claudia Wiesemann, Silke Bellanger und Erich Grießler in Manzei/Schneider (2006); siehe auch Schneider (1999b) sowie Wiesemann/Schlich (2001); zu den rechtlichen Regelungen von Sterbehilfe im Ländervergleich z.B. Wernstedt (2004).

3  Was durchaus mit unterschiedlichen Möglichkeiten des sozialen Ausschlusses des 'neu entstandenen Lebens' – als Kindsverstoßung – bis hin zum Recht der Kindstötung durch den Vater (z.B. im römischen Recht) einhergehen konnte.

von als eindeutig und 'wahr' geltendem, weil auf naturwissenschaftlichem Wissen zu seiner biologischen Existenz zu beantworten suchte, ist damit heute verstärkt und in gleichsam 'soziologisierter Qualität' aufgeworfen.[4] Denn eine
Grenzziehung aus ausschließlich naturwissenschaftlicher Sicht erscheint in der
fortschreitenden Moderne in zunehmenden Maße willkürlich, da sie eine dezisi-
onistische Praxis darstellt, die ihre Eingebundenheit in den Kontext normativer
ethischer Vorstellungen verschleiert und die hinter den konkreten Anwendungsfragen liegenden, kaum mehr mit kollektiver Verbindlichkeit ausgestatteten
Welt- und Menschenbilder nicht ausweist.

## 4. Wandel des Religiösen in der Moderne

Die historische Rückschau wie der Kulturvergleich zeigen, dass die hinter den
skizzierten Grenzproblemen stehenden Grundfragen des menschlichen Lebens,
welche die gesellschaftliche Praxis des Umgangs mit Leben und Tod bestimmen, in der Regel und überwiegend durch religiöse Sinnsysteme bearbeitet und
kollektiv verbindlich beantwortet wurden. Religionssoziologisch gesehen lassen
sich diese Grundfragen des menschlichen Lebens als soziale Grenzziehungsproblematik des Lebensbeginns und -endes auf die sinnhafte und funktionale
Bestimmung von Religion als „Kontingenzbewältigung" beziehen (Luckmann
1991; Luhmann 1982). Auf der Grundlage einer kultursoziologischen Perspektive wird Religion, über eine Betrachtung als institutionell differenzierten Kul-
turbereich im Sinne eines funktionsspezifischen gesellschaftlichen Subsystems
hinaus, als fundamentale Dimension menschlicher Kulturäußerung erkennbar.
D.h.: Nimmt man die philosophische Anthropologie (Herder, Nietzsche, Gehlen, Plessner) zum Ausgangspunkt, zeigt sich der Mensch als ein nicht von der
Natur bereits festgelegtes Wesen, das zur Bestreitung seines Lebens existentiell
auf Kultur und damit in spezifischer Weise auch auf Religion angewiesen zu
sein scheint. Die spezifische Vielfalt – im weitesten Sinne – religiöser Wirk-
lichkeitskonstruktionen und Sinnkonstitutionen in der Moderne erscheint aus
diesem anthropologischen Blickwinkel als kontingente Leistung sozialer Akteure. Dies gilt sowohl für die aktuelle Situation des Christentums als auch für die
verschiedenen Erscheinungsformen von neuer, außerkirchlicher Religiosität.[5]
Auch wenn mit Blick auf die westlichen Gesellschaften, trotz umfassender Ra-
tionalisierungs- und Säkularisierungsprozesse (vgl. z.B. Pollack 2003; Martin

---

4   Vgl. hierzu im Kontext der Theorie reflexiver Modernisierung z.B. Viehöver et al.
    (2004) und Wehling/Viehöver/Keller (2005).

5   Der Wandel des Religiösen kann mit Georg Simmel als Transformation und Diffe-
    renzierung von Formen mit relativer Konstanz von Inhalten (vgl. Simmel: 1989;
    Helle/Nieder 1997) rekonstruiert werden; eine Deutungsperspektive, die in ihrer
    Anwendung auf eine historische Analyse soziologisch relevante Gemeinsamkeiten
    und Unterschiede in den Formen der Kontingenzbewältigung deutlich werden lässt.

2005), bis weit in die Moderne hinein Religion als zentraler Orientierungsstifter wie auch als integrative Kraft galt, ja diese beiden Qualitäten ihr bis heute wohl (noch) nicht gänzlich verloren gegangen sind, erscheint der 'Standardbefund' der damit befassten Disziplinen dennoch eindeutig: Konstatiert wird ein umfassender Verlust ehemals kollektiv geteilter und durch die christlichen Großkirchen geprägter Sinnverbindlichkeiten – genauer noch: ein Legitimitätsverlust jener religiösen Institutionen, mit denen die Ansprüche auf Sinnverbindlichkeit sich kollektive Geltung verschaffen und erhalten konnten.[6]

In der Beschreibung der religiösen Landschaft in den westlichen Gegenwartsgesellschaften wird das Bild eines Pluralismus verschiedener religiöser Sinngehalte und Praxisformen deutlich (vgl. z.B. Höhn 2007). Neben der nach wie vor bestehenden gesellschaftlichen Relevanz der kirchlich organisierten christlichen Religion (Barth 2003; Graf 2004; Geyer 2006) „relativiert" ein breites Feld außerkirchlicher, miteinander konkurrierender religiöser Sinnangebote den konfessionell geprägten Monopol-Anspruch der Kirchen in Fragen der Glaubenswahrheit (Hitzler 1996: 272). Die Herauslösung aus religiösen Traditionen bedeutet eine Zunahme an Reflexivität gegenüber Gewissheiten und birgt die Möglichkeit subjektiver Arrangements und synkretistischer Tendenzen zur Verschmelzung unterschiedlicher religiöser Wissensbestandteile.

Unter dem Eindruck eines anhaltenden Individualisierungsprozesses in den westlichen Gesellschaften treten die Menschen verstärkt als selbsttätige und selbstverantwortliche Konstruktionsinstanzen ihrer multiplen Wirklichkeiten hervor. Sie werden aus traditionellen Lebensformen herausgelöst und sehen sich zunehmend entscheidungsoffenen Situationen und individuell gestalt- und formbaren Lebensmöglichkeiten gegenüber. Riskante Chancen und Freiheiten nehmen zu, soziale und kulturelle Ambivalenzen konfrontieren das Subjekt mit Unsicherheit (vgl. z.B. Beck/Beck-Gernsheim 1994.) Insbesondere im Bereich des religiösen Lebens treten Individualisierungsphänomene immer deutlicher hervor (Gabriel 1996; Barz 1997; Bretthauer 1999): „Parallel zur Spezialisierung und Differenzierung der Gesellschaften und der damit verbundenen Individualisierung aller Lebensbereiche scheint auch die Differenzierung und Spezialisierung religiöser Systeme voranzuschreiten, die mit einer Individualisierung der Heilssuche und Heilsfindung einhergeht." (Flasche 1996: 297)

Mit der konstatierten Relativierung des Deutungsmonopolanspruchs der christlichen Religion verschwindet 'das Religiöse' selbstverständlich nicht aus sich weiter modernisierenden Gesellschaften, aber es „verflüchtigt" sich gleichsam in verschiedene, nur schwach institutionalisierte, nicht immer leicht identifizierbare diffuse und fluktuierende Formen (Luckmann 1991). Oder es verlagert sich gar in andere gesellschaftliche Funktionsbereiche (Hammond 2000). Die 'Entkirchlichung' des Religiösen hin zu seiner zunehmenden Individualisie-

---

6 Für eine Diskussion dieses Aspekts im thematischen Kontext von Sterben und Tod vgl. z.B. Nassehi/Weber (1989); Nassehi (2003); Hahn (1991: 163; 1987: 155ff.); Schneider (2001) sowie verschiedene Beiträge in Knoblauch/Zingerle (2005).

rung, Pluralisierung und Privatisierung – in westlichen Demokratien vor allem mit Blick auf die religiöse Gestaltung des Alltagslebens der Gesellschaftsmitglieder in der Regel als Freiheitsgewinn in Glaubensfragen begrüßt – markiert diesem Befund zufolge einen folgenreichen Wandel der machtvollen symbolischen Ordnung von 'Religion' in der Moderne und dem damit korrespondierenden Institutionengefüge. Konkret: Auf der einen Seite findet der Wandel des Religiösen z.B. seinen Ausdruck in jener vieldiskutierten Esoterik- und New-Age-Bewegung, in deren mannigfaltigen Sinnbezirken so mancher Zeitgenosse die für ihn gültigen Antworten auf die genannten Grundfragen zum Beginn, zum Ende des menschlichen Lebens und seinem Transzendenzbezug sucht. Auf der anderen Seite bleibt der Wandel für jene institutionalisierten gesellschaftlichen Bereiche nicht folgenlos, in denen – wie z.B. im bio-medizinischen Feld – die Grenzziehungen zwischen 'Leben' und (noch-) 'Nicht-Leben' notwendig professionalisierte handlungspraktische Wirksamkeit entfalten: Gehört dieser Mensch noch zu den Lebenden und kommt ihm damit der Schutzstatus einer 'Person' zu? Besitzt jener 'Zellhaufen' bereits ein eigenständiges 'Recht auf Leben', allein schon weil er das Potential sich zu verwirklichenden menschlichen Lebens in sich trägt? etc. Anders gesagt: Während die mit dem Wandel des Religiösen aufbrechenden Kontingenzen in den Antworten zu den 'Grenzen des menschlichen Lebens' auf der Alltags-Ebene individueller Sinnoptionen anhand der vielfältigen, konkurrierenden Angebote des (post-?) modernen Deutungsmarktes bedient und 'sinnhaft' bewältigt werden können, wächst und verkompliziert sich für professionalisierte institutionelle Praxisfelder die Anforderung an Kontingenzbewältigung. Das Problem liegt darin, durch möglicherweise neu zu findende bzw. zu arrangierende, aber notwendigerweise kollektivierte institutionelle 'Lösungen' für die beteiligten Akteure ein gemeinsam geteiltes Fundament an Handlungs- und Deutungsroutinen zu schaffen, welches Handlungssicherheit und Deutungsgewissheit herstellen und auf Dauer aufrecht erhalten soll (Nieder/Schneider 2003).

Exemplarisch für solche Versuche von 'Kontingenzbewältigung' kann für westliche Gesellschaften der in jüngster Zeit beobachtbare Bedeutungsgewinn von Ethik als wissenschaftlicher Disziplin sowie in ihren verschiedenen außeruniversitären Institutionalisierungsformen angeführt werden – sei es als ein von der Bundesregierung einberufener nationaler Ethikrat oder als multidisziplinäre Ethik-Kommissionen in Kliniken oder als obligatorische Ethikseminare in der beruflichen Weiterbildung medizinischen Fachpersonals. Klinische Ethik-Komitees generieren ein ethisches Orientierungswissen, nur noch teilweise auf religiös-konfessionellen Traditionsbeständen beruhend, das als Entscheidungsgrundlage zur Behandlung medizinischer Problemfälle im Krankenhausalltag dient. Biomedizinische Forschung wirft Orientierungsfragen auf, deren Beantwortung konkrete, anwendungsbezogene ethische Entscheidungen als „angewandte Ethik" verlangt (Nassehi/Schibilsky/Anselm 2001; Anselm 2004; Sulilatu/Findeiß 2005; vgl. auch Nieder/Schneider 2003). Da hochkulturelle Religionen und insbesondere Weltreligionen in der Regel immer auch ethische Anforderungen erheben, nicht jede Ethik aber eine religiöse Fundierung in Anspruch nimmt, demonstriert diese Entwicklung – grob vereinfacht formuliert –, wie ein spezifisches Sub-Sinnsystem die mit der Transformation des Religiösen entstehenden, gesellschaftlichen und institutionellen Deutungslücken aufzufüllen sucht und als säkularisierte, welt-immanente normative Basis für professionelles Handeln nicht nur, aber vor allem in jenen 'Grenzbereichen des menschlichen Lebens' am Lebensbeginn und -ende fungieren soll. Eine solche, zwar nicht unabhängig von Religion erfolgende, aber nicht mehr unter ihrer Deutungshoheit stehende,[7] spezifisch moderne Ausdifferenzierung von Ethik als Kontingenzbewältigung (vgl. Luhmann 1982) offenbart jedoch immer schon ihren eigenen reflexiven Charakter: Es sind heutzutage, in der fortschreitenden, reflexiven Moderne (Beck/Lau 2005) immer nur wir – die soziale Gemeinschaft der schon- oder noch-Lebenden, also die Gesellschaft, welche die Grenzen des menschlichen Lebens und damit auch die Grenzen des Sozialen festlegen (müssen). Das grundlegende Problem für moderne Gesellschaften liegt demnach nicht allein in der Frage nach Handlungssicherheit und Deutungsgewissheit, sondern darin, wie die Kontingenz der sozialen Definition der eigenen Existenz zu bewältigen ist.

## 5. Zur Neu-Ordnung der Grenzen menschlichen Lebens?

Die angesprochenen Aspekte umreißen eine mögliche gesellschaftliche Neu-Ordnung des Lebens an seinem Beginn und seinem Ende, in der sich eine grundlegende Transformation dieser Grenzen in ihren individuellen wie gesellschaftlichen Bezügen vollzieht. Um ein bekanntes Diktum von Michel Foucault abzuwandeln: Es geht in der fortschreitenden Moderne im Zeichen der 'Biopolitik' weder um jenes traditionale 'Leben lassen und Sterben machen' einer göttlich-absolutistischen Herrschaftsordnung noch um ihr aufklärerisch-modernes Gegenteil, dem 'Leben machen und Sterben lassen', sondern darum, die Grenzen selbst, die das Leben und Sterben konstituieren, biotechnisch zu gestalten, gesellschaftlich zu kontrollieren und zu verändern (Schneider 1999a: 295ff.). Und dies impliziert zwangsläufig die Frage danach, wer hierbei legitimerweise Definitionsmacht ausüben darf, kann und soll, um angesichts des erhöhten gesellschaftlichen Deutungsbedarfs jene institutionell notwendige Deutungsgewissheit und Handlungssicherheit herzustellen, die im alltäglichen Umgang mit Schon- oder Noch-Lebenden, Sterbenden und Toten erforderlich erscheint.

---

7  Auch heute noch spielen religiöse und philosophische Traditionsbestände eine besondere Rolle für die Bewältigung kontingenter Entscheidungssituationen. Gerade bioethische Debatten wie z.B. um das sogenannte 'therapeutische' und 'reproduktive' Klonen' im Kontext der Stammzellenforschung haben deutlich werden lassen, wie sehr konkrete Anwendungsfragen durch die zu Grunde liegenden Welt- und Menschenbilder geprägt werden (vgl. z.B. Manzei 2005).

Zur Beantwortung dieser Frage durch die Gesellschaft ist aus unserer Sicht festzuhalten: Die Konstruktion von Sozialität ist in der Moderne untrennbar an das Leben gebunden; und damit sind mit der gesellschaftlichen Neugestaltung der Grenzen des menschlichen Lebens letztlich die in allen gesellschaftlichen Handlungsfeldern fundamentalen kulturellen Deutungskonzepte zu Leben und Tod zur Disposition gestellt. Gerade weil die 'neuen' Problemqualitäten zu den Grundfragen menschlichen Zusammenlebens aufgrund rasanter biopolitischer und medizintechnischer Neuerungen gemeinhin als 'evident' betrachtet werden, stehen sie bereits immer auch in der Gefahr, als nicht mehr weiter hinterfragbar und hinterfragenswert definiert zu werden.

Dem entgegen ermöglicht die in dem vorliegenden Band eingenommene sozial- und kulturwissenschaftliche Perspektive den Blick auf die sozialen Definitionspraktiken und gesellschaftlichen Konstruktionsprinzipien dieser Grenzziehungen. Damit ergibt sich die Chance, die im öffentlichen Diskurs in der Regel als medizinisch-technische und rechtlich-ethische verhandelten Fragen zum Lebensende und -beginn systematisch aufeinander beziehen, die Grenzziehungen sowohl als kulturspezifische Sinnsetzungen von sozialen Akteuren wie damit auch als Effekte je vorherrschender oder sich verändernder Wissensordnungen zu rekonstruieren und die Möglichkeiten und Grenzen dieser Gestaltungsaufgabe aufzudecken. Hierzu gilt es, an die Traditionen eines geistes-, kultur- und sozialwissenschaftlichen Programms in modernespezifischer Interpretation anzuknüpfen, in dem sich – im Unterschied zu den sogenannten 'life sciences' – ein im Kern hermeneutisch-rekonstruktiver bzw. interpretativ-analytischer Zugang zu den Wissensmustern und Sinngehalten in existentiellen Situationen der Lebenswelten von Menschen eröffnet. Vielleicht lassen sich so Geistes- bzw. Kultur- und Sozialwissenschaften als eigentliche 'Lebenswissenschaft(en)' – als Wissenschaft(en) von den individuellen und kollektiven Formen des Lebens und Zusammenlebens von Menschen als soziale Wesen – in der derzeitigen gesellschaftlichen Neu-Ordnung der Grenzen des Lebens wieder verstärkter zur Geltung bringen.

## 6. Zum Inhalt der Beiträge

Die thematische Gliederung des Bandes zur Grenzziehungsproblematik am Lebensbeginn und -ende orientiert sich an dieser zeitlichen Struktur des Lebensprozesses: Ein Beginn verweist immer schon auf ein mit Kausalität eintretendes späteres Ende, und jedes Ende hat einen Beginn zwangsläufig zur Voraussetzung.

So eröffnet *Alexander Bogner* den Themenkreis des Lebensbeginns, indem er – ausgehend von der Grenzmetapher als zentralen Bezugspunkt soziologischer Theoriebildung (insbesondere in der Theorie reflexiver Modernisierung sowie in wissenssoziologischen Konzeptionen) – die Schwierigkeiten der Grenzziehung im Praxisfeld der genetischen Beratung und pränatalen Diagnostik untersucht. Fortschritte in der medizinischen Diagnostik bedeuten gleichzeitig eine Entgrenzung und Generalisierung des Krankheitsrisikos mit folgenreichen Konsequenzen für Grundunterscheidungen wie 'gesund/krank' oder 'normal/anormal'. So lassen sich ausschließlich auf der Basis medizinischen Wissens keine eindeutigen Direktiven mehr in Hinblick auf die Befürwortung bzw. Ablehnung bestimmter Handlungsstrategien vornehmen (z.B. hinsichtlich der Frage von Abtreibung bei pränatal diagnostizierter Behinderung des Fötus). Dahinter stehende Grenzziehungen verflüssigen sich gleichsam, indem im Rahmen herrschender Normalitätsvorstellungen unsicheres, uneindeutiges Expertenwissen und individuelle Wertvorstellungen der beratenen Laien in entsprechenden Aushandlungsprozessen aufeinandertreffen. Die damit einhergehende 'Partizipation' der Laien mag zu einer Selbstrelativierung der Experten führen, ist jedoch keineswegs gleichzusetzen mit ihrer Selbstentmachtung, da nach wie vor oder vielleicht sogar immer deutlicher sie es sind, die mit ihrem Wissen den Deutungsrahmen setzen, innerhalb dessen Entscheidungen verhandelt werden, und bestimmen, wer überhaupt unter welchen Bedingungen am Entscheidungsprozess partizipieren darf.

*William R. LaFleur* zeigt in seinem Beitrag zu Empfängnis und Empfängnisverhütung in Japan die verschiedenen Erscheinungsformen auf, in denen Empfängnis und die Entwicklung des Fötus in der Geschichte der japanischen Gesellschaft ihren gedanklichen Ausdruck finden. Dabei werden strukturelle Ähnlichkeiten sowohl im Kulturvergleich als auch insbesondere hinsichtlich der Unterscheidungslinie zwischen modernen und noch nicht modernen Vorstellungen und Denkwelten aufgezeigt. Bei der Lektüre von Aufzeichnungen spanischer Jesuiten und anderer Entdeckungsreisender im Japan des 16. und 17. Jahrhunderts wird das Bild eines in Fragen der Sexualität moralisch äußerst vielgestaltigen und disparaten Landes deutlich. Wurde einerseits die öffentliche und private Moral in der japanischen Bevölkerung hoch gepriesen, so wurden andererseits im Verweis auf sexuelle Praktiken, Abtreibungen und Kindestötungen die moralischen Verfallserscheinungen beklagt. Abtreibung wurde selbst auf der Ebene des buddhistischen Klerus nicht verdammt; den lebenden Kindern wurde im Unterschied zum zeitgenössischen Europa aber ein besonders hohes Maß an Aufmerksamkeit und Erziehung zuteil. Jedes Kind sollte ein gewolltes Kind sein. In der Tokugawa- bzw. Edo-Epoche (1600-1868) verlor der Buddhismus seine dominierende Kraft und konfuzianistische bzw. neokonfuzianistische Einflüsse mit besonderer Betonung des ethischen Prinzips der Familienpietät gewannen breiteren Raum. Damit verbunden war eine Stärkung der intergenerationalen Verbundenheit in der Familie und eine Hochschätzung der Fruchtbarkeit, was zu einem weitgehenden Verstummen der Abtreibungsdiskussion führte. Für das zeitgenössische moderne Japan kann aufgrund vehementer Modernisierungsprozesse seit dem Ende des Zweiten Weltkriegs eine zunehmende Säkularisierung religiöser Inhalte im Umfeld der Diskussion um Empfängnis festgestellt werden, obwohl sich öffentliche Vorstellungen über Empfängnis wohl kaum jemals völlig von religiösen Weltbildern lösen können.

Eine weitere Auseinandersetzung mit dem Thema 'Lebensbeginn' sowie einen ersten Brückenschlag zum unausweichlichen Lebensende bietet der Beitrag von *Wulf Schiefenhövel* über Geburt und Tod in melanesischen Kulturen. Aus dem Blickwinkel der Humanethologie werden hier ausführliche Einblicke zu den Problemkreisen rund um Zeugung, Schwangerschaft und Geburt sowie zu Sterben und Tod, zu Trauer, Totenklage bzw. Klagelieder u.a. gegeben. Die jeweiligen Formen der Grenzziehung am Lebensbeginn und Lebensende sind eingebettet in die spezifischen sozialen Strukturen und religiösen Vorstellungswelten, die insbesondere unter Berücksichtigung der rituellen Komponente (Initiations-, Übergangs- bzw. Passageriten) das besondere Interesse des Humanethologen finden. Angereichert durch umfangreiches Erfahrungsmaterial, das aus einem 22-monatigen Forschungsaufenthalt bei den Eipo im Hochland von West-Neuguinea resultiert, werden insbesondere die mit dem Prozess des Sterbens verbundenen Übergangsriten detailliert beschrieben und evolutionspsychologisch gedeutet. Der allgemeine 'Zweck' solcher Riten scheint darin zu liegen, die Noch-Weiter-Lebenden möglichst unbeschadet durch die Verlusterfahrung zu geleiten. Allgemeiner formuliert: Die bei Geburt und Tod ausgelösten Primäremotionen werden auf dem Boden evolutionär entstandener Bedürfnisse durch religiöse Deutungen kulturell eingebunden und in rituellen Praktiken aufgefangen.

Der Beitrag von *Ursula Streckeisen* wirft – gleichsam als kontrastierende Feldforschung hierzu – einen empirischen Blick auf den Umgang mit Tod in der modernen Klinik. Er legt in einer ausführlichen Rekonstruktion der beruflichen Strategien in der Pathologie (Vorgang der Leichenöffnung – Autopsie) die Behandlung des menschlichen Körpers als 'Ding' offen. Durch diesen Prozess der Verdinglichung (Reifizierung) des Körpers wird gewährleistet, dass die beim medizinischen Personal eventuell auftretenden psychischen Belastungen isoliert und neutralisiert werden können. Durch den Einsatz vielfältiger Strategien versuchen z.B. Präparatoren in der Pathologie ihren Schwierigkeiten (etwa Schuldgefühlen, resultierend aus einer 'Verletzung' des Körpers, der auf den Menschen verweist, oder Identitätsproblemen und Rahmenlosigkeit) zu begegnen. Der psychische Vorgang des Isolierens im psychoanalytischen Sinne erlaubt eine Loslösung der eigenen Handlungen von Affekten, da eine räumliche Isolierung durch die Konzentration des menschlichen Blicks auf organische Details stattfindet. In engem Zusammenhang dazu steht eine konsequente Orientierung der beruflichen Akteure an der Wissenschaft und an der Medizintechnik. Im Unterschied zu den Präparatoren benötigen etwa die untersuchten Laborantinnen kaum Isolierungsstrategien, da ihre Untersuchungsgegenstände infolge der Losgelöstheit von der 'kompletten Leiche' nicht mehr auf 'den Menschen' verweisen und somit die 'normale' Konzentration auf ihre Arbeit erleichtern. Schuldgefühle, resultierend aus einer personifizierten Klientenorientierung, können allerdings nie vollständig eliminiert werden, da lebensweltliche Deutungsmuster häufig virulent bleiben und die Autopsie prinzipiell als illegitime Grenzverletzung erscheint.

In seinen Ausführungen zu Leben und Sterben plädiert *Ulrich Nembach* aus theologischer Perspektive dafür, das Thema „Leben und Sterben" aus der Engführung der gegenwärtigen Diskussion um den medizinisch-technischen Fortschritt zu befreien und sich für die ganze Breite des Themas zu öffnen, für die verschiedene diskursive Traditionslinien relevant sind: Juristische, literarische, philosophische und vor allem theologische Überlegungen biblisch-christlicher Provenienz werden zu einer umfassenden Ausleuchtung des Themas herangezogen. Die vom christlichen Glauben geprägte abendländische Tradition beeinflusst die Vorstellungen von Leben und Sterben nach wie vor, auch in der modernen Gegenwartsgesellschaft. Die gesellschaftliche Diskussion um Leben und Sterben ist trotz aller säkularisierenden Tendenzen geprägt durch einen theologischen Diskurs, der deutlich macht, „dass Leben und Sterben als ein Geschenk Gottes nicht der Beliebigkeit, selbst nicht einer kritisch reflektierten, aber letzten Endes doch nicht zu überwindenden Beliebigkeit seitens Dritter unterliegen. Allenfalls die betroffene Person selbst kann entscheiden, sofern sie dazu in der Lage ist." (S.148)

In dem von *Antje Kahl* und *Hubert Knoblauch* verfassten Beitrag wird die auf Erkenntnissen der phänomenologischen Soziologie basierende These verfolgt, „dass die Grenze des Todes anhand der Grenze des Anderen konzipiert wird, dass also die Differenz zwischen Tod und Leben nach dem Muster von Ego und (totem) Alter konzipiert wird." (S.105f.) Das bedeutet, dass die Grenze des Todes im Leben sich für jeden Menschen im Sterben und Tod des Anderen zeigt. Die Autoren beschreiben drei Typen des symbolischen Umgangs mit dem Tod, abhängig vom religiös-weltanschaulichen Hintergrund (christlich-religiöses, esoterisch-religiöses und areligiöses Deutungsmuster) auf der Grundlage von aus halbstandardisierten, leitfadenorientierten Interviews gewonnenen Datenmaterial. Es zeigt sich hinsichtlich der empirischen Ergebnisse, dass der Erfahrungsprozess des Todes eines anderen Menschen eine graduell unterschiedlich intensive Auseinandersetzung mit dem allgemeinen Wissen über den Tod und der konkreten Erfahrung auslöst, in deren Folge Wissen und Erfahrung ständig gegenseitig abgeglichen werden. Für jeden einzelnen von uns präsentiert sich die Grenze des Todes im Leben im konkreten Sterben und Tod des Anderen, da wir den Tod grundsätzlich nur als das Sterben bzw. Tot-sein des Anderen erfahren können: „Was immer die Grenze zum Tod also sein mag, im Leben erscheint sie als eine Übertragung der Grenze zwischen den Menschen." (S.119)

Aus einer systemtheoretischen Perspektive arbeitet *Armin Nassehi* in seinem Beitrag über 'Todesexperten' heraus, wie „der Tod auf radikale Immanenz" (S.123) verweist, wir also in unseren unhintergehbar diesseitigen kulturellen Zeichensystemen gefangen sind. Obwohl prinzipiell nicht erfahrbar, wird dennoch auch in der modernen Gesellschaft kontinuierlich über den Tod kommuniziert, denn Kommunikation in ihren unterschiedlichsten Formen bietet die einzige Zugangsmöglichkeit zum Phänomen des Todes. In kritischer Auseinandersetzung mit einer subjektorientierten Soziologie wird von einer 'funktionalen Differenzierung der Thematisierung des Todes' ausgegangen. In der modernen

Gesellschaft impliziert die systemische Differenzierung, dass es keine einheitlichen, übergreifenden und verbindlichen Todesbilder gibt, sie zerfallen in verschiedene Perspektiven sowohl hinsichtlich 'verschiedener Funktionssysteme' als auch verschiedener Akteure innerhalb dieser Funktionssysteme. An der organisationsgestützten Expertenkommunikation (Ärzte, Krankenschwestern, Pfarrer, Psychologen, etc.) wird die Logik der Funktionssysteme besonders deutlich: „Letztlich folgt auch die Kommunikation des Todes jener Struktur, der sich alle formbildenden Prozesse der modernen Gesellschaft verdanken: funktionaler Differenzierung, oder noch einfacher: Modernisierung." (S.133)

Die Ausführungen von *Horst Jürgen Helle* zum „Tod als Zugang zum Leben" spannen einen kultursoziologischen Bogen: Ausgehend von religionsgeschichtlichen Erkenntnissen zu Tieropfern wird die Heiligung der Jagd als eine Verehrung des Nahrungstieres als Gottheit deutlich. Das Nahrungstier wird somit in einer religiösen Perspektive zum Lebensspender für den Menschen. Die in der Steinzeit weit verbreitete Jägerreligion lässt in ihren Praktiken im Umkreis religiöser Tieropfer vor allem die Bedeutung des Skeletts hervortreten und definiert in ihm den Sitz des Lebens: „Der Jäger gewinnt, was er zum Leben braucht und lässt doch dem Tier, was es zur Auferstehung braucht: sein Skelett." (S.156) Hinweise auf Mythologie und das Alte Testament sowie insbesondere die ausführliche Deutung des koreanischen Schamanismus (anhand der detailreich beschriebenen Rituale einer modernen koreanischen Schamanin im Dienste ihrer Klienten) lassen deutliche Kontinuitäten in der religiösen Ritualpraxis erkennbar werden. Schamanen können als die Sprecher des jeweiligen Gottes gesehen werden: In der altsteinzeitlichen Kultur, im Alten Testament, in Korea, China und in vielen anderen Regionen der Welt. Und so treten schamanistische Elemente nicht nur bereits an der Schwelle zu archaischen Religionen auf, sondern kehren in der Entwicklung religiöser Vorstellungen wieder, auch in modernen Gesellschaften.

Den Abschluss des Bandes bildet ein Beitrag, der auf allgemeiner religionssoziologischer Theoriegrundlage eine funktionale Betrachtung des Verhältnisses von Religion und Gesellschaft in der Moderne beinhaltet, und dadurch eine die spezifische Einzelthematik der Beiträge umgreifende Deutungsperspektive bietet. *Phillip E. Hammond* vertritt darin die These, dass mit dem Heraustreten des Heiligen aus institutionellen Strukturen dieses gerade nicht verschwindet, sondern an anderen Orten der Gesellschaft wieder auftaucht. In seiner an Émile Durkheim und Georg Simmel orientierten Kritik der Säkularisierungsthese macht der Autor an konkreten Beispielen deutlich, wie in Wissenschaft, Literatur, Kunst, Bildung und vor allem auch im Recht das Sakrale in gewandelter Gestalt erneut auftaucht und sich so spezifischen Ausdruck verleiht. Damit ist das Heilige gerade nicht verschwunden, sondern metamorphosiert sich gleichsam in institutionellen Zusammenhängen, die gemeinhin nicht als religiös betrachtet werden. Insbesondere das moderne amerikanische Rechtssystem (die Richter des 'Supreme Court' werden als neun 'Hohepriester' bezeichnet) ist Ausdruck funktionaler religiöser Äquivalente. Jede Gesellschaft besitzt in ihrem

Kern die Fähigkeit, das Sakrale hervorzubringen (Durkheim), und obwohl in modernen Gesellschaften das in der Gestalt von Kirchen hochgradig institutionalisierte Heilige seinen Monopolanspruch verloren hat, ist es unvermindert präsent. Der Autor weist auf Rituale in der Familie, Sportereignisse und Wahlkampagnen hin, in denen sich das Sakrale ebenfalls zeigen kann und versteht seinen Beitrag als illustrative Einladung, die Suche nach dem solchermaßen institutionell 'entgrenzten' Sakralen in der modernen Gesellschaft systematisch auf verschiedenste gesellschaftliche Bereiche zu erweitern.

Für das Zustandekommen der vorliegenden Publikation gilt unser besonderer Dank zum einen der Münchner Universitätsgesellschaft e.V., die in äußerst großzügiger und erfreulich unkomplizierter Weise durch ihre finanzielle Unterstützung die Durchführung der eingangs genannten Tagung ermöglichte. Ein herzlicher Dank geht zum anderen auch an die Münchner Siemens-Stiftung, in deren gastlichen Räumen am Schlossrondell in unmittelbarer Nähe des Nymphenburger Schlosses die damalige Veranstaltung einen festlichen und würdigen Rahmen fand und damit zugleich auch der Grundstein für dieses Buch gelegt wurde. Und schließlich hatte an dessen Gelingen insbesondere Liselotte Winterholler mit ihrer ebenso ausdauernden wie sorgfältigen Arbeit am Computermanuskript wesentlichen Anteil, unterstützt in der Endphase schließlich noch von Eva Jerger – Dank an beide für ihr Engagement.

## Literatur

Anselm, Reiner, 2004: Terminale Sedierung: ethisch problematisch oder rechtfertigbar? Eine theologische Perspektive. In: Ethik in der Medizin, 16, S. 342-348.

Barth, Ulrich, 2003: Religion in der Moderne. Tübingen: Mohr Siebeck.

Barz, Heiner, 1997: Dramatisierung oder Suspendierung der Sinnfrage? Anomietendenzen im Bereich Religion/Kirche. In: Heitmeyer, W. (Hg.), Was treibt die Gesellschaft auseinander? Bundesrepublik Deutschland: Auf dem Weg von der Konsens- zur Konfliktgesellschaft, Band 1. Frankfurt/M.: Suhrkamp, S. 414-470.

Beck, Ulrich & Beck-Gernsheim, Elisabeth (Hg.), 1994: Riskante Freiheiten. Individualisierung in modernen Gesellschaften. Frankfurt/M.: Suhrkamp.

Beck, Ulrich & Bonß, Wolfgang (Hg.), 2001: Die Modernisierung der Moderne. Frankfurt/M.: Suhrkamp.

Beck, Ulrich & Lau, Christoph (Hg.), 2004: Entgrenzung und Entscheidung. Was ist neu an der Theorie reflexiver Modernisierung? Frankfurt/M.: Suhrkamp.

Beck, Ulrich & Lau, Christoph, 2005: Theorie und Empirie reflexiver Modernisierung: Von der Notwendigkeit und den Schwierigkeiten, einen historischen Gesellschaftswandel innerhalb der Moderne zu beobachten und zu
begreifen. In: Soziale Welt, 56, 2/3, S. 107-135.

Beck, Ulrich, Bonß, Wolfgang & Lau, Christoph, 2004: Entgrenzung erzwingt
Entscheidung: Was ist neu an der Theorie reflexiver Modernisierung. In:
Beck, U. & Lau, C. (Hg.), Entgrenzung und Entscheidung. Was ist neu an
der Theorie reflexiver Modernisierung? Frankfurt/M.: Suhrkamp, S. 13-62.

Beck, Ulrich, Giddens, Anthony & Lash, Scott, 1996: Reflexive Modernisierung. Eine Kontroverse. Frankfurt/M.: Suhrkamp.

Beck-Gernsheim, Elisabeth (Hg.), 1995: Welche Gesundheit wollen wir? Frank-
furt/M.: Suhrkamp.

Berger, Peter L. & Luckmann, Thomas, 1980 [1966]: Die gesellschaftliche
Konstruktion der Wirklichkeit: Eine Theorie der Wissenssoziologie. Frank-
furt/M.: Fischer Taschenbuch Verlag.

Bretthauer, Berit, 1999: Televangelismus in den USA. Religion zwischen Individualisierung und Vergemeinschaftung. Frankfurt/M.: Campus.

Duden, Barbara, 1991: Der Frauenleib als öffentlicher Ort. Vom Missbrauch
des Begriffs Leben. Hamburg: Luchterhand.

Flasche, Rainer, 1996: Neue Religionen. In: Antes, P. (Hg.), Die Religionen der
Gegenwart. Geschichte und Glauben. München: C. H. Beck, S. 280-298.

Gabriel, Karl (Hg.), 1996: Religiöse Individualisierung oder Säkularisierung.
Biographie und Gruppe als Bezugspunkte moderner Religiosität. Gütersloh: Kaiser.

Geyer, Michael (Hg.), 2006: Die Gegenwart Gottes in der modernen Gesellschaft. Transzendenz und religiöse Vergemeinschaftung in Deutschland.
Göttingen: Wallstein.

Graf, Friedrich Wilhelm, 2004: Die Wiederkehr der Götter. Religion in der modernen Kultur. München: C. H. Beck.

Hahn, Alois, 1987: Sinn und Sinnlosigkeit. In: Haferkamp, H. & Schmidt, M.
(Hg.), Sinn, Kommunikation und soziale Differenzierung. Beiträge zu
Luhmanns Theorie sozialer Systeme. Frankfurt/M.: Suhrkamp, S. 155-164.

Hahn, Alois, 1991: Literaturbesprechung zu Armin Nassehi und Georg Weber:
Tod, Modernität und Gesellschaft. Entwurf einer Theorie der Todesver-
drängung. Opladen: Westdeutscher Verlag 1989. In: Kölner Zeitschrift für
Soziologie und Sozialpsychologie, 43, S. 162-164.

Hammond, Phillip E., 2000: The Dynamics of Religious Organizations. Oxford:
Oxford University Press.

Helle, Horst Jürgen & Nieder, Ludwig (Hg.), 1997: Georg Simmel. Essays on
Religion. New Haven: Yale University Press.

Hitzler, Ronald, 1996: Orientierungsprobleme: Das Dilemma der Kirchen angesichts der Individualisierung der Menschen. In: Leviathan, 2, S. 272-286.

Höhn, Hans-Joachim, 2007: Gesellschaft im Umbruch – Religion im Wandel. Paderborn: Schöningh.

Knoblauch, Hubert & Zingerle, Arnold (Hg.), 2005: Thanatosoziologie: Tod, Hospiz und die Institutionalisierung des Sterbens. Berlin: Duncker & Humblot.

Lindemann, Gesa, 2002: Die Grenzen des Sozialen. Zur sozio-technischen Konstruktion von Leben und Tod in der Intensivmedizin. München: Wilhelm Finck.

Luckmann, Thomas, 1991: Die unsichtbare Religion. Frankfurt/M.: Suhrkamp.

Luhmann, Niklas, 1982 [1977]: Funktion der Religion, Frankfurt/M.: Suhrkamp.

Manzei, Alexandra & Schneider, Werner (Hg.), 2006: Transplantationsmedizin – Kulturelles Wissen und gesellschaftliche Praxis. Münster: Agenda-Verlag.

Manzei, Alexandra, 2005: Stammzellen aus Nabelschnurblut: Ethische und gesellschaftliche Aspekte. Darmstadt: Institut Mensch, Ethik und Wissenschaft.

Martin, David, 2005: On secularization. Towards a revised general theory. Aldershot: Ashgate.

Nassehi, Armin & Weber, Georg, 1989: Tod, Modernität und Gesellschaft. Entwurf einer Theorie der Todesverdrängung. Opladen: Westdeutscher Verlag.

Nassehi, Armin, 2003: Geschlossenheit und Offenheit. Studien zur Theorie der modernen Gesellschaft. Frankfurt/M.: Suhrkamp.

Nassehi, Armin, Schibilsky, Michael & Anselm, Reiner, 2001: DFG-Antrag. Klinische Ethik-Komitees: Weltanschaulich konfessionelle Bedingungen und kommunikative Strukturen ethischer Entscheidungen in Organisationen.

Nemeczek, Alfred, 2003: Es begann mit einem Quadrat. In: art. Das Kunstmagazin, 1, S. 15.

Nieder, Ludwig & Schneider, Werner, 2003: Grenzprobleme am Lebensende aus soziologischer Sicht – Der Wandel des Religiösen und der Umgang mit Sterben und Tod in der Moderne. In: Informationes Theologiae Europae – Internationales ökumenisches Jahrbuch für Theologie (12. Jahrgang, hrsg. von U. Nembach). Frankfurt/M.: Peter Lang, S. 173-188.

Pollack, Detlef, 2003: Säkularisierung – ein moderner Mythos? Studien zum religiösen Wandel in Deutschland. Tübingen: Mohr Siebeck.

Schlich, Thomas & Wiesemann, Claudia (Hg.), 2001: Hirntod. Zur Kulturgeschichte der Todesfeststellung. Frankfurt/M.: Suhrkamp.

Schneider, Werner, 1999a: „So tot wie nötig – so lebendig wie möglich!" Sterben und Tod in der fortgeschrittenen Moderne. Eine Diskursanalyse der öffentlichen Diskussion um den Hirntod in Deutschland (Studien zur interdisziplinären Thanatologie Band 6). Münster: LIT-Verlag.

Schneider, Werner, 1999b: »Death is not the same always and everywhere« – Socio-cultural Aspects of Brain Death and the Legislation of Organ Transplantation: The Case of Germany. In: European Societies (Journal of the European Sociological Association), 1, 3, S. 353-389.

Schneider, Werner, 2001: Vom schlechten Sterben und dem guten Tod – Die Neu-Ordnung des Todes in der politischen Debatte um Hirntod und Organtransplantation. In: Schlich, T. & Wiesemann, C. (Hg.), Hirntod. Zur Kulturgeschichte der Todesfeststellung. Frankfurt/M.: Suhrkamp, S. 279-317.

Schneider, Werner, 2005: Der Prothesen-Körper als gesellschaftliches Grenzproblem. In: Schroer, M. (Hg.): Soziologie des Körpers. Frankfurt/Main: Suhrkamp, S. 371-397.

Schneider, Werner, 2007: Vom Wissen um den Tod – Diskursive Wissenspolitiken am Beispiel von Hirntoddefinition und Organtransplantation. In: Ammon, S., Heineke, C. & Selbmann, K. (Hg.), Wissen in Bewegung. Vielfalt und Hegemonie in der Wissensgesellschaft. Weilerswist: Velbrück Wissenschaft, S. 200-220.

Simmel, Georg, 1989: Gesammelte Schriften zur Religionssoziologie (Herausgegeben und mit einer Einleitung von Horst Jürgen Helle, in Zusammenarbeit mit Andreas Hirseland und Hans-Christoph Kürn). Berlin: Duncker & Humblot.

Sulilatu, Saidi & Findeiß, Anja, 2005: Zur praktischen Ethik klinischer Ethikkomitees. In: Betreuungsmanagement 3, S. 144-147.

Viehöver, Willy, Gugutzer, Robert, Keller, Reiner & Lau, Christoph, 2004: Vergesellschaftung der Natur – Naturalisierung der Gesellschaft. In: Beck, U. & Lau, C. (Hg.), Entgrenzung und Entscheidung. Was ist neu an der Theorie reflexiver Modernisierung? Frankfurt/M.: Suhrkamp, S. 65-94.

Wehling, Peter, 2006: Im Schatten des Wissens? Perspektiven der Soziologie des Nichtwissens. Konstanz: UVK.

Wehling, Peter, Viehöver, Willy & Keller, Reiner, 2005: Wo endet die Natur, wo beginnt die Gesellschaft? Doping, Genfood, Klimawandel und Lebensbeginn: die Entstehung kosmopolitischer Hybride. In: Soziale Welt, 56, 2/3, S. 137-158.

Wernstedt, Thela, 2004: Sterbehilfe in Europa. Frankfurt/M.: Peter Lang.

# Partizipatives Management von Grenzproblemen. Genetische Beratung und pränatale Diagnostik

*Alexander Bogner*

## 1. Einleitung[1]

Grenzprobleme am Lebensanfang stellen sich im Bereich der Biomedizin aktuell unter den Vorzeichen eines stark auflebenden ethischen Diskurses. Maßgebliche Fragen lauten, man denke nur an die Debatten über die Forschung mit humanen embryonalen Stammzellen oder das Forschungsklonen: Welches Wissen wollen wir? Zu welchen Kosten? Und: Wo sind die Grenzen der Forschung?

Derartige Grenzdiskurse sind das Terrain der Ethik, und damit illustrieren diese Thematisierungsweisen des biomedizinischen Fortschritts ein Phänomen, das man „Ethisierung" nennen könnte: den Bedeutungszuwachs ethisch gerahmter Diskurse für die „Wissenspolitik" (Stehr 2003), d.h. für die Verhandlung und Bewertung sowie die Regulation und Kontrolle von wissenschaftlichem Wissen. „Ethisierung" meint also eine bestimmte Art und Weise der Austragung von Konflikten über Wissenschaft und Technik, nämlich ihre Verhandlung als Wertkonflikte, die in ethischen Kategorien gefasst und bearbeitet werden (Bogner 2005a). Aktuell zeigen derartige Grenzprobleme am Lebensanfang die hohe Wertladung von Wissenschafts- und Technikkonflikten.[2] Das heißt, es wird nicht – wie in Wissenskonflikten – vorrangig über Eintrittswahrscheinlichkeiten von Ereignissen und die Zurechenbarkeit von Handlungsfolgen gestritten. Strittig ist hier die Bewertung des Ereignisses selbst (Bogner/Menz 2006). Im Zentrum dieser ethisch gerahmten Debatten um die Wahl biomedizinischer Forschungsoptionen steht denn auch zumeist der moralische Status des Embryos: Ist der Embryo ein Mensch, nur Materie („Zellhaufen") oder irgendwas dazwischen? Wann ist der Mensch ein Mensch? Was macht ihn zu einem schützenswerten, mit Menschenwürde ausgestatteten Subjekt?

Auch für die Soziologie ist die Grenzmetapher längst zu einem wichtigen Bezugspunkt der Theoriebildung geworden. Freilich geht die Soziologie deutlich anders mit dem Thema Grenzen bzw. Grenzziehungen um als die Ethik. So ist das Aufleben einer ethisch gerahmten Problematisierung von Wissenschaft und Technik schon recht früh unter dem Begriff der „Politisierung von Wissen-

---

1 Dieser Beitrag entstand im Rahmen meines APART-Stipendiums der Österreichischen Akademie der Wissenschaften.

2 Im Übrigen stellen sich spiegelbildlich dazu am Lebensende – in den Debatten um Transplantationsmedizin und Todeszeitpunkt – die entsprechenden Fragen: Wann ist der Mensch tot? Im Fall des Herztods, beim Hirntod oder schon beim Teilhirntod? Vgl. dazu aus soziologischer Perspektive Manzei (1997), Schneider (1999).

schaft" als drohender Verlust professioneller Selbstregulierungskapazitäten analysiert worden (Weingart 1983).[3] Aus wissenschaftssoziologischer Perspektive geht es also z.B. um die Stabilität bzw. Autonomie von Funktionssystemen im Kontext wachsender Interdependenzen. Auch für Gesellschaftstheorie kann die Frage nach der Stabilität bzw. Auflösung oder Pluralisierung von Grenzen interessant werden. So interessiert sich die Theorie reflexiver Modernisierung aus Gründen ihrer empirischen Bewährung für das Problem der Reformulierungsweise von Basisunterscheidungen im Kontext der Auflösung oder Pluralisierung institutionalisierter Grenzziehungen. Mit Bezug auf diesen letzteren Ansatz werden in diesem Text anhand der Pränataldiagnostik, die heute fast schon in ähnlicher Weise zum Alltag gehört wie das Telefon oder die Eisenbahn und aus der Schwangerenvorsorge jedenfalls nicht mehr wegzudenken ist, Entgrenzungsprozesse auf den Ebenen von Diagnose und Beratung untersucht. Offensichtlich bieten gerade die Biomedizin und Reproduktionsmedizin gute Beispiele für das Studium solcher Prozesse.

Zum Zweck der theoretischen Einordnung werden zunächst die beiden erwähnten soziologischen Thematisierungsformen von Grenzen dargestellt (Kap. 2). Nach einem Überblick über Methoden, Geschichte und Anwendungspraxis der Pränataldiagnostik (Kap. 3) wird dann die Frage aufgenommen, welche neuen Entscheidungsoptionen bzw. Gestaltungszwänge, aber auch welche neuartigen Rationalitätserwartungen sich für die Klientinnen im Kontext des medizinischen Fortschritts ergeben. Im Mittelpunkt steht dabei der für die Pränataldiagnostik so zentrale Begriff des Risikos. Es wird herausgearbeitet, dass Fortschritte in der Diagnostik eine Generalisierung des Risikos bedeuten – und damit letztlich eine folgenreiche Reformulierung der Grundunterscheidung gesund/krank im Hinblick auf Schwangerschaft (Kap. 4). Anschließend wird dargestellt, dass mittels der Humangenetik Phänomene in den Fokus der Medizin geraten, die in den traditionellen Kategorien von gesund/krank (bzw. normal/unnormal) nicht mehr zu fassen sind. Partizipation, so die These, ist eines der Instrumente, um jene Probleme abzufedern, die aus der Auflösung dieser handlungsorientierenden und entscheidungslegitimierenden Unterscheidungen resultieren. Nicht zuletzt daraus erklärt sich der Charme eines kommunikativen Beratungsideals in der Humangenetik (Kap. 5). Abschließend wird die Frage diskutiert, inwiefern die damit einher gehende (Selbst-)Relativierung des Experten ein Reflexiv-Werden der humangenetischen Beratungspraxis anzeigt. Die Antwort fällt vorsichtig negativ aus. Zwar bedeutet die Vergrößerung der individuellen Autonomiespielräume zweifellos einen Verlust von professioneller Gestaltungsmacht. Der Experte von heute verfügt nicht länger über die Macht, zu entscheiden und Direktiven zu geben; doch er verfügt über die Macht, dar-

---

3  Die These einer zunehmenden Außenleitung der Wissenschaft hat Weingart (2001) zuletzt mit Blick auch auf die Medialisierung und Ökonomisierung (die gerade in der Biomedizin virulent ist) auf eine breitere empirische Grundlage gestellt.

über zu befinden, wer unter welchen Bedingungen am Entscheidungsprozess partizipieren darf und mit welchen Begrifflichkeiten dies getan wird (Kap. 6).

## 2. Soziologie der Grenze

Die Thematik der Grenzziehungen kommt heute recht prominent auf zwei Ebenen in den Fokus der soziologischen Debatte: einmal in modernisierungstheoretischer Perspektive, und hier – unter dem Postulat einer Entgrenzung von Institutionen und Basisunterscheidungen – insbesondere in der Theorie reflexiver Modernisierung (Beck/Lau 2004); in der frühen wissenschaftssoziologischen Debatte ist die Grenzziehungsthematik v.a. unter der Perspektive der Legitimation professioneller Autorität verhandelt worden. Dieser letztere Diskussionsstrang soll zunächst kurz dargestellt werden.

Grenzziehungen und Grenzen sind schon früh in der Wissenschaftssoziologie thematisiert worden. Auf einer wissenschaftssoziologischen Ebene ist das Konzept des „boundary work" (Gieryn 1983) für die Analyse der Durchsetzung wissenschaftlicher Kompetenz- und Geltungsansprüche auf der Mikroebene interessant geworden. Dieses Konzept bezeichnet eine Form des „politischen" bzw. rhetorisch-strategischen Managements von symbolischen Grenzen, z.B. zwischen „reiner" und „angewandter" Wissenschaft bzw. zwischen Wissen und Werten. Mit dieser Form von Grenzarbeit verbindet sich der Versuch, sich die mit der privilegierten Position der Wissenschaft verbundenen Ressourcen anzueignen: Glaubwürdigkeit, Prestige und Macht (Gieryn 1995). Nicht zuletzt geht es darum, die Autonomiespielräume der Wissenschaft zu behaupten und damit die Wissenschaft gegen Kontrolle von außen abzuschirmen, etwa durch die Abgrenzung gegenüber anderen Funktionssystemen wie z.B. der Politik.

Dieses Konzept ist besonders in der Analyse wissenschaftlicher Politikberatung einflussreich geworden. In diesem Zusammenhang hat es mittlerweile eine Ausdifferenzierung erfahren, die sich aus den bei Gieryn selbst angelegten Unschärfen ergibt. Einerseits ist die Grenzarbeit bei ihm als ein „analytischwissenschaftskritisches" Konzept angelegt, doch ergeben sich auch Anschlussstellen für eine „normativ-instrumentelle" Lesart, die aus der Analyse der Interaktionsverhältnisse praktische Handlungsoptionen für einen produktiveren Austausch zwischen Wissenschaft und Politik ableiten will (Jasanoff 1990; Guston 2001; Pregernig 2005).

Etwas anders sind die Gründe gelagert, warum die Metapher der Grenze auch für eine modernisierungstheoretische Perspektive in letzter Zeit zu einem wichtigen Bezugspunkt der Theoriebildung geworden ist. Hier steht nicht das Interesse an effizienter Politikberatung oder weitgehender Autonomie der Wissenschaft im Vordergrund. Die Kategorie der Grenzziehung wird für die Becksche Lesart reflexiver Modernisierung deshalb interessant, weil diese aufgrund ihrer starken These eines Epochenbruchs auf Kriterien zur empirischen Überprüfung angewiesen ist. Ein zentrales Argument lautet, dass die Moderne in jenem Moment reflexiv wird, wo es infolge wissenschaftlich-technischer Entwicklungen zu einer Auflösung bzw. Pluralisierung gewohnter Denkkoordinaten und Grenzziehungen kommt (Beck et al. 2001: 25). Solche Grenzziehungen, die fundamental für das Selbstverständnis der Moderne sind, weil sie sowohl Handlungs- und Entscheidungsressourcen als auch Mechanismen der Verantwortungszuschreibung darstellen, sind z.b. die Differenz zwischen Natur/Gesellschaft, Leben/Tod oder gesund/krank (Viehöver 2006). Eine für die Theorie reflexiver Modernisierung ganz zentrale Frage lautet dementsprechend, ob sich im Kontext der Auflösung gewohnter Leitdifferenzen sowie ihrer notwendigen Reformulierung Tendenzen der Anerkennung von Pluralität, Ambivalenz und Dissens abzeichnen. Das Unscharfwerden bzw. die Pluralisierung kategorialer Unterscheidungen markiert in dieser Theorie demnach so etwas wie eine wissenssoziologische Lesart der Entgrenzungsmetapher.

Eine der Ausgangshypothesen lautet dementsprechend, dass über weite Zeiträume und in vielen Handlungszusammenhängen Grenzkonstruktionen als legitime und quasi natürliche Grenzen verstanden wurden. Es erscheint recht plausibel, von einem Essentialismus der Grenzziehungen auszugehen. D.h., die handlungs- und bewusstseinsrelevanten Grenzziehungen konnten im einfachmodernen Selbstverständnis als real erlebt werden. Schließlich waren bzw. sind verschiedene Vorstellungen – insbesondere die Trennung von Subjekt und Objekt und die Vorstellung einer objektiven Repräsentation der Natur – konstitutive Bestandteile für die Herausbildung eines modernen Selbstverständnisses.

Nun bietet nicht zuletzt die Biomedizin einige schöne Beispielfälle an, wie dieser Grenz-Essentialismus nachhaltig erschüttert wird. So kommt etwa im Fall von Chorea Huntington („Veitstanz"), einer monogenetischen Erbkrankheit, das Basisprinzip von gesund/krank aufgrund der Differenz zwischen frühzeitig möglichem Diagnosezeitpunkt und spätem Einsetzen der Symptome in Bewegung. Ist derjenige, der heute noch keine Symptome zeigt, gesund – oder krank, weil er ja die genetische Disposition hat, die irgendwann in der Zukunft unausweichlich zum Ausbruch der Krankheit führen wird (Scholz 1995: 48)? Anderes Beispiel Brustkrebs: Zwar wird dieser Krankheit eine genetische Komponente zugeschrieben, ein strenger Kausalzusammenhang zwischen spezifischer DNA-Sequenz und Phänotyp ist jedoch nicht herstellbar.[4] Es ist also lediglich ein Erkrankungsrisiko prognostizierbar, dessen Größe weithin unklar ist (Lemke 2004: 71). Die Unterscheidung gesund/krank wird damit unscharf auf der Ebene der Ätiologie.

Schon diese wenigen Beispiele werfen die Frage auf, ob bzw. auf welche Weise die Vorstellung von „echten" Grenzen, d.h. nicht-reflektierten Fiktionen überhaupt noch aufrechterhalten werden kann. Nach Latour (2003) sind Grenzziehungen als Ontologisierungen immer schon Fiktionen gewesen, die allerdings aufgrund der Stabilität der kognitiven Grundlagen nicht als solche er-

---

4  Man geht derzeit davon aus, dass Mutationen der beiden Gene BRCA1 und BRCA2 („breast cancer"), die dem Schutz vor Tumorbildungen dienen, zum Ausbruch von Brustkrebs beitragen.

kennbar wurden. Ein Indiz wäre etwa die Aufwertung nicht-wissenschaftlicher Wissensformen in der Medizin – gerade in der genetischen Beratung fließen legitimerweise Erfahrungen und Vorstellungen von Klienten in den Entscheidungsfindungsprozess ein. Andererseits waren und sind derartige Unterscheidungen für Handlungssysteme zur Aufrechterhaltung von Routinen und zur Stabilisierung des professionellen Selbstverständnisses zentral, da sie einerseits Abgrenzungen bzw. Hierarchien stabil halten und andererseits Wissensbestände „immunisieren". Auf dem Feld der Medizin stellt sich dementsprechend die Frage, bis zu welchem Grad nicht-wissenschaftliches Wissen entscheidungsrelevant werden kann, welchen Status dieses Wissen beanspruchen kann und in welchem Hierarchieverhältnis es zum Expertenwissen steht. In jedem Fall wäre es der Theorie reflexiver Modernisierung zufolge naiv, in differenzierten Gesellschaften von einer Auflösung der Unterscheidungen in Beliebigkeit auszugehen. Es wird immer Arbeitskonstrukte für derartige Leitorientierungen geben (schon aus Gründen der Verantwortungszuschreibung).

Instruktiv ist bei Gieryn die Annahme, dass die professionelle Autorität hergestellt und reproduziert werden muss. D.h., es wird die einfache Vorstellung aufgegeben, dass Autorität den Experten einfach aufgrund ihres Spezialwissens zufällt. Die Anerkennung dieser Autorität und die Geltung von Wissenschaft erscheinen als Produkte bestimmter Diskurse, wobei die Grenzarbeit der Experten eine wichtige Rolle spielt. Allerdings wird die Grenzarbeit der Experten nicht (modernisierungstheoretisch) als Ausdruck einer institutionellen Dynamik und damit als eine Notwendigkeit verstanden, sondern eher als ein strategisches Management von symbolischen Grenzen. Die Grenzziehungsarbeiten der Wissenschaftler charakterisiert Gieryn (1983: 782) denn auch als „ideological efforts". Äußerungen der Experten erscheinen darum als rhetorische Strategien, die bestimmten professionellen Interessen zur Durchsetzung verhelfen sollen.[5] Damit werden die Experten als zweckrational handelnde Akteure konzipiert. Demgegenüber erscheint bei Beck die Grenzpolitik der Experten nicht so sehr als intentional-strategischer Legitimationsdiskurs; aus dieser Perspektive geraten vielmehr die Notwendigkeiten der Reformulierung von Grenzen in den Blick, die sich außerdem nicht auf die Abgrenzungen von Funktionssystemen, sondern – gewissermaßen eine Stufe darunter – auf die Funktionalität von Handlungsorientierungen beziehen.

---

5 Vgl. dazu auch Cunningham-Burley/Kerr (1999), die mit ihrer Analyse des humangenetischen Expertendiskurses an Gieryn angeschlossen haben. Sie stellen die Frage, auf welche Weise die professionelle Autorität einer historisch belasteten und umstrittenen Wissenschaft wie der Humangenetik heute gesichert wird.

### 3. Pränatale Diagnostik: Geschichte, Zahlen und Methoden

Bevor wir uns einige der zentralen Grenzprobleme in der genetischen Beratung und pränatalen Diagnostik vergegenwärtigen, ist ein kurzer Blick auf die Entwicklung und Anwendungspraxis dieser Technologie hilfreich.

Die Pränataldiagnostik umfasst verschiedene Untersuchungen und Tests über die Entwicklung des Fötus im Laufe einer Schwangerschaft. Man unterscheidet ganz grundsätzlich zwischen invasiven und nicht-invasiven Verfahren. Das bekannteste nicht-invasive Verfahren ist der Ultraschall; aber auch risikoarme Bluttests zur Spezifizierung des persönlichen Risikos, ein Kind mit Down-Syndrom oder Neuralrohr-Defekt zu gebären, gehören dazu. Invasive Verfahren sind die Amniozentese und die Chorionbiopsie, bei denen der Frau mittels eines operativen Eingriffs Fruchtwasser aus der Gebärmutter bzw. Gewebe des Mutterkuchens entnommen und dann auf Chromosomenaberrationen des Fötus (v.a. Down-Syndrom) analysiert wird.

In den frühen 1970er Jahren stellten pränatale Diagnostik und Beratung nicht mehr als eine Nebenbeschäftigung für die Humangenetiker dar. Doch in den letzten 30 Jahren hat sich dies grundlegend geändert. Mittlerweile hat sich die Pränataldiagnostik aus dem Fachgebiet der Humangenetik herausdifferenziert, erfolgreich institutionalisiert und ist als Teil der Gynäkologie heute ein selbstverständlicher und integraler Bestandteil der Schwangerenvorsorge. Die pränatale Diagnostik ist längst zum Hauptbetätigungsfeld humangenetischer Aufklärung geworden, auch wenn im Rahmen der Pränataldiagnostik nicht nur DNA-Analysen durchgeführt werden, vielmehr das Gros der Untersuchungen auf den Ultraschall entfällt. Es gibt in Deutschland (und Österreich) keine speziellen gesetzlichen Regelungen, die festlegen, ob und unter welchen Voraussetzungen der Arzt eine Pränataldiagnostik durchführen darf.[6] Jedoch ist die Pränataldiagnostik nunmehr seit Jahrzehnten eine rechtlich anerkannte Form ärztlicher Tätigkeit und hat in diesem Zeitraum einen bemerkenswerten und kaum vorhersehbaren Aufschwung erfahren.

1966 glückte erstmals die Kultivierung der im Fruchtwasser suspendierten fötalen Zellen, ein entscheidender Schritt zur vorgeburtlichen Diagnostik genetischer Anomalien des Fötus (Knörr 1987). 1968 wurde die erste pränatale Diagnostik eines Morbus Down durchgeführt. Die AFP-Bestimmung im mütterlichen Serum und im Fruchtwasser und die Bestimmung der Azetylcholinesterase im Fruchtwasser als zusätzliche Parameter zur Diagnostik von offenen Spaltbil-

---

6  Mittlerweile häufen sich vorsichtige Plädoyers für eine nachholende Regulierung der Pränataldiagnostik. So haben z.B. einige Mitglieder des Nationalen Ethikrats eine Neuregelung der so genannten Spätabtreibungen nach Pränataldiagnostik gefordert. Gleichzeitig kritisieren sie die ökonomische Mehrbelastung von Eltern behinderter Kinder und thematisieren den eminent politischen Charakter der Pränataldiagnostik, der heute jedoch in der Routine eines alltäglich gewordenen und massenhaft angewendeten Ultraschalls gar nicht mehr aufscheine (Nationaler Ethikrat 2003).

dungen des Neuralrohres forcierten die Erweiterung der Pränataldiagnostik zu Beginn der 70er Jahre. Insbesondere aber der hohe Standard der Ultraschall-Diagnostik, der die Risiken der Amniozentese verringern half, hat zur raschen Etablierung der Pränataldiagnostik in den 70er Jahren beigetragen. Diese Tendenz hielt in Deutschland in den 80er und verstärkt noch in den 90er Jahren an.

Aktuelle Zahlen belegen dies: 1970, zu einem Zeitpunkt als die ersten Pränataldiagnostik-Untersuchungen in Deutschland durchgeführt wurden, zählte man ganze sechs Amniozentesen. Wenig später wurde die Pränataldiagnostik in den Leistungskatalog der Gesetzlichen Krankenversicherung aufgenommen, und bereits Mitte der 80er Jahre – zwischenzeitlich war die Chorionzottenbiopsie eingeführt worden – wurden über 30.000 Amniozentesen und 3000 Chorionzottenbiopsien registriert. Bis Ende der 90er Jahre hatte sich diese Zahl verdoppelt, und 1999 wurden dann bereits rund 70.000 invasive Untersuchungen gezählt (Nippert 1999). Wenn man diese Zahlen in Relation setzt zur Anzahl der Schwangerschaften in Deutschland, dann lässt sich die immense Bedeutung der Pränataldiagnostik etwas genauer ermessen. So betraf die invasive Diagnostik im Jahr 1999 praktisch jede zehnte Schwangerschaft. (In Österreich gibt es über die Anzahl dieser pränataldiagnostischen Untersuchungen keine vergleichbaren Zahlen, Experten gehen jedoch von ähnlichen Größenverhältnissen aus.)

Insbesondere in späten Schwangerschaften von Frauen über 35 Jahren spielt die Pränataldiagnostik inzwischen eine so große Rolle, dass längst von einer Routinemaßnahme gesprochen werden kann. Nahmen Anfang der 80er Jahre rund ein Viertel der schwangeren Frauen über 35 Jahre die Amniozentese in Anspruch, so waren es Ende der Achtziger dann bereits etwas mehr als die Hälfte. Mitte der 90er lag die Inanspruchnahme der Pränataldiagnostik in Deutschland bei ca. 80 %. Ein wichtiger Faktor in diesem Normalisierungsprozess war sicher die durch diverse gerichtliche Grundsatzurteile angestoßene Verpflichtung der Ärzte, Frauen ab 35 Jahren eindringlich auf die Möglichkeiten der Pränataldiagnostik hinzuweisen. Im Zuge dieser Verrechtlichung der genetischen Beratung hat diese Technologie den Status des Außergewöhnlichen und Besonderen verloren. Hennen et al. (1996: 78) sprechen davon, dass sich die Pränataldiagnostik „beinahe schon zur Standarduntersuchung bei der Schwangerschaftsvorsorge bei Frauen über 35 entwickelt."

Mit Blick auf die Entwicklung in den letzten fünf bis sieben Jahren bedarf dieses Bild einer linear expandierenden Technologie jedoch einer Korrektur. Denn es gibt mittlerweile einige Indizien dafür, dass die Kurve nicht weiter steigt. Tatsächlich belegen entsprechende Studien in Deutschland, Österreich oder den USA, dass es seit einigen Jahren zu einer erheblichen Verringerung an invasiver Diagnostik gekommen ist.[7] Dies hat mit der Aufwertung nicht-

---

7 Vgl. Wieser (2006), mit weiteren Nachweisen. Im Gegensatz zu den USA oder Deutschland existieren allerdings in Österreich keine verlässlichen statistischen Daten. Hinsichtlich seiner Aussagen über Österreich extrapoliert Wieser darum aus den

invasiver Methoden zu tun. Diese Methoden haben den Zweck, das individuelle Risiko genauer zu bestimmen, als dies durch den rein statistischen Alterswert möglich ist und damit eine bessere Entscheidungsgrundlage für die Durchführung einer invasiven Diagnostik zu liefern. Für unseren Zusammenhang ist diese Entwicklung deshalb von Interesse, weil sich im Zuge der Aufwertung nichtinvasiver Methoden ein individuelles Risk Assessment etabliert, das zur Auflösung bestehender Grenzziehungen beiträgt – und damit neue Handlungsprobleme und neue Formen der Entscheidungsfindung induziert.

## 4. Individuelles Risk Assessment und entgrenztes Risiko

Im Englischen spricht man von „prenatal testing", und dies trifft die Sache besser als der deutsche Begriff „Diagnose". Tests beziehen sich – anders als Diagnosen – nicht nur auf das Erkennen und Benennen aktuell vorliegender Krankheiten oder Verletzungen sondern das Aufspüren von Dispositionen (wie z.B. in der prädiktiven Gendiagnostik) oder Behinderungen (Schmidtke 1997: 82f.). In diesem Sinne ist die Pränataldiagnostik in erster Linie ein vorgeburtliches Testen. In der überwiegenden Anzahl der Fälle erfolgen hier vorbeugende Untersuchungen, um bestimmte Phänomene, Defekte oder Fehlbildungen des Fötus auszuschließen. Es stellt sich daher die Frage, wann ein pränataldiagnostischer Eingriff medizinisch gerechtfertigt ist. Mit anderen Worten: Es stellt sich die Frage nach der Indikation. Noch bis vor kurzem war das Alter der Frau (35 Jahre und älter) die maßgebliche Indikation für eine Pränataldiagnostik. Vier Gründe lassen sich im Wesentlichen für die Durchsetzung dieser Altersgrenze ausmachen (Kuppermann et al. 1999): 1) die limitierte Zahl von Experten und spezialisierten Zentren zur Durchführung der Untersuchungen und Analysen; 2) ökonomisches Kalkül (die Kosten für die Durchführung invasiver Diagnostik ab 35 Jahre werden mehr als kompensiert durch die Verhinderung von Kindern mit Down-Syndrom); 3) Risikoabwägung (das Risiko des Eingriffs soll niedriger sein als das Risiko für eine Behinderung); 4) die Annahme, dass ab 35 Jahren das Risiko für ein behindertes Kind signifikant ansteige („Risiko-Knick"). Das ökonomische Kalkül stellt man heute nicht mehr so gern in den Vordergrund;[8] gleichwohl hat sich die Orientierung am Alter in der Praxis als eine relativ stabile Grenzziehung gehalten.

---

Daten eines großen pränataldiagnostischen Zentrums, das er aufgrund seines Kontextwissens über vergleichbare Zentren als typischen und damit aussagekräftigen Fall bezeichnet.

8   Dies gilt wohl in erster Linie für den politischen und öffentlichen Diskurs und heißt nicht, dass in den Wissenschaften – und dort v.a. im Bereich von Public Health – nicht weiterhin Kostenaspekte zur Beurteilung unterschiedlicher Screening-Programme auf Down-Syndrom eine maßgebliche Rolle spielen würden (z.B. Serra-Prat et al. 1998).

Derzeit lässt sich erkennen, wie die pragmatische Altersindikation infolge verfeinerter bildgebender Verfahren von einer medizinisch-wissenschaftlich begründeten Indikationsstellung abgelöst wird. In großen Spitälern und Universitätskliniken hat sich im Rahmen der frühen Schwangerenvorsorge (um die 10. Schwangerschaftswoche herum) die sog. Nackenfalte-Messung bereits zur Routine entwickelt. Bei dieser nicht-invasiven Methode wird mit einem Spezial-Ultraschallgerät die Nackentransparenz des Fötus gemessen. Dabei handelt es sich um die Flüssigkeitsansammlung im Nackenbereich. Das Maß der Verdickung dieser Weichteilschicht – an sich ein Datum ohne klinische Relevanz – gilt als ein zuverlässiger Indikator für das Vorliegen einer Chromosomenaberration, und das heißt in der Praxis in erster Linie für Trisomie 21 (Snijders et al. 1996).

Durch diese Nackenfalte-Messung wird das Risiko der Schwangeren ein Stück weit individuell spezifizierbar. Eine wichtige Grundlage der Risikoberechnung ist zwar weiterhin das Alter; der vormals enge Zusammenhang zwischen Alter und Risikozuschreibung wird nun allerdings aufgebrochen. Das konkrete Ergebnis einer Nackenfalte-Messung trägt dazu bei, den rein statistisch ermittelten Risikowert zu korrigieren. Es wird also für den Berater möglich, beispielsweise einer 20jährigen Klientin mitzuteilen:

„Sie haben zwar rein statistisch gesehen das Risiko einer 20jährigen, also ein minimales Risiko, ca. 1 zu 1400. Aber aufgrund der auffälligen Nackenfalte ihres Embryos, die wir im Ultraschall sehen, müssen wir diese Zahl korrigieren: Sie haben demnach das Risiko einer 40jährigen, also 1 zu 100.“

Dieses fiktive Beispiel macht deutlich: Zwar sind die Frauen aufgrund ihres spezifischen Alters mit einem statistisch unterschiedlichen „Basis-Risiko“ ausgestattet, doch dieses Risiko hat nicht mehr einen derart determinierenden Charakter. Erst die individuelle Spezifizierung des Risikos soll das neue Entscheidungskriterium für bzw. gegen eine weiter gehende, invasive Diagnostik darstellen. Welche neuen Anforderungen formuliert nun eine solche individualisierte Risikoabschätzung an die Klientinnen? Und was bedeutet sie für den Begriff des Risikos selbst bzw. für die kognitionsorientierende Grenze zwischen gesund und krank?

(1) Mit der Etablierung eines individuellen Risk Assessments eröffnen sich für die Frauen neue Entscheidungsspielräume – und neue Entscheidungszwänge. An die Stelle der Expertendirektive und eingeschliffener Handlungsroutinen tritt im Idealfall eine bewusste, selbständige Entscheidung – allerdings auf Basis uneindeutiger, auf Wahrscheinlichkeiten beruhender Expertenaussagen über das individuelle Risiko. Denn im Rahmen der frühen Pränataldiagnostik (Nackenfalte-Messung, Triple-Test) erhält die Frau nicht eine definitive Aussage über die genetische Qualität des Kindes, sondern eine Risikokennziffer, also eine Information über die individuelle Wahrscheinlichkeit, ein behindertes Kind zu bekommen, zum Beispiel: „Sie haben ein Risiko von 1 zu 500“. Oder „1 zu 850“ oder ähnliches. An die Stelle der traditionellen Ja/Nein-Diagnose tritt eine statistische Information. Nicht: „gesund“ oder „nicht-gesund“, sondern: wahr-

scheinlich gesund, aber möglicherweise auch nicht gesund. Ob ein Risiko von 1 zu 500 dann eher gesund oder vielleicht doch krank heißt, muss der individuellen Interpretation überlassen bleiben. Das unsichere Wissen der Experten formuliert also allem Anschein nach eine neue Anforderung an die Patientin: Sie sollte idealerweise schon vor allen Untersuchungsergebnissen wissen, was sie will. Schließlich gibt es keine medizinisch-wissenschaftlichen Kriterien für einen „Ausstieg" aus dem zeitlich gestaffelten Untersuchungsprogramm der Pränataldiagnostik.[9] Aus der Hoffnung auf eine Entscheidungsentlastung durch Expertenwissen kann sich eine fatale Situation ergeben. Die Frau macht – in der Hoffnung, dass irgendein Untersuchungsergebnis irgendwann einmal eine eindeutige Präferenz ergeben möge – die gesamte „Palette" des pränataldiagnostischen Angebots durch. Insofern bedeuten die Verbesserung des Ultraschalls und die Etablierung eines individuellen Risk Assessments – neben allen unbestreitbaren Vorteilen – auch eine Prozeduralisierung der Entscheidung, die im Einzelfall zermürbend sein kann, weil diese Entscheidungsprozesse nicht mehr durch (noch so problematische) Festlegungen und Direktiven seitens der Experten entlastet werden können.

(2) Die (ihrerseits höchst problematische) Altersindikation hatte gewissermaßen eine Entlastungsfunktion, und zwar nicht nur für die Kassen, sondern auch – wenngleich in paradoxer Form – für die Frauen: Mithilfe dieser Konstruktion wurde zwar eine Minderheit der Schwangeren (ab 35) letztlich als krank definiert; Frauen unter 35 Jahre durften jedoch quasi als gesund gelten. Damit waren beide Gruppen von einem Entscheidungsdruck weitgehend entlastet. Das Alter galt als so schicksalhaftes wie entscheidungsrelevantes Datum.

Mit der Überwindung der Altersindikation löst sich also eine relativ stabile Grenzziehung auf – zugunsten fluider, fallspezifischer und individuell aushandelbarer Grenzen. Schließlich wird heute nicht mehr durch Expertenwissen verfügt, wer ein legitimes Untersuchungsobjekt ist (mochte dieses Expertenwissen auch durch ökonomische Relevanzen geprägt sein). Dies wird heute interaktiv, auf Basis von Risikokennziffern und individuellen Werthaltungen, entschieden. Mit der Überwindung der Altersindikation wird letztlich die Grenze zwischen krank und gesund unscharf. Es gibt nun vorab (vor der Durchführung einer nicht-invasiven Risikospezifizierung) keine definitiv kranken, aber auch keine wirklich gesunden Frauen mehr. Fortan müssten alle schwangeren Frauen als potenzielle „Krankheitsträger" gelten. Nur durch die Absolvierung der einschlägigen Untersuchungen wird es möglich, sich von diesem Verdacht zu befreien. Insofern setzt die – oft beklagte – Pathologisierung der Schwangerschaft infolge der Verwissenschaftlichung der Pränataldiagnostik auf einer neuen Stufe an: Der Versuch, die Indikation für eine invasive Diagnostik auf eine wissenschaftliche Grundlage zu stellen, resultiert in einer Generalisierung des Risikos

---

9  Ob es andere, z.B. psychologische Gründe für einen solchen Ausstieg gibt (z.B. Angst, Uninformiertheit, Desinteresse usw.), ist eine andere Frage.

und des Krankheitsverdachts. Damit entsteht für die Schwangeren der Anspruch, sich präventiv zu diesem Risiko zu verhalten bzw. sich als Risikofall zu verstehen – und zwar unabhängig vom individuellen Befinden. Den Frauen werden damit neuartige Risikokompetenzen abverlangt. Insofern ist die Verwissenschaftlichung von genetischer Beratung und pränataler Diagnostik ambivalent.

Der Versuch, das Risiko individuell zu bestimmen, führt dazu, dass das Risiko letztlich nicht positiv sondern negativ bestimmt wird: Die Schwangeren müssen sich durch die Inanspruchnahme bestimmter Tests erst einmal von dem Generalverdacht des Risikos frei machen. Damit könnten sich allein durch die Existenz vereinfachter Testverfahren nicht nur deren Anwendungsvoraussetzungen, sondern letztlich auch die Definitionsverhältnisse dramatisch ändern: Krank wäre demzufolge nicht mehr länger, wer die medizinische Assistenz braucht, sondern wer sie verweigert (oder ignoriert).

## 5. Partizipatives Management von kategorialen Uneindeutigkeiten

Humangenetik und pränatale Diagnostik transzendieren aufgrund ihrer Diagnosetechniken das traditionelle Kategoriensystem der Medizin, d.h. die dem professionellen Handeln Orientierung und Legitimität verleihende Dichotomie von gesund/krank. Die Humangenetik, schreiben Hitzler und Pfadenhauer (1999: 104), „problematisiert mit der (beiläufigen) Auflösung des Dualismus von 'Krankheit und Gesundheit' sozusagen dogmatische Elemente der Grundprinzipien modernen medizinischen Wissens (...)". Dies lässt sich – wie in Kap. 2 angesprochen – nicht nur dort beobachten, wo prädiktive Diagnostik asymptomatische Krankheitsträger schafft und damit den Druck zu vorsorglichem Handeln und spezifischen Lebensstilanpassungen erzeugt. Gerade auch in der pränatalen Diagnostik geraten Phänomene in den Fokus, die in den traditionellen Kategorien von gesund/krank (bzw. normal/unnormal) nicht eindeutig zu fassen sind. Dies macht nicht zuletzt die anhaltende Kontroversialität der Pränataldiagnostik aus. Im Hinblick auf die vorgeburtliche Entzifferung von Behinderungen und eine (eventuell) nachfolgende Abtreibung sind ganz offensichtlich Wertentscheidungen zu treffen, die in ihren Prämissen und Folgen die Kontroverse um eugenische Tendenzen und Kontinuitäten belebt.[10]

---

10 Im Kern geht es hier um Kontinuitätsunterstellungen, die institutionell-personell argumentiert werden können (Kühl 1997) und damit an das Weiterbestehen klassisch eugenischer Programmatiken erinnern (z.B. die Sterilisationspraxis in vielen westlichen Ländern bis hinein in die 90er Jahre) oder aber – unter dem Stichwort liberale Eugenik – über reale oder symbolische Wirkungen der modernen Humangenetik: Vermittels der freiwilligen und massenhaften Inanspruchnahme vorgeburtlicher genetischer Tests verwirkliche sich diese Eugenik „durch die Hintertür" (Duster 1990).

In unserem Zusammenhang ist jedoch weniger die ideologiekritische Perspektive von Interesse; es geht hier vielmehr um die Frage nach den Handlungsfolgen von Entgrenzungsprozessen. Wer soll entscheiden, wenn die handlungsorientierende und entscheidungslegitimierende Kraft der Basisunterscheidung gesund/krank weich wird? Auf welche Weise werden Grenzen in diesem Bereich neu reformuliert?

Zunächst: Im Fall vorgeburtlich diagnostizierter Behinderungen setzt das Expertenwissen ganz offensichtlich keine ähnlichen Handlungs- und Entscheidungsroutinen frei, wie dies bei Krankheiten der Fall ist. Die Experten können Phänomene wie die Trisomie 21 in ihrer genetischen Struktur und den physiologischen Eigenheiten beschreiben, und sie können aufgrund von Erfahrungswerten eine gewisse Bandbreite von Entwicklungsperspektiven prognostizieren. Sie können jedoch deren „Krankheitswert", also deren Bedeutung nicht einfach bestimmen. Dies wird in der Praxis daran ersichtlich, dass eine Festlegung durch Experten, welche Behinderung einen medizinisch indizierten Grund für eine Abtreibung darstellt, als nicht legitim erscheint. Für die Unterscheidung zwischen legitimer und nicht-legitimer Praxis (und damit normal/nicht-normal bzw. gesund/krank) ist der Rekurs auf Expertenwissen offensichtlich nicht mehr ausreichend. Die Schwierigkeit einer solchen Grenzbestimmung wird in der folgenden Passage evident, die einem Interview mit einem Gynäkologen und Humangenetiker an einem großen österreichischen Universitätsklinikum entnommen ist:[11]

„Die ideale Zielsetzung der Pränataldiagnostik ist, Erkrankungen pränatal zu diagnostizieren, die entweder pränatal therapierbar oder unmittelbar postnatal unter besseren Bedingungen behandelbar sind, weil man das schon weiß – das ist das ideale Ziel. Dieses Ziel wird immer vorgegeben als das hauptsächliche Ziel. Das ist nicht ganz richtig. Die Wahrheit ist, dass natürlich mengenmäßig dieses ideale Ziel eine wesentlich geringere Bedeutung hat als ein anderes Ziel, mit dem ich mich auch ethisch identifizieren kann. Das ist die pränatale Diagnostik von schweren Fehlbildungen, die kein postnatales Leben ermöglichen. Es ist ethisch relativ unproblematisch, wenn ich einen Anenzephalus pränatal diagnostiziere, da erspare ich der Frau eine Schwangerschaft, auch die Risiken einer Schwangerschaft, und das Kind hat ohnehin keine Überlebenschance. Somit ist es ein Abort, wenn ich es in der 18. Woche diagnostiziere. Heikler wird es bei allen im Prinzip lebensfähigen Missbildungen, weil da natürlich irgendwann einmal schon das Thema aufkommt, wie behindert muss ein Kind sein, dass ich es als ethisch gerechtfertigt einstufe, als dezidiertes Ziel im Auge zu haben die frühe Diagnostik, damit ich es abtreiben/umbringen kann. Und wenn man mengenmäßig die Pränataldiagnostik heute ansieht, dann ist überhaupt keine Frage, dass dieses zweite, ethisch wesentlich problematischere Ziel den größeren, den weitaus größeren Brocken beinhaltet als das erste, das hehre, saubere Ziel, irgendwas zu diagnostizieren, damit ich es nachher besser behandeln kann."

---

11 Im Projekt „'Life Politics' in der Risikogesellschaft", unterstützt vom Jubiläumsfonds der Oesterreichischen Nationalbank, wurden – auf Basis leitfadengestützter Experteninterviews – Grenzziehungspraktiken der Experten am Beispiel der Humangenetik untersucht, vgl. dazu Bogner (2005b).

Mit der Pränataldiagnostik etabliert sich dieser Interpretation zufolge eine Expertenpraxis, die in neuer Weise Wertfragen aufwirft. Die Möglichkeit, auch leichte Behinderungen („lebensfähige Missbildungen") zu diagnostizieren, führe letztlich in die heikle Diskussion um Kriterien der Lebensqualität. Es wird in dieser Passage deutlich, dass die als ethisch markierten Implikationen der Pränataldiagnostik Herausforderungen darstellen, die auf der Ebene des Expertenwissens keine verbindlichen Lösungen finden können – es sei denn, die diagnostizierten Fehlbildungen lassen sich im traditionellen Kategoriensystem der Medizin reformulieren, so dass sie eindeutig werden (Luhmann 1990). Ein solcher Fall ist im obigen Beispiel der Anenzephalus, eine der Fehlbildungen, die insofern einen klaren Orientierungspunkt markieren, als sie mit dem Leben unvereinbar sind. Die Unzulänglichkeit einer Grenzziehung vermittels des Expertenwissens wird jedoch allein schon daran deutlich, dass der Experte seine eigene Frage, ab wann die Durchführung der Pränataldiagnostik „heikel" werde, im Weiteren nicht mehr aufgreift. In jenem Kontinuum von lebensfähigen Behinderungen, die quantitativ den größten Teil der Pränataldiagnostik ausmachen, lassen sich offenbar auf der Basis medizinischen Wissens allein keine Grenzziehungen vornehmen, die eine bestimmte Handlungsstrategie privilegieren und legitimieren könnten.

Vor diesem Hintergrund lässt sich als *partizipatives Management von kategorialen Uneindeutigkeiten* verstehen, was als Paradigmenwechsel in der Humangenetik beschrieben wird: die Abkehr von einem zunächst direktiven, später dann paternalistischen Beratungsmodell hin zum modernen Modell einer klientenorientierten, non-direktiven Beratung, die nicht mehr biopolitische Ziele wie die Verbesserung des Genpools oder Prävention verfolgt, sondern nur mehr auf individuelle Entscheidungshilfe abzielt (Wolff 1997; Zerres 2003). Mit der Aufwertung von Kommunikation und partizipativer Entscheidungsfindung ergibt sich ein (zumindest programmatischer) Wandel des Arzt-Patient-Verhältnisses. Den Beschreibungen einer idealen Beratungssituation zufolge kann und will der beratende Arzt nicht mehr „Weisungsgeber" sein. Nicht zuletzt das historische Experiment der Eugenik hat ein Modell diskreditiert, in dem sich das Handeln des Experten an überindividuellen Gesichtspunkten ausrichtet. Die Pränataldiagnostik als Beratungsmedizin formuliert an den Arzt den Anspruch, mit der Klientin in einen Entscheidungsprozess einzutreten, in dem der Experte nur mehr unterstützend, nicht aber gestaltend aktiv wird. Diesem Selbstverständnis zufolge ist der Experte jemand, der lediglich ein Informationsangebot zur Verfügung stellt und auf diese Weise zur Erarbeitung von Entscheidungen beiträgt (Wolff 1997: 74f.). Genetische Beratung wird demnach als Hilfe für eine selbstverantwortliche Entscheidung verstanden, die eine Aktivierung der Klienten bedeutet.

Nun hat gerade dieser Aspekt der Aktivierung die soziologische Kritik herausgefordert. Verschiedene soziologische Analysen des humangenetischen Expertendiskurses haben die Klientenorientierung in der genetischen Beratung als einen Formwandel von Machtverhältnissen analysiert (Lösch 2001; Waldschmidt 1996). In dieser an Foucault orientierten Sichtweise wird die Ablösung eines expertendominierten, direktiven Beratungsstils durch ein patientenzentriertes, nicht-direktives Beratungsideal als eine Öffnung neuer und ambivalenter Autonomiespielräume interpretiert. Der subtile Zwang zu einem eigenverantwortlichen, vorausschauenden Umgang mit medizinischen Informationen zum Zweck einer expertenwissensbasierten „Optimierung" der eigenen Lebensweise wird als Ausdruck eines neoliberalen Imperativs zu einem gesellschaftlich funktionalen Selbstmanagement gelesen. Das moderne Individuum wird vom Befehlsempfänger zum Verwalter seiner Chancen und Risiken und damit zu einem vorsorglich handelnden Subjekt. D.h., die klassisch eugenische Biopolitik wird von einer humangenetisch aufgeklärten und angeleiteten „Selbstsorge" abgelöst, die im Endeffekt eine gesellschaftlich funktionale „Selbstzurichtung" meint – die Individuen arbeiten unter dem Leitwert der Selbstbestimmung an der Optimierung des Lebens (ihres eigenen und, im Fall der Pränataldiagnostik, dem der Nachkommen). An die Stelle einer auf Disziplinierung gerichteten staatlichen Bevölkerungspolitik tritt unter den Schlagworten von Autonomie und Lebensqualität eine Form individuellen Risiko-Managements, das sich als Bestandteil einer weiter reichenden „neoliberalen Gouvernementalität" (Lemke et al. 2000: 26) lesen lässt.

Diese Lesart ist insofern kritisch, als sie das weithin positiv besetzte Ideal der Mündigkeit problematisiert.[12] In dieser Beschreibung zunehmender Selbstfunktionalisierung („Subjektivierung") wird den Ursachen dieses Prozesses jedoch wenig Beachtung geschenkt. Doch der humangenetische Paradigmenwandel ist ja nicht einfach eine Machtstrategie. Aus einer wissenschaftssoziologischen Perspektive wird nachvollziehbar, dass die neue Kommunikationsorientierung und Patientenbeteiligung funktional ist für den Umgang mit Unsicherheiten und kategorialen Uneindeutigkeiten. Das kommunikative Beratungsideal ist insofern weder idealistische Pädagogik (Ermutigung zur Mündigkeit) noch Ideologie oder nur Tribut an den Zeitgeist. Es löst reale Probleme in der humangenetischen Praxis, die in einer Zeit, als Behinderung als eliminierbare Krankheit begriffen wurde, nicht existierten; es löst Probleme, und zwar ohne dass dies von den Experten in dieser Weise intendiert oder reflektiert sein muss. In der Beratungssituation geht es ein Stück weit darum, medizinisch uneindeutigen Phänomenen interaktiv – unter Einbeziehung von Expertenwissen und individuellen Wertvorstellungen – eine Bedeutung zu verleihen. Daraus resultiert eine Änderung des Charakters der Grenzen: Die Grenzen werden – bis zu einem gewissen Grad – Aushandlungssache und damit fluid. Die Grenzen der individuellen Aushandelbarkeit von Grenzen wiederum werden durch die herrschenden Normalitätsvorstellungen bezeichnet, die sich z.B. in professionsin-

---

12 Ähnliches verfolgt auch jene Programmatik einer erneuerten kritischen Theorie, die die allgegenwärtig eingeforderte Mündigkeit des Individuums als deren herrschaftskonforme Funktionalisierung versteht und darum provokativ eine „Befreiung aus der Mündigkeit" (Honneth 2002) fordert.

ternen Stellungnahmen und Vereinbarungen kristallisieren, wie z.B. jener der deutschen Gesellschaft für Humangenetik (1990), den Eltern keine Möglichkeit zur Geschlechtswahl durch pränatale Diagnostik zu geben. Dass derartige Begrenzungen der individuellen Wahlfreiheit wiederum kulturspezifisch variieren, liegt auf der Hand. So ist pränatale Diagnostik zur Geschlechtswahl als Freiheit bei der Familienplanung außerhalb Europas durchaus anerkannt (Wertz/Fletcher 1993).

# 6. Resümee: Reflexive Experten?

Wissenschaftlicher Fortschritt ist nicht gleichbedeutend mit einem linearen Zuwachs an Gewissheit und Sicherheit. Dies wurde am Beispiel von genetischer Beratung und pränataler Diagnostik mit Blick auf das Unscharfwerden von Grenzen (gesund/krank, normal/anormal) und den Konsequenzen ihrer Reformulierung deutlich. Die Generalisierung des Krankheitsverdachts in Folge der Ablösung der Altersindikation sowie die Transzendierung des medizinischen Kategoriensystems durch den Einfluss der Humangenetik stehen für neue Grenzprobleme am bzw. noch vor dem Lebensbeginn. Die Grenzunschärfen führen für Experten und Klientinnen zu neuen Handlungsorientierungen und Rationalitätsansprüchen. Das Beispiel der verwissenschaftlichten Indikationsstellung zeigte, dass ein individuelles Risk Assessment letztlich in einer Generalisierung des Risikos resultiert. Dies illustriert die Ambivalenz des (unbezweifelbaren) Autonomiezuwachses: Erweiterten Entscheidungsspielräumen korrespondieren neue Entscheidungszwänge. Auf der Basis uneindeutigen, auf Prozentwahrscheinlichkeiten beruhenden, Expertenwissens müssen neue Grenzen zwischen gesund und krank gefunden werden. Diese Grenzziehungen basieren nicht länger allein auf dem Sonderwissen der Experten, sondern auf einem Aushandlungsprozess (Beratung), der eine neue Logik etabliert, nach der sich die Frauen in gesund und krank (behandlungsbedürftig/nicht behandlungsbedürftig) sortieren. An die Stelle einer relativ starren Grenze tritt damit eine fluide und prinzipiell leichter revidierbare (weil durch Expertenwissen *und* individuelle Wertvorstellungen bezweifelbare) Grenzkonstruktion. Für die Praxis ist damit nicht mehr länger ausschließlich relevant, was den Experten als vernünftig gilt, sondern was mit Rücksicht auf geltende Normalitätsvorstellungen als ethisch-moralisch vertretbar erscheint. Der anschließende Abschnitt über den Paradigmenwechsel in der humangenetischen Beratung zeigte, dass die Medizin im Fall bestimmter Behinderungen offenbar nicht auf jene objektive Bedeutung rekurrieren kann, die sich im Normalfall aus der engen Kopplung von Expertenwissen (Diagnose) und Entscheidung (Behandlung) ergibt und in der Stabilität der Unterscheidungen gesund/krank bzw. normal/anormal ihren Ausdruck findet. Die professionsinterne Antwort auf diese Herausforderungen liegt in der Aufwertung und Anerkennung nicht-wissenschaftlicher Wissensbestände und individueller Werthaltungen im Entscheidungsprozess. Es kommt zu einer Prozeduralisierung der Entscheidungsfindung, die im Ideal klientenzentrierter Beratung ihren programmatischen Ausdruck findet.

Abschließend soll nun diskutiert werden, was die These eines Bedeutungszuwachses von Partizipation für den Umgang mit Grenzunschärfen für die Rolle des Experten bzw. des Expertenwissens bedeutet. Haben wir es in diesem Prozess mit einem Autoritätsverlust des Experten zu tun? Bildet sich im Bereich der Humangenetik gar ein neuer, reflexiver Expertentyp heraus, wie May und Holzinger (2003) argumentieren? Den beiden Autoren zufolge müsse der Zwang zur Kommunikation von Ungewissheit und die daraus resultierenden erweiterten Autonomiespielräume der Klienten als Verlust professioneller Autorität gelesen werden. „(…) das humangenetische Expertenwissen (fördert) nicht den Expertenstatus der Professionellen", schreiben May/Holzinger (2003: 105), „sondern gefährdet ihn. (…) die Relevanz dieses Wissens (wird) für den Klienten fragwürdig." Aufgrund der Dynamik des (Nicht-)Wissens könnten traditionelle Deutungsmonopole der Experten nicht mehr aufrechterhalten werden.

Ob wir es nun in der Humangenetik mit der Herausbildung des Typus eines reflexiven Experten zu tun haben, ist eine schwierige Frage, die nicht zuletzt vom jeweiligen Reflexivitätsbegriff abhängt. Jedoch: Allein die Kommunikation von Ungewissheit, das Bewusstsein der Experten um den Konstruktionscharakter von Grenzen oder auch die Auflösung eindeutiger Hierarchien zwischen Berater und Beratenen erscheinen mir als notwendige, aber nicht hinreichende Bedingungen für eine reflexive Praxis. Denn all dies bedeutet nicht, dass das Expertenwissen in seiner maßgeblichen Bedeutung für das „Problem-Framing" in Frage gestellt würde. Es scheint vielmehr so, als ob dessen Relativierung durch die Aufwertung außerwissenschaftlicher Relevanzen eine zentrale Voraussetzung dafür wäre, das Expertenwissen als problemrelevantes Wissen im Entscheidungsprozess zu bestätigen. Wahrscheinlich haben wir es also mit einem Autoritätsverlust der Experten zu tun, in keinem Fall jedoch mit einem Bedeutungsverlust des Expertenwissens. Warum es daher zu kurz greift, die humangenetische Praxis als reflexiv zu bezeichnen, soll auf Basis der begrifflichen Unterscheidung zwischen Gestaltungs- und Definitionsmacht argumentiert werden. Der zentrale Einwand dürfte dadurch besser nachvollziehbar werden.

*Gestaltungsmacht* heißt in unserem Fall, die Autorität zu haben, sozial verbindliche Problemlösungen vorgeben zu können. Dies kann entweder die Ebene der individuellen Entscheidungen im Beratungsprozess betreffen oder auch gesellschaftliche Steuerungsprozesse umfassen. Auf der Ebene genetischer Beratung ist damit ein Machtverhältnis umschrieben, in dem der Experte die Autorität besitzt, dem Patienten Direktiven zu geben. Der Aspekt der Gestaltungsmacht kommt in der humangenetischen Praxis ins Spiel, wenn der Experte aus seiner Diagnose eine bestimmte Behandlung ableitet bzw. routinemäßig zur Anwendung bringt, ohne dies durch die Wertvorstellungen der Klientin filtern zu müssen oder aber wenn über die Befindlichkeiten der Einzelnen hinweg verpflichtende Untersuchungen auf Anomalien angeordnet werden können (Massen-Screening). Die eugenischen Programme der 20er und 30er Jahre zur Verbesserung der „Erbgesundheit" einer Bevölkerung sind beispielhaft für eine uns heute problematisch erscheinende Gestaltungsmacht der Medizin (Genetik, Psychiatrie) auf sozialer Ebene.

In Abgrenzung zur Gestaltungsmacht bezeichnet der Begriff der *Definitionsmacht* die Möglichkeit der Experten, die für die Interpretation von Phänomenen, die Legitimation von Entscheidungen und damit letztlich für die gesellschaftliche Auseinandersetzung mit bestimmten Phänomenen maßgeblichen Begriffe und Konzepte zu liefern und durchzusetzen. Das heißt konkret auf die Pränataldiagnostik bezogen: Definitionsmacht beschreibt das Phänomen, dass das medizinische Fachwissen als relevant für die Auseinandersetzung mit Behinderung in der vorgeburtlichen Phase, als entscheidungsorientierend und -legitimierend begriffen wird. Genetische Beratung bezeichnet demnach eine Situation, in der sich die Festschreibung vollzieht, dass die verhandelten Themen (z.B. Chromosomenaberrationen, deren Häufigkeit und Auftreten usw.) in dem spezifischen Zusammenhang relevant sind und dass in diesem Rahmen auch entschieden werden muss. Definitionsmacht meint in dem hier skizzierten Verständnis also die Tatsache, dass die Experten sich die Möglichkeit geschaffen haben, mit ihren Begriffen, Konzepten und Relevanzen für Entscheidungs- und Aushandlungsprozesse, die u.a. Grenzziehungen zwischen gesund und krank implizieren, sinnstiftend zu werden.

Vor diesem Hintergrund bedeutet dann die Vergrößerung der Autonomiespielräume zwar zweifellos eine Einschränkung von professioneller Gestaltungsmacht. Einen Verlust von Definitionsmacht wird man daraus jedoch nicht zwangsläufig schlussfolgern können. In der Beratung legitimiert sich das medizinisch-genetische Expertenwissen als das für den vorgeburtlichen Umgang mit Behinderungen relevante. Die Aufklärung über genetische Risiken, Vererbungsregeln, statistische Verteilungskurven, Eintrittswahrscheinlichkeiten von bestimmten Anomalien, kurz: die Vermittlung von biologisch-genetischem Grundwissen in der Schwangerenvorsorge bedeutet die Etablierung eines bestimmten Rahmens, in dem Probleme zur Geltung gebracht und thematisiert werden. Die Beratung kann aus dieser Perspektive als ein Mittel verstanden werden, um mit Ungewissheit in einer Weise konstruktiv umzugehen, die die Autorität und Definitionsmacht der Medizin – trotz aller Ungewissheit – nicht in Frage stellt. Das Expertenwissen bildet gewissermaßen den (Deutungs-)Rahmen, innerhalb dessen die individuelle Entscheidung verhandelt wird – trotz oder gerade weil dieses Expertenwissen als unsicher und uneindeutig anerkannt wird. Das Problembewusstsein der Laien ist also nicht abzulösen von der Sensibilisierung durch Kategorien, die ganz maßgeblich durch das medizinische Fachwissen geprägt sind. Um es in den Worten von Fritz Schütze (1992: 141) zu sagen: „(…) die professionellen Praktiker (definieren) die Kriterien und Begrifflichkeiten, mit Hilfe derer über diese Dinge in der Gesellschaft nachgedacht wird." Wer dagegen, wie May/Holzinger (2003), die Reflexivität an die Selbstrelativierung der Experten bindet, vernachlässigt das Spannungsverhältnis zwischen dem *Modus* der Entscheidung und der dieser zugrunde liegenden *Rationalität*.

Die Selbstrelativierung der Experten ist also nicht gleichbedeutend mit Selbstentmachtung. Es gilt – frei nach dem Motto „divide et impera" – das Gegenteil. *Der Verlust von Gestaltungsmacht bedeutet in der Praxis eben auch eine Sicherung von Definitionsmacht.* Der Experte von heute verfügt nicht länger über die Macht, zu entscheiden und Direktiven zu geben; doch er verfügt über die Macht, darüber zu befinden, wer unter welchen Bedingungen am Entscheidungsprozess partizipieren darf und mit welchen Begrifflichkeiten dies getan wird. Die Entscheidung ist (dem Anspruch nach) eine individuell-ethische geworden; die Vermittlung eines naturwissenschaftlichen „Sachstandes" in der Beratung ist eine zentrale Voraussetzung dafür, dass eine solche individuell-ethische Entscheidung legitim, ja zwingend erforderlich erscheint.

Reflexivität im Sinne der Infragestellung professioneller Deutungsmonopole aber hätte zur Voraussetzung, dass im Rahmen der Schwangerenvorsorge strukturell die Chance verankert wäre, mit den expertiellen Deutungsschemata und Relevanzen reflexiv umzugehen. Praktisch liefe dies auf eine Institutionalisierung von alternativen Wissensformen hinaus. Bislang haben nur Humangenetiker und Gynäkologen im Rahmen der Beratung die Möglichkeit, in Form medizinisch-genetischer Beschreibungsweisen bestimmte fachspezifische Relevanzen und Sinngebungen zu kommunizieren.

## Literatur

Beck, Ulrich, Bonß, Wolfgang & Lau, Christoph, 2001: Theorie reflexiver Modernisierung – Fragestellungen, Hypothesen, Forschungsprogramme. In: Beck, U. & Bonß, W. (Hg.), Die Modernisierung der Moderne. Frankfurt/M.: Suhrkamp, S. 11-59.

Beck, Ulrich & Lau, Christoph (Hg.), 2004: Entgrenzung und Entscheidung: Was ist neu an der Theorie reflexiver Modernisierung? Frankfurt/M.: Suhrkamp.

Bogner, Alexander, 2005a: Die Ethisierung von Technikkonflikten. Politikberatung durch Ethikkommissionen. In: Nentwich, M. & Peissl, W. (Hg.), Technikfolgenabschätzung in der österreichischen Praxis. Wien: Verlag der Österreichischen Akademie der Wissenschaften, S. 33-52.

Bogner, Alexander, 2005b: Grenzpolitik der Experten. Vom Umgang mit Ungewissheit und Nichtwissen in pränataler Diagnostik und Beratung. Weilerswist: Velbrück Wissenschaft.

Bogner, Alexander & Menz, Wolfgang, 2006: Wissenschaftskriminalität. Der koreanische Klon-Skandal und die Bedeutung der Ethik. In: Leviathan, 34, S. 270-290.

Cunningham-Burley, Sarah & Kerr, Anne, 1999: Defining the „social"– towards an understanding of scientific and medical discourses on the social aspects of the new human genetics. In: Conrad, P. & Gabe, J. (Hg.), Sociological Perspectives on the New Genetics. Oxford: Blackwell Publishers, S. 149-170.

Duster, Troy, 1990: Backdoor to Eugenics. New York: Routledge.

Gesellschaft für Humangenetik, 1990: Erklärung zur pränatalen Geschlechtsdiagnostik. In: Medizinische Genetik, 2, S. 8.

Gieryn, Thomas F., 1983: Boundary-work and the demarcation of science from non-science: Strains and interests in professional ideologies of scientists. In: American Sociological Review, 48, S. 781-795.

Gieryn, Thomas F., 1995: Boundaries of Science. In: Jasanoff, S., Markle, G. E., Peterson, J. C. & Pinch, T. J. (Hg.), Handbook of Science and Technology Studies. Thousand Oaks: Sage, S. 393-443.

Guston, David H., 2001: Boundary Organizations in Environmental Policy and Science: An Introduction. In: Science, Technology, and Human Values, 26, S. 399-408.

Hennen, Leonhard, Petermann, Thomas & Schmitt, Joachim J., 1996: Genetische Diagnostik – Chancen und Risiken – Der Bericht des Büros für Technikfolgen-Abschätzung zur Genomanalyse. Berlin: edition sigma.

Hitzler, Ronald & Pfadenhauer, Michaela, 1999: Reflexive Mediziner? Die Definition professioneller Kompetenz als standespolitisches Problem am Übergang zu einer „anderen" Moderne. In: Maeder, Ch., Burton-Jeangros, C. & Haour-Knipe, M. (Hg.), Gesundheit, Medizin und Gesellschaft – Beiträge zur Soziologie der Gesundheit. Zürich: Seismo, S. 97-115.

Honneth, Axel (Hg.), 2002: Befreiung aus der Mündigkeit. Paradoxien des gegenwärtigen Kapitalismus. Frankfurt/M.: Campus.

Jasanoff, Sheila, 1990: The Fifth Branch: Science Advisers as Policymakers. Cambridge: Harvard University Press.

Knörr, Karl, 1987: Die pränatale Diagnostik: Rückblick – Standortbestimmung – Konsequenzen – Ausblick. In: Murken, J. (Hg.), Pränatale Diagnostik und Therapie. Stuttgart: Enke, S. 2-6.

Kühl, Stefan, 1997: Die Internationale der Rassisten – Aufstieg und Niedergang der internationalen Bewegung für Eugenik und Rassenhygiene im 20. Jahrhundert. Frankfurt/M.: Campus.

Kuppermann, Miriam, Goldberg, James D., Nease, Robert F. & Washington, A. Eugene, 1999: Who Should Be Offered Prenatal Diagnosis? The 35-Year-Old Question. In: American Journal of Public Health, 89, S. 160-163.

Latour, Bruno, 2003: Is Remodernization Occuring – And If So, How to Prove it? In: Theory, Culture & Society, 20, S. 35-48.

Lemke, Thomas, 2004: Veranlagung und Verantwortung. Genetische Diagnostik zwischen Selbstbestimmung und Schicksal. Bielefeld: transcript.

Lemke, Thomas, Krasmann, Susanne & Bröckling, Ulrich, 2000: Gouverne-
mentalität, Neoliberalismus und Selbsttechnologien – Eine Einleitung. In:
Bröckling, U., Krasmann, S. & Lemke, T. (Hg.), Gouvernementalität der
Gegenwart – Studien zur Ökonomisierung des Sozialen. Frankfurt/M.:
Suhrkamp, S. 7-40.

Lösch, Andreas, 2001: Genomprojekt und Moderne – Soziologische Analysen
des bioethischen Diskurses. Frankfurt/M.: Campus.

Luhmann, Niklas, 1990: Der medizinische Code. In: Luhmann, N. (Hg.), Soziologische Aufklärung 5. Konstruktivistische Perspektiven. Opladen: Westdeutscher Verlag, S. 183-196.

Manzei, Alexandra, 1997: Hirntod, Herztod, ganz tot? Frankfurt/M.: Mabuse.

May, Stefan & Holzinger, Markus, 2003: Autonomiekonflikte der Humangenetik – Professionssoziologische und professionsrechtliche Aspekte einer
Theorie reflexiver Modernisierung. Opladen: Leske + Budrich.

Nationaler Ethikrat, 2003: Stellungnahme: Genetische Diagnostik vor und während der Schwangerschaft. Berlin.
<http://www.ethikrat.org/stellungnahmen/stellungnahmen.html>

Nippert, Irmgard, 1999: Entwicklung der pränatalen Diagnostik. In: Gen-
Ethisches Netzwerk/Pichlhofer, G. (Hg.), Grenzverschiebungen – Politische und ethische Aspekte der Fortpflanzungsmedizin. Frankfurt/M.: Mabuse, S. 63-80.

Pregernig, Michael, 2005: Wissenschaftliche Politikberatung als kulturgebun-
dene Grenzarbeit: Vergleich der Interaktionsmuster in den USA und Österreich. In: Bogner, A. & Torgersen, H. (Hg.), Wozu Experten? Ambivalenzen der Beziehung von Wissenschaft und Politik. Wiesbaden: VS, S. 267-
290.

Schmidtke, Jörg, 1997: Vererbung und Ererbtes – Ein humangenetischer Ratgeber. Reinbek: Rowohlt.

Schneider, Werner, 1999: So tot wie nötig, so lebendig wie möglich – Sterben
und Tod in der fortgeschrittenen Moderne. Eine Diskursanalyse der öffentlichen Diskussion um den Hirntod in Deutschland. Münster: LIT-Verlag.

Scholz, Christine, 1995: Biographie und molekulargenetische Diagnostik. In:
Beck-Gernsheim, E. (Hg.), Welche Gesundheit wollen wir? Frankfurt/M.:
Suhrkamp, S. 33-72.

Schütze, Fritz, 1992: Sozialarbeit als „bescheidene" Profession. In: Dewe, B.,
Ferchhoff, W. & Radtke, F.-O. (Hg.), Erziehen als Profession. Opladen:
Leske + Budrich, S. 132-170.

Serra-Prat, Mateu, Gallo, Pedro, Jovell, Albert J., Aymerich, Marta & Estrada,
M. Dolores, 1998: Trade-Offs in Prenatal Detection of Down-Syndrome.
In: American Journal of Public Health, 88, S. 551-557.

Snijders, R. J. M., Johnson, S., Sebire, N. J., Noble, P. L. & Nicolaides, K. H., 1996: First-trimester ultrasound screening for chromosomal defects. In: Ultrasound in Obstetrics and Gynecology, 7, S. 216-226.

Stehr, Nico, 2003: Wissenspolitik. Die Überwachung des Wissens. Frankfurt/M.: Suhrkamp.

Viehöver, Willy, 2006: Kategoriale Uneindeutigkeiten an den Grenzen zwischen Natur und Gesellschaft: Eine Nebenfolge der Modernisierung? In: Böschen, S., Kratzer, N. & May, S. (Hg.), Nebenfolgen – Analysen zur Konstruktion und Transformation moderner Gesellschaften. Weilerswist: Velbrück Wissenschaft, S. 129-184.

Waldschmidt, Anne, 1996: Das Subjekt in der Humangenetik – Expertendiskurse zu Programmatik und Konzeption der genetischen Beratung 1945-1990. Münster: Westfälisches Dampfboot.

Weingart, Peter, 1983: Verwissenschaftlichung der Gesellschaft – Politisierung der Wissenschaft. In: Zeitschrift für Soziologie, 12, S. 225-241.

Weingart, Peter, 2001: Die Stunde der Wahrheit? Zum Verhältnis der Wissenschaft zu Politik, Wirtschaft und Medien in der Wissensgesellschaft. Weilerswist: Velbrück Wissenschaft.

Wertz, Dorothy C. & Fletcher, John C., 1993: Prenatal Diagnosis and Sex Selection in 19 Nations. In: Social Science and Medicine, 37, S. 1359-1366.

Wieser, Bernhard, 2006: Inescapable Decisions. Implications of New Developments in Prenatal Testing. In: Science, Technology & Innovation Studies, 2, S. 41-56 <www.sti-studies.de>.

Wolff, Gerhard, 1997: Ethische Aspekte genetischer Diagnostik und Beratung. In: Elstner, M. (Hg.), Gentechnik, Ethik und Gesellschaft. Berlin: Springer, S. 57-80.

Zerres, Klaus, 2003: Humangenetische Beratung. In: Deutsches Ärzteblatt, 100, S. A2720-2727.

# Conceptualizing Conception: Finding Contemporary Relevance in Changing Japanese Views of Fetal Origins[1]

*William R. LaFleur*

> „[In Japan] we fear the lean cows of Pharao
> and pray that the Lord will not let them come here,
> because it is heart-breaking to see
> how many children are killed in such times."
> Gaspar Vilela, S.J. 1557

> „Judging by the people we have so far met,
> I would say that the Japanese
> are the best race yet discovered
> and I do not think you will find their match
> among the pagan nations."
> St. Francis Xavier, S.J. in Japan 1549-1551.[2]

Things that interest me in this topic are, first, the variety of ways in which conception and fetal life can be envisioned within the history of even one society—Japan in this case—and, second, the kinds of structural similarities in these that we can detect, not only cross-culturally but also across those barriers by which we usually differentiate perspectives we deem to be „modern" from those we usually frame as being not yet modernized. Important current bioethical discussions, of course, are very much focused not only on the morality of abortion but also on the utilization—for personal, experimental, or even commercial purposes—of what had been conceived by the union of the ovum and sperm. However, largely for its heuristic value I here concentrate primarily on historical periods prior to our possession of the ability (or need!) to differentiate the zygote from the blastocyst and the embryo from the fetus. Especially in the United States what can be called the „abortion war" has turned every terminological usage into a part of the battle.[3] This notwithstanding, I am forced here to use a non-differentiated and blanket term, fetus, to render the Japanese term taiji, most commonly found in the materials examined here.

---

1   I thank not only the scholars in Germany who sponsored the conference where this paper was first presented but also those in Japan who heard and commented on it at a conference at Shizuoka University, 24 September 2005, organized by Professor Matsuda Jun. A Japanese translation of it was published in 2006 in the annals of that university.

2   The quotations are from Cooper 1965; Vilela: 200 and Xavier: 60.

3   A very insightful study of America's „abortion war" in Japanese is Ogino 2001.

# 1. Cultures, Ethics, Perplexity, and the Fetus

Persons today who read the impressions of Japan recorded by Iberian Jesuits and others who were there in the 16th and early 17th centuries will have no difficulty realizing that to them it comprised an unusually perplexing land and people. Francis Xavier was among those who were lavish in their praise of public and private morals; others, citing Japanese sexual practices, abortion and infanticide, viewed the Japanese as a morally degraded people.

Concerning children it must have been especially enigmatic. On the one hand, the Europeans noted that the Japanese, including the Buddhist clergy, did not condemn abortion and even the refusal of life to the neonate.[4] On the other hand, however, they appeared to give such fine care to existing children that, by contrast, the training and behavior of European children seemed inferior. Note the words of Alessandro Valignano, a Jesuit who visited Japan three times between 1579 and 1603 and wrote:

„[The people here] live in such peace and quietness that even the children forbear to use inelegant expressions among themselves, nor do they fight or hit each other as do European lads; instead they speak politely and never fail to show each other respect." (Cooper 1965: 43)

And Francois Caron [1600-1673], who lived many years in Japan serving the Dutch East India Company, wrote:

„Children are carefully and tenderly brought up; their parents strike them seldom or never, and though they cry whole nights together, endeavor to still them with patience, judging that infants have no understanding, but that it grows with them as they grow in years, and therefore to be encouraged with indulgences and examples. It is remarkable to see how orderly and how modestly little children of seven or eight years old behave themselves; their discourse and answers savouring of riper age, and far surpassing any I have yet seen in their times in our Country." (Cooper 1965: 62f.)

Although it is clear that these Europeans were commenting on the children of Japan's upper-class and not those of peasants, it seems clear that they are making a global contrast, one in which even the children of Europe's upper-classes were outperformed by their counterparts in Japan.

And since they expressed knowledge of the fact that a precept against killing was part of the ethical code of Japan's Buddhist clergy, we can surmise that the Europeans then and there would have been perplexed—or possibly appalled—by, first, the fact that abortion and what we call infanticide were common and, second, that the Buddhist clergy refrained from condemning or censuring these practices. Indeed, my hunch is that people today would be equally perplexed by this apparent anomaly. And, therefore, in what follows I make an attempt to put it not only into its own historical but also its own ethical context.

---

4   What by the Europeans was called „killing a child" most often involved preventing the neonate from taking an initial breath. This, an act to prevent the fetus from living in the world, did not in Japan seem as serious as killing.

Does their seeming indifference to abortion mean that the Buddhist clergy in late medieval Japan had no interest in the process of conception and fetal development? The answer to this must be in the negative—even though it was not until the subsequent Tokugawa [a.k.a. Edo] period (1600-1868) that we have extant copies of graphic illustrations attempting to show fetal development. In an important 1996 publication on the history of childbirth and reproduction in Japan Shinmura Taku, a historian, includes an analysis of views on this by four eminent Buddhist scholar-teachers of medieval Japan: Shôkû [1177-1247], Mujû Ichien [1226-1312], Nichiren [1222-1282], and Kakuban [1095-1143]. Although there are nuances of difference among these four concerning reproduction, some lines of similarity can be detected. They describe conception as resulting not only from the conjoining of the father's white vitalizing element [sei] and the mother's red blood [chi] but also due to karmic influences entering into the embryo from the chûu or „intermediate state"—that is, the state in which the consciousness of a recently deceased person abides prior to being reborn.[5]

What I find most significant in Shinmura's discussion, however, is his explication of an emphasis most pronounced in the Pure Land teacher, Shôkû, a direct heir of Hônen. The main points of Shôkû's teaching as discussed by Shinmura are:

a)  We would not have life at all without having had a father and without having had a mother.

b)  When one is transmigrating, the consciousness from former lives provides the interior karmic causal factor; the father's white vitalizing element and the mother's red blood element provide the external karmic causal element. The uniting of these results in conception.

c)  In order to repay father for the element he provided and mother for the one she provided in giving you life, you must bend every effort while in this world to be a filial son or daughter. (Shinmura 1996: 44f.)

This way of conceptualizing the components that go into conception concludes with a straightforward moral—namely the ethic of filial responsibility [kô] owed by children to their parents.

Shinmura, appropriately I think, draws a line of continuity from Shôkû, a Buddhist thinker, to Nakae Tôju [1608-1648], an early Tokugawa period scholar of Confucian thought and often seen as the first important Japanese admirer of Wang Yang-ming. Adopting some of the same terminology about how the embryo receives life-giving elements from both the father and the mother, Nakae Tôju gives even further stress to the importance of showing filial piety in gratitude to one's parents and, additionally, insisted upon what we would now call „gender equality" in responding to what both had given in giv-

---

5   The chûu is better known in the West in its Tibetan version, the Bardo Tödol, as described in the work commonly referred to as the Tibetan Book of the Dead.

ing life: offspring are enjoined to be even-handed in returning the gratitude equally to mother and to father. (ibid.: 46)

We may now be getting closer to being able to explain what to the European in 16th and early 17th century Japan must have seemed so anomalous. It should be noted that Shinmura's account of the line from how medieval Buddhists envisioned conception to how the same was conceptualized by a Confucian of the early Tokugawa focuses the ethical imperative in one place—namely, the duty of offspring to act so that their filial piety returns the favor of life bestowed on them by their parents. In other words, the historical process through which Japanese Buddhism becomes increasingly „confucianized" begins well before the Tokugawa period and is based on the assumption that the inter-generational family will be maximally strengthened if the primary term and value in ethics is filial piety. It is not the only value but it has primacy—at least in the period and texts looked at here.

The correlate to this intense focus on the need to show filial piety was a perceptible silence about abortion. There is no discussion of whether it is right or wrong. Although among the regulations for monks and nuns [vinaya / ritsu] adopted in Japan from China there is one that clearly proscribes the use of anything that could induce an abortion, monks in Japan were known to have used the same materials that were potential abortifacients—but on themselves and because they seemed to be effective in reducing their own male sexual desires. (ibid.: 235) We must infer, at least from the absence of data showing otherwise, that the important Buddhist clerics of the period interpreted the proscription of abortion as applying only to the practices of monks and nuns. They did not view it as something needing to be extended also to the practices of the laity.

What could have been their rationale? More than likely knowledge of a high mortality rate for pregnancy and childbirth was a factor. A living mother who could continue to care for living children was, especially in an age of high-risk pregnancies, to be given priority over potential children who might, in fact, become the catalyst for a mother's death.[6] My supposition is that, although unmentioned in these texts, some Buddhist appeal to the need to show compassion to a woman endangered by a pregnancy would have been made here.[7]

---

6   Death in childbirth was especially feared because women so dying were often seen as a) having in this way received karmic retribution for past misdeeds and b) now desperately in need of the performance of rituals that would release them from the „blood pool hell" portrayed in Chinese texts that had been imported to Japan. See Kôdate in Formanek and LaFleur, 2004: 131ff.. Shinmura, taking a position different from Kôdate, argues that the multiple taboos relating both to menstrual and postpartum blood drastically reduced the time-frames for allowable intercourse and that these taboos had a contraceptive effect, helping to avoid multiple seriatim pregnancies and the attendant risks to a woman's health and longevity (Shinmura 1996: 224).

7   Compassion for women unintentionally pregnant is a mentioned by contemporary Buddhist clergy when discussing abortion. LaFleur 1992: xiii.

The Europeans who came to Japan in the 16th century came from a very different culture of religious assumptions and practices. To begin with the latter, Boswell has shown that with the development of Christianity, Europeans saw the abandonment of unwanted children—i.e. leaving them in „the hands of God"—as far preferable to aborting them. But the many hospices for „found-lings" could not possibly accommodate the number of infants left at their doors and the majority died—in some cases as many as 90 percent. (Boswell 1988) Moreover, in both the Jewish and Christian traditions conception was conceived of as the beginning of a „mirroring" of the Deity (imago dei) via a new provision of the human form and/or rationality and this, it seems, often led theologians to conclude that maximizing the number of such mirrors pleased their God. This ideational construct, a variant of what I term theology-based „fecundism," was decidedly not a part of what Buddhists took to be implied in being religious. (LaFleur 1992: 87f.)

It appears, therefore, that it would be an error to assume that what the Europeans confronted in Japan was an underdeveloped religious or ethical consciousness. And when they observed that, in spite of a toleration of abortion within 16th century Japan, adults poured great energy into seeing to it that their children were non-bellicose and strikingly well-behaved, these Europeans were merely observing a society in which intellectual, religious, and ethical priorities were differently ordered than they were in Europe. Unusually well-behaved children would have been one result of a Confucian ethic operating effectively. At the same time the refusal on the part of „parents" to bring to term unwanted fetuses would have been all of one piece with both a value placed on parental prerogative in such things and the assumption—one today articulated by persons in the West wanting abortion to remain legal—that, as much as possible, every child born should be a wanted child.

## 2. A Turn in Tokugawa Times

The epoch referred to by us alternatively as the „Tokugawa" or the „Edo" is usually dated from 1600 to 1868. For Japan it was an era of international and internal peace but at the same time one of lively intellectual debate, one in which the Buddhism that had so clearly dominated the medieval epoch was forced to yield mental and political space to Neo-Confucianism, the philosophy of Wang Yang-ming, and a newly intellectualized and gradually politicized Shinto. If during the earlier period—as seen above in the case of Shôkû—Confucian values were articulated by Buddhists, between the 17th and 19th centuries, at least among the major scholars, the earlier harmony was much less in evidence. Polemics came to the fore. Reflecting certain sharp exchanges between Confucians and Buddhists in China, Japanese Confucians and Neo-Confucians in the Edo period gradually began to view their Buddhist counterparts as not sufficiently natalist or what I prefer to call „fecundist." As in China, the celibacy of Buddhist monks and nuns came to be seen as harmful to both the perpetuity of particular families and the material productivity of politico-economic units. The period between 1721 and 1846 was one during which a „population plateau" was in evidence in Japan; demographers today verify what certain political authorities of that time expressly lamented—namely, that the population was not growing at all. (LaFleur 1992: 89ff.)[8]

The correlation between public officials' unprecedented concern about the lack of population growth and a contemporaneous upsurge in public criticism of what was called mabiki—that is, a „culling" that was a euphemism for both abortion and the killing of neonates—is too pronounced to have been merely coincidental. Bluntly stated, daimyo at the top of provincial tax pyramids saw the population plateau as a threat to their own revenues. And it seems they dispatched the Confucian scholar-writers in their employ to censure mabiki. Two prominent ones were Nakai Chikuzan [1730-1804] and Satô Nobuhiro [1769-1850]. What in an earlier era had been prerogatives left entirely to parents had, in this ratcheting up of the „confucianization" of Japanese society, become more complex and invasive. The „authorities" were now said to have an interest in the fetus and the neonate. And by disallowing birth and life to what has been conceived in the womb, the prospective „parents" were now said to be in violation of the will of the authorities.

Even more pronounced in criticism of mabiki was the politicized modality of the Kokugaku or „National Learning" movement. By the 19th century many of the scholars and polemicists within this movement embraced Shinto as a form of religious life sharply different from, and in some matters even opposed to, Buddhism. Importantly, matters having to do with reproduction, particularly the status and origin of the fetus, were either at or close to the center of the 19th century tension between Japan's Buddhists and the ideological stance of the National Learning scholars. Within the last third of the 19th century Shinto nationalists were insisting on a separation of Shinto from Buddhism. There were also acts of physical violence in which thousands of Buddhist icons were destroyed or damaged and a move was underway to force all monks and nuns into marriage.

The neo-Shinto condemnation of mabiki practices had, unlike the Confucian one, a theological dimension. Although the gods [kami] invoked were multiple rather than single—i.e. an instance of polytheism rather than monotheism—the practical impact upon thinking about reproduction, ownership of the fetus, and parental prerogatives was structurally very much akin to what we see today stated and implied in the „Right to Life" movement as advanced by the Roman Catholic Church and many evangelical Protestants.

---

8  Families in Japan, in contrast to those in China, had much less to fear in terms of a given family's demise due to infertility in one generation; while the adoption of children was ethically repugnant to the Chinese, yôshi or „adopted in" children from relatives was a fairly common practice in Japan until the 20th century. Adoption, reducing the risk of family extinction, made quantity of reproduction less important.

Miyauchi Yoshinaga (1798-1843) in his Toyamabiko of 1834 took exactly this approach, writing:

„People are born into this world due to the grace of the gods and emperors. There are some who forget that these are the source; they then entertain the wicked idea that by their own acts they bring their children into existence. The next thing they do in their selfishness is to abort the fetuses that they have come to think of as their own. That shows how debased they really are. As mentioned, although it is solely due to divine favor that something grows in a womb, such people let the fetus develop for five or six months—just to the point where it has begun to take on either male or female sexual characteristics—and then, absolutely devoid of mercy, take such a time to be good for aborting the child.“

Miyahiro Sadao (1798-1858) in his Kokueki Honron of 1831 wrote the following as the core reason for his objection to abortion:

„Because the august gods have in their hearts the intention of making all things abundant, they provide the world with human beings who have seeds in their own bodies. The gods intend humans to be prolific—just as they intend vegetation to grow abundantly on the earth. Ordinary folk, however, may not have an adequate grasp of these things; they assume that children are something merely made at home by a man and his wife and are uncertain whether the gods are involved or not. Being selfish and greedy they mistakenly think that having a lot of children will simply deplete the family's wealth. Thus after they have had one or two children they set about destroying by abortion all subsequent ones. These acts are despicable. Why do people assume that heaven would give us children that have no value?“

Under the aegis of neo-Shinto the gods were said to be very much interested in what might or might not result from a couple's sexual union. And they were described as demanding that those unions to be maximally productive.

It can be valuable to see how far things had moved since the time of Shôkû in the 13th century. He had envisioned the conception of a child as the union of what we would call „ovum“ and „sperm“ plus an impersonal karmic impact from earlier lives. No other persons, neither secular authorities nor any personalized deity, are brought into things as having an interest or automatic stake in what will be conceived. (We, of course, cannot dismiss the interestedness and input of other humans, especially family, but it is important that the medieval Buddhist theorists focus only on the parenting couple.) As if to give support to Foucault's view that becoming modern means the progressive intrusion of the state into private life, the Tokugawa era—often referred to as Japan's „early modern“ epoch—shows us Confucian theorists implicitly saying that children— and by extension the womb as well as the male's organ of generation—belong at least in some sense to the authorities of the time. And then the neo-Shintoists make explicit what had been implicit; they condemn „the wicked idea that by their own acts [parents] bring their children into existence“. To them the gods and their interests are not only involved but are primary.[9] Conversely, parents

---

9   This, of course, placed Buddhists in a quandary. They were attacked directly by
    Miyahiro, for instance, for allowing celibacy—that is, young men foregoing use of
    the sexual organs intended by the gods to be used „for procreation, for increasing the

are criticized for „selfishness" when they have not given priority to the will of the gods and, implicitly, the early modern state's need for people willing to [re]produce „abundantly".[10]

The long-range and horrific costs of this, of course, were paid by the Japanese people as well as by their neighbors. The fecundism of the neo-Shinto nativists fed nationalist agendas, led from there to militarism and wars beginning in 1895 and ending only half a century later. And, significantly, abortion was, in fact, criminalized during most of the imperialist epoch.

In August 1945 came the collapse of this imperialist agenda, a recognition that people had been duped by the ideology of child-bearing for the sake of the state and, soon thereafter, an end to criminalized abortion. Within two years of 1945 Japan's policy on abortion started to turn 180 degrees; in 1947 and 1948 what are among the most world's liberal laws on abortion were enacted and national policy.[11]

## 3. Religion and the Fetus in Contemporary Societies

Nakatani Kinko, formerly a professor of Legal Studies at Keio University in Tokyo, writes of how she herself was suddenly introduced to something she subsequently came to regard as a peculiarly „Western" way of conceptualizing conception and the fetus. In 1970 she had been participating in conference on issues in criminal law in what then was the Federal Republic of Germany. It was prior to the revision of Germany's abortion law. Professor Nakatani writes:

„I was astonished to be listening to a protracted debate between two professors who, in order to see if abortion might be permitted, were engaging in this in the context of discussions within the Christian Church about the status of the fetus—viz. before the infusion of the soul, after that infusion, forty days afterward, eighty days afterward, ninety days afterward, and so forth. For me as a Japanese involved in the study of criminal law, a debate conducted on such terms was inconceivable. At that point I keenly realized that, when it comes to the history of abortion and to ways of thinking about it, we Japanese and the people of the West are very, very different." (Nakatani 1984: 29)

---

number of people in our land" (LaFleur 1992: 110). The Buddhists' position became precarious. Temples then began to display pictures in which mabiki was portrayed as devilish and in 1852 a nun condemned an abortion that had resulted in a woman's death. (Shinmura: 107).

10 My coinage of the term „fecundism" is to denote the view that religious values mandate maximal reproductivity or, conversely, that having many children is an index to piety. It is „fecundism", not just natalism, that Miles sees expressed in Exodus 23. His paraphrase is: „The terms of engagement ahead in Canaan will be quite like those just seen in Egypt. The Israelites, in their divinely fostered fertility, will outbreed the Canaanites and so overwhelm them as they did the Egyptians." (Miles 1995: 116)

11 On details of this law and the need to remove the word „eugenic" from its title, see Shimazono (2007).

Professor Nakatani then specifies a difference. She writes that the criminalization of abortion appears to have begun in 2nd century Rome and then, by being defined as a variety of murder, was also a criminal offense as described in the canon law of the Church. By contrast there is mention of abortion in the Konjaku monogatari („Tales of the Past and Present" compiled probably in the 12th or 13th century) but it was, however disfavored, not a criminal offense. And even during the Edo period [1600-1868], although the [bakufu] government proscribed abortion, those who performed abortions appear not to have been punished as criminals. (Nakatani 1984: 30f.)

Nakatani provides her own explanation of the reasons for her sense of „culture shock"—namely a vast difference in how the Japanese and „the West" think about abortion. In view of what we looked at above, we can notice, I think, one thing somewhat mistaken in her viewpoint but also something significantly right in it.

It is not correct to assume or imply that abortion was never criminalized in Japan. The criminal code of 1907 firmly established that abortion was to be treated as a crime. Helen Hardacre presents data assembled by Takayasu Itsuko on the dating and number of criminal convictions of abortion providers (Hardacre 1997: 49f.)—that is, of midwives and others performing abortions. If we calculate the numbers for the years 1904 to 1945, the end of the Pacific War, we see that there were at least 12,121 convictions for violations of these laws during that time-frame.

There is, however, something not only correct but even instructive in what Professor Nakatani tells us about her experience in Germany. My suggestion is the following. What she found to be both puzzling and disturbing was the degree to which even as late as 1970 German public law seemed about to be formulated on the basis of what, at least to her mind, were unfounded theological speculations about the timing of the „infusion" of the soul into the material stuff that would, by admixture, become a complete conception. Implicit in Nakatani's registered amazement at scholars actually disagreeing about the exact timing of this totally unempirical event is her sense that the scene she witnessed in Germany was far removed from what she knew of Japan in 1970.

I suggest, however, that things are different in different epochs. What sometimes seems to be a fundamental difference in „cultures" may be largely due to a time differential. That is, at least in matters having to do with how conception is to be conceptualized and the formulation of public law, the context that Nakatani knew in Japan was, at least in 1970, far more „modernized" than what she witnessed in Germany—especially if by „modernized" we mean the reliance on empirical data and, conversely, the refusal to allow theological speculation to enter into the formulation of public law. This, of course, is another way of saying that Professor Nakanishi in 1970 had been living in a Japan which had made a 180 degree turn away from late 19th and early 20th century Japan, a time in which a neo-Shinto theology—in the sense of a state ideology linked to discourse about gods—had postulated the gods as having not only an interest but, in fact, a controlling interest in conception and the fetus. Therefore, in at least this area of human concern, Japan in 1970 had „modernized" to a degree that Germany had not.

Of course, reference to „becoming modernized" in this context is no more than a way of talking about a specific issue—namely, the withdrawal of detectably theological or metaphysical elements from how an embryo or fetus is envisioned, especially when the participants are involved in law formulation and enforcement. We can say even more. Ironically, this „modern" perspective and policy in Japan is in some ways a reversion back to what we have seen above as the „medieval" stance on conception taken by Japan's Buddhists. We saw, for instance, that Shôkû's theory of conception was one from which the implications drawn in the domain of ethics were based not on the unseen (kami, something mirroring the deity, or an infused soul) but on what was empirically observable—namely a material something from the father (sei) and from likewise one from the mother (chi). We can excuse him for not yet possessing the technology that could have shown him that the material portion received from the mother is, in fact, the ovum rather than the blood. What I find important is that in Shôkû the ethical imperative is based on observable material elements, not on the demands of invisible but putatively interested gods or on a claim that an unobservable soul has somehow gotten „infused" into the conception mix.

Japan in 1947-48 and still in 1970 had broken with a pattern, present there from some time late in the Tokugawa period, of allowing an inserted theological or metaphysical element to have a place, maybe even a supposedly determinative place, within how conception was conceptualized. This, it was hoped by many, might mean that never again would there be intrusion by the state or by assertive religious interests into the privatized family planning of Japan's citizens.

However, in today's Japan it seems clear that „demographic" concerns—a birth rate perceived as too low, a work-force too much comprised of non-Japanese laborers, and worries about personnel shortages in the case of international conflict—have surfaced once again. Voices on the far right of the political spectrum can sometimes now be viewed as ready once again to invoke the theme of increased reproduction—in the national interest.

And, of course, evidence from the United States suggests that there is little ground for assuming that, once theological elements have been removed from the public conversation about conception and fetuses, these will remain out of the way and unable to return. In many ways the effort within America to repeal Roe-v-Wade is, in fact, the practical working out of a long-term attempt to re-inject theology-derived elements into the public conception of conception. In this domain conceptions and reconceptions are closely linked to law, criminalization, and de-criminalization. The evidence from both the past and the present suggests that in this area of human experience and behavior there is no finalized or secure „modernization".

# Bibliography

Boswell, John, 1988: The Kindness of Strangers: The Abandonment of Children in Western Europe from Late Antiquity to the Renaissance. New York: Pantheon Books.

Cooper, Michael, 1965: They came to Japan: An Anthology of European Reports on Japan, 1543-1640. Berkeley: University of California Press.

Hardacre, Helen, 1997: Marketing the Menacing Fetus in Japan. Berkeley: University of California Press.

Kôdate, Naomi, 2000: Aspects of Ketsubonkyô Belief. In: Formanek, S. & LaFleur, W. R. (eds.), Practicing the Afterlife: Perspectives from Japan. Wien: Österreichische Akademie der Wissenschaften, 121-143.

LaFleur, William R., 1992: Liquid Life: Abortion and Buddhism in Japan. Princeton: Princeton University Press. [Mizuko: „Chûzetsu" o meguru nihon bunka no teiryû, transl. by Morishita Naoki et al., Tokyo: Aoki shoten, 2006].

Miles, Jack, 1995: God: A Biography. New York: Alfred A. Knopf.

Nakatani, Kinko, 1984: Chûzetsu, dataizai no toraekata. In: Nihon kazoku keikaku renmen (ed.), Onna no jinken to sei: watakushitachi no sentaku. Tokyo: Komichi shobô.

Ogino, Miho, 2001: Chûzetsu ronsô to Amerika shakai: Shintai o meguru sensô. Tokyo: Iwanami shoten.

Shimazono, Susumu, 2007: Why Must We Be Prudent in Research Using Human Embryos? Differing Views of Human Dignity. In: LaFleur, W. R., Böhme, G. & Susumu Shimazono, S. (eds.), Dark Medicine: Rationalizing Unethical Medical Research. Bloomington: Indiana University Press, 201-222.

Shinmura, Taku, 1996: Shussan to seishokukan no rekishi. Tokyo: Hôsei daigaku shuppankyoku.

# Geburt und Tod – Religiöse Sinnstrukturen und Übergangsriten in melanesischen Kulturen. Humanethologische Perspektiven

*Wulf Schiefenhövel*

## 1. Einleitung

Zu Ehren von Herrn Kollegen Helle begehen wir einen Initiationsritus und feiern seinen Übergang in den Kreis der wirklich Weisen. Ich bedanke mich für die Einladung, daran teilnehmen zu dürfen, und hoffe, dass ich beitragen kann zur Zeremonie dieses besonderen Übergangs – der wie alle rites de passage geprägt ist von dem Bemühen, die vulnerable, potentiell krisenhafte Phase der Transition von einem Zustand in den anderen ungefährlich, glückhaft und bedeutsam zu gestalten. Eine zutiefst universale (Murdock 1949 und Human Relations Area Files) Antwort der Menschen aller Kulturen auf das Problem, eine neue psychosoziale Balance, einen neuen steady-state, wie man als Biologe sagen würde, finden zu müssen.

## 2. Zeugung und Schwangerschaft

Den zum Tode führenden Bogen unserer Existenz möchte ich zunächst an seinem Beginn nachzeichnen und beschreiben, wie in zwei langfristig untersuchten traditionalen Kulturen Melanesiens (Eipo im Hochland des indonesischen West-Neuguinea und Trobriander von den Trobriand Inseln in Papua-Neuguinea) Zeugung und Schwangerschaft gesehen werden, Gebären erleichtert wird und welche sozialen und religiösen Dimensionen mit diesen Ereignissen der menschlichen Reproduktion verbunden sind. Auf Ergebnisse der Felduntersuchungen in diesen beiden Gesellschaften werde ich mich auch bei der Besprechung der Vorstellungen und Riten stützen, die das Lebensende begleiten.

Die Zeugung eines Kindes kann nach Überzeugung der Menschen in beiden Kulturen nicht Folge eines einzigen Sexualaktes sein. Die Eipo haben die Vorstellung, dass sich im Uterus das aufgestaute Menstrualblut mit Sperma vermischt und dass beide Substanzen die Leibesfrucht wachsen lassen – eine sehr paritätische Vorstellung. Aus diesem Grunde ist es erstrebenswert, zu Beginn der Schwangerschaft möglichst viel Geschlechtsverkehr zu haben. Dieses durchaus biologische Konzept (die Eipo sind ausgezeichnete Kenner der Natur und verfügen über erstaunliches Wissen über Pflanzen, Tiere und den menschlichen Körper) ist verknüpft mit der religiösen Idee, dass Menstruation, Samen, Fruchtbarkeit, Geburt und Stillen wie alle anderen Aspekte des sichtbaren und verborgenen Lebens Folge der frühen Schöpfung sind, die vor allem durch den Urgeist Yaleenye (der aus dem Osten Kommende) in Gang gesetzt wurde und über die die Menschen von ihm und anderen Geistern (isa) informiert wurden.

Auch darüber, wie sie durch Einhaltung religiöser Zeremonien und sozialer Gebote sicherstellen konnten, dass ihr Leben, die Fruchtbarkeit der Gärten, das Vorhandensein von Wild und Nahrungsmitteln aus dem Wald und die Festigkeit der Erde unbedroht gewährleistet blieben. Gefährdet ist menschliche Existenz aber nicht nur durch Verletzungen der heiligen Gebote, sondern auch durch eher willkürliche Interventionen außermenschlicher Instanzen, etwa der Totenseelen und anderer Geister, die neben Hilfe vor allem auch Schaden bewirken können.

Über die Trobriander stellte Bronislaw Malinowski, der bedeutendste Ethnograph dieser Kultur im westlichen Pazifik, fest (1929), dass ihnen der Zusammenhang zwischen Geschlechtsverkehr und Schwangerschaft unbekannt sei. Der spätere Begründer der Social Anthropology und Professor in London hat bis zu seinem Lebensende an dieser Sicht festgehalten, obwohl sich bald Widerspruch rührte gegen diese Position (vgl. auch Schlesier 1979, Delaney 1986). Der Beginn eines neuen Lebens werde ausschließlich abiologisch durch das Eindringen einer Totenseele (baloma) in die Vagina von Frauen in Gang gesetzt, insbesondere wenn sie im Meer badeten.

In der Tat sind die Trobriander auch heute noch der Ansicht, dass die Seele einer verstorbenen Person aus ihrem Platz unterhalb der Insel Tuma, wo die baloma wohnen, aufsteigen und sich dem im Uterus wachsenden Fötus zugesellen, dass also ein religiöser Akt der zusätzlichen Zeugung geschehen muss, damit ein richtiger Mensch entsteht. Ebenso klar stellen sie fest, dass ohne ausreichende Sexualakte mit Übertragung von Sperma in die Vagina kein Kind im Mutterleib entstehen kann. Die Trobriander waren und sind Schweinezüchter, die ihre jungen männlichen Hausschweine durch Entfernung der Hoden kastrieren, weil sie um die typische Entwicklung hin zu sehr aggressiven und weniger schmackhaften adulten Ebern und darum wissen, dass ihre Säue durch verwilderte Buscheber gedeckt werden. Die Bewohner dieser Inseln sind wie die Eipo realitätsbezogene Beobachter der Natur mit all den vielfältigen Erscheinungen in der Welt der Pflanzen, der Tiere des Landes und des Meeres.

Es ist extrem unwahrscheinlich, dass die Trobriander oder irgendeine andere historische oder rezente Ethnie den Zusammenhang von Geschlechtsverkehr und Schwangerschaft nicht erkannt oder so erfolgreich aus dem Kanon ihres naturwissenschaftlichen Korpus verdrängt, ihn so sehr mit religiösen Konzepten zugedeckt hätte, dass ihre Angehörigen wirklich glaubten, normale Frauen könnten durch einen ausschließlich religiösen Zeugungsakt ein Kind in ihrem Leibe wachsen lassen. Malinowski stellte, ebenfalls aus dem Bereich von Sexualität und Reproduktion, einige weitere Behauptungen auf, die zwar bis heute die Theorien zur gesellschaftlichen Konstruktion der Sexualität, auch der Familie und der Gesellschaft, beeinflussten, die sich aber wie die berichtete ignorantia paternitatis nicht haben halten lassen (Schiefenhövel 2004):

-   Kinder hätten „wirklichen" Geschlechtsverkehr
-   unter Unverheirateten gebe es keine Eifersucht

– der Mutterbruder, nicht der Vater, spiele die entscheidende männliche Rolle
in der Sozialisation des Kindes (eine Annahme, zu der u.a. die partiell
matrilineare Deszendenzregel der Trobriander beitrug).

Malinowski mag, im Gefolge der Schilderungen von Cooks Mannschaft und
anderer Südseefahrer, durch die Sehnsucht nach einem sexuellen Paradies, mehr
noch, nach einer alternativen, zutiefst harmonischen Gesellschaft, motiviert
worden sein – quasi als Kontrast zur prüden, klassen-geformten post-viktoria-
nischen Gesellschaft seiner Tage. Heute muss man allerdings feststellen, dass
evolutionsbiologische Bürden und Anpassungen schlimme Eifersucht, aber
auch solch wundersam beglückende Ereignisse wie das Verliebtsein und die
Produktion von Poesie zur Verklärung der romantischen Liebe in wohl allen
Kulturen, jedenfalls völlig unabhängig von europäisch-bourgeoiser Romantik
bewirken (Schiefenhövel 2001a). Menschen sind sich auch und gerade in sexua-
libus viel ähnlicher als uns manche kulturrelativistische Position glauben macht.
So ist es auch bei der Trauer, von der im zweiten Abschnitt die Rede sein wird.

## 3. Geburt

Gebären in den Gesellschaften der Eipo (Schiefenhövel 1988) und der Trobriander (Schiefenhövel 1983) ist ein zutiefst soziales Geschehen. Physisch und
psychisch in der Regel einfühlsam und kompetent von den Geburtsbegleiterin-
nen betreut, sind die Gebärenden eingebettet in ein ihnen von Kindheit an ver-
trautes Geschehen, dessen religiöse Facette besonders dann sichtbar wird, wenn
(meist durch männliche Heiler, Spezialisten für den Verkehr mit außermensch-
lichen Mächten) Zeremonien durchgeführt werden, mittels derer die Geister
günstig gestimmt werden sollen.

In einem Fall (bei der Sprachgruppe der In, westlich der Eipo) erkundigte
sich der bei einem als verzögert empfundenen Geburtsverlauf hinzugezogene
Heiler, ob die Kreißende denn vielleicht eines der Tabus gebrochen habe, z.B.
jenes, das Geschlechtsverkehr an bestimmten Orten verbietet, die mächtigen
Urgeistern wie dem Urschwein vorbehalten sind. Die Gebärende bekannte, dass
dies zweimal vorgekommen sei. Die anschließend vom Heiler verwendete sakrale Formel diente der Besänftigung des verärgerten Geistes. Die gesamte Behandlung hatte mit der „Beichte" der Übertretungen einen durchaus kathar-
tischen Charakter (subjektiv etwa so empfunden: „Gut, dass der Geist jetzt aus
meinem Geburtskanal entfernt ist") und damit potentielle psychosomatische
Wirksamkeit. – Auf den Trobriand Inseln werden neben und gleichzeitig mit
sakralen Formeln in der Geburtshilfe auch bislang nicht erfasste Phytotherapeu-
tika verwendet, die die Geburt beschleunigen und gefahrloser machen sollen.

Die zweite typische Konstituente des Gebärens, nicht nur in Melanesien,
sondern mit Ausnahme der von westlicher Medizin beeinflussten Regionen
quasi weltweit, ist biologischer Art und besteht in der Vertikalen als klassischer
Gebärposition. Horizontal auf dem Rücken liegen, in unseren Kliniken leider
immer noch eine sehr häufige Körperhaltung, ist obstetrisch ungünstig, und ich

bin sehr gespannt, ob ich es noch erleben werde, dass das Gros unserer (wenigen) Gebärenden zur aus vielen Gründen günstigeren Vertikalen wird zurückfinden können. Sie müssen diesen Schritt, vor allem von den Hebammen unterstützt, wohl allein gehen, denn die etablierte Medizin steuert inzwischen auf eine weitere Entfremdung und Technisierung des Gebärens zu: den Wunschkaiserschnitt als Lifestyle-Entscheidung.

Abb. 1:
Eine erstgebärende Eipo Frau wird einfühlsam betreut. Archaische Formen der Bekämpfung von Schmerz und Angst werden genutzt: Körperkontakt, Halten, Stützen, Massage und Trost.

## 4. Das Wochenbett – sakrale Seklusion im Dienste des bonding

Die Geburt eines Kindes, insbesondere dann, wenn es sich um eine erstgebärende Mutter handelt, ist ein klassischer, sozial und religiös bedeutsamer Übergang. In unseren Industriekulturen gelingt er nicht wirklich gut, denn etwa die Hälfte aller Frauen leidet ab dem dritten Tag post partum unter einer spezifischen Dysphorie, den „Heultagen" („Baby-Blues") die mit der Aufnahme der Bindung zwischen Mutter und Kind interferiert. In Melanesien ist die Prävalenz dieser Störung wesentlich geringer (unter 10%). Schwangerschaft, Geburt und Wochenbett, auch die generelle Konzeption der Rolle von Frauen als Mütter, bieten offenbar günstigere Voraussetzungen für die ersten Prozesse des „bonding" in der Mutter-Kind Dyade, die Basis für so viele weitere wichtige ontogenetische Schritte hin zur Entwicklung jener Eigenschaften, die wir uns von kompetenten und glücklichen Kindern, Jugendlichen und Erwachsenen wünschen.

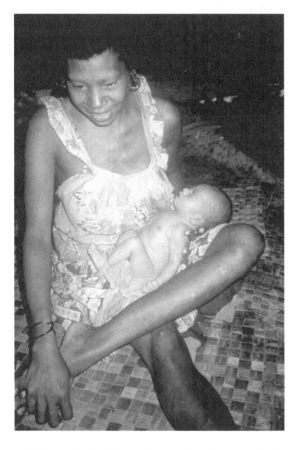

Abb. 2:
Trobriand Frau mit ihrem gerade geborenen Kind. Das Glücksgefühl nach der Geburt ist durch Endorphine und Oxytozin auch biologisch bedingt. Eine gute Basis für den Beginn des Bonding.

Bei den Eipo bleiben die Wöchnerinnen mit dem Neugeborenen im Frauenhaus (dem sakralen, aus der Gesellschaft symbolisch ausgegliederten Ort für Frauen in bestimmten Phasen ihrer Reproduktion: Menstruation, Geburt und Wochenbett) und sind hier befreit von allen Aufgaben außer jenen, die mit der Fürsorge und Pflege ihres Säuglings zu tun haben. Ihnen wird Essen gebracht und sie werden auch in anderer Weise von den anderen Frauen unterstützt. Abseits vom Getriebe des Dorfalltags beginnen sie die Beziehung zum Neugeborenen. Nach etwa einer Woche ziehen die Eipo Frauen ins Dorf zurück. Für etwa 1 ½ - 2 Jahre müssen sie und ihr Ehemann nun auf Geschlechtsverkehr verzichten. Die emische Sicht dieses einschneidenden religiösen Tabus ist, dass Sperma die Brustmilch verderben lässt. Die evolutionsbiologische Perspektive rückt den sehr sinnvollen Effekt auf das Geburtenintervall (meist ca. 3 Jahre) in den Vordergrund, das so in Synergie mit der stillbedingten Infertilität hinausgezögert wird.

Abb. 3:
Trobriand Mutter mit ihrem erstgeborenen Kind nach Verlassen der langen postpartalen Seklusion. Auf der Veranda ihres Hauses und gekleidet mit der Wöchnerinnen-Stola ist sie nun im Focus der Aufmerksamkeit.

Für Trobrianderinnen, die ihr erstes Kind geboren haben, kann die Wochenbett-Seklusion auch heute noch mehrere Monate dauern. in einem rückwärtigen Teil des Familienhauses werden sie ebenfalls verwöhnt und unterliegen einer ganzen Reihe von sakral bedeutsamen Tabus, die das Ziel haben, für Mutter und Kind die günstigsten Startbedingungen zu erzeugen. Nach der Seklusion werden sie stufenweise in die Gesellschaft eingegliedert. Zunächst sitzen sie dann auf der Veranda. Dabei trägt die Mutter eine besondere Stola, Zeichen ihrer neuen Mutterwürde, in die aromatische Blätter eingeflochten sind. Säugling und Mutter sind so umgeben von einem Mantel aus starkem, gutem Geruch (zur Rolle olfaktorischer Signale in religiösen Riten vgl. Schleidt 1992) und stehen, quasi als indigene Madonna mit dem Kinde, im Focus der sozialen Aufmerksamkeit. Auch die Trobriand Paare müssen eigentlich ein langes postpartales Koitustabu einhalten (das Geburtenintervall war ebenfalls ca. drei Jahre). In der letzten Zeit ist diese Regel jedoch zusammengebrochen. Oft wird das nächste Kind nach 1 ½ Jahren schon geboren; psychologisch für das Zuvorgeborene, arbeitstechnisch für die Mutter und insbesondere für die enorme Wachstumsrate der Bevölkerung in Papua Neuguinea eine sehr ungünstige Entwicklung. Verständlich allerdings, dass nach einem kulturellen Wandel Richtung moderne Welt junge Paare nicht so lange wie von der Tradition vorgeschrieben auf Sexualität verzichten wollen; medikamentöse oder chirurgische Kontrazeption hält erst langsam Einzug in melanesische Gesellschaften.

Unsere medizinische Sicht des Wochenbettes ist darauf gegründet, dass die Wöchnerin verletzt ist (Uteruswunde, Wochenfluss, eventuell Scheiden-Damm-Riss). Die universale Institution der postpartalen Seklusion von Mutter und Kind (ganz im Gegensatz zur Geburt, die aus dem vollen Eingegliedertsein in die Dorfgemeinschaft erfolgt) ist aus evolutionspsychologischer Sicht ganz anders und nicht-medizinisch erklärbar: Mutter und Neugeborenes, zunächst einander fremd, müssen sich auf einander einstellen, ihre somatischen Uhren miteinander synchronisieren, sich gegenseitig verstehen lernen. Das geht offenbar am besten in der partiellen Abgeschiedenheit des „Wochenbetts", ohne Störungen von außen. In unserem Münchner Postpartum-Projekt (zusammen mit Gerhard Dammann) überprüfen wir diese Hypothese derzeit in verschiedenen europäischen und außereuropäischen Stichproben. Störung durch Krankenhaus-Routine (wie oft gehen die Türen zu einem Wöchnerinnen-Zimmer auf und zu!) ist einer der Prädiktoren für die Dysphorie, andere haben mit der Nähe zum Kind und mit der subjektiven Einschätzung der Bedingungen für eine möglichst sorgenfreie Zukunft der beiden zu tun. Die „Heultage" sind wohl eine evolutionär entstandene Anpassung an die besonderen Anforderungen, die Mutter und Kind benötigen. Wenn die Situation als nicht optimal empfunden wird von der Mutter, reagiert sie mit Dysphorie und sendet die entsprechenden körpersprachlichen Signale – damit appelliert sie an die soziale Umgebung: Bitte kümmert Euch besser um uns beide. Darin liegt wohl der adaptive Sinn der Tendenz zum „Baby-Blues" in der kritischen, auch durch Hormonumstellungen störungsanfälligen Phase des postpartalen Übergangs, der dementsprechend mit vielfältigen religiösen Regeln und Tabus ausgestattet ist.

In beiden beschriebenen melanesischen Gesellschaften erfahren die heranwachsenden Kinder weitere Initiationsriten (bei den Eipo z.B. eine Feier für das Gehenlernen, dann die große, physische und psychische Stabilität erfordernde Initiation der Buben mit der Aufnahme ins Männerhaus, später die Verleihung der ersten Peniskalebasse), die im Rückgriff auf die sakralen Mächte sicherstellen sollen, dass sie all die Eigenschaften entwickeln, die man im späteren Leben benötigt.

Zum Komplex Sexualität, Reproduktion, Schwangerschaft, Geburt und Wochenbett wurde verschiedentlich berichtet (vgl. auch Schiefenhövel/Schiefenhövel-Barthel 1999), so dass der Schwerpunkt dieses Beitrags auf das Ende des Lebens gelegt wurde.

## 5. Sterben für das Leben der Nachkommen

Sterben ist integraler Bestandteil der Evolution – im Zeitalter des Anti-Ageing eine schmerzliche Einsicht. Der Prozess des ständigen (wenn auch in langen Zeiträumen erfolgenden) Hervorbringens neuer, durch Mutation leicht veränderter Organismen ist darauf angelegt, diese neuen Individuen auf Tauglichkeit zu testen. Für sie muss Platz sein. Daher dürfen die Alten nicht ewig leben, sie würden die Ressourcen verknappen. Eine noch kontrovers diskutierte Frage ist, ob es ein durch den Mechanismus der Selektion entstandenes Programm gibt in der Natur, das Sterben quasi aktiv erzeugt, oder ob Altern und Vergehen ein Nebeneffekt der Unvollkommenheit unseres Organismus sind. Diese interessante Kontroverse soll hier nicht weiter verfolgt werden.

Auf jeden Fall gibt es in unserem Körper Prozesse, z.B. zellschädigende Radikale, eine numerisch begrenzte Anzahl an möglichen Zellteilungen, den sukzessiven Verlust der Telomere, die das Leben an sein Ende bringen. Im Fall des im Säugetiervergleich extrem langlebigen Menschen liegt diese Grenze um die hundert Jahre. Wegen der Erfolge unserer Lebensführung und Medizin (Hygiene, Impfung, Antibiotika, Reparatur- und lebensrettende Operationen) schieben wir uns, wenn auch oft mit Verlust an Lebensqualität, immer näher an diese Grenze heran. Entgegen einem landläufigen Klischee werden aber auch in traditionalen Kulturen (unbeschadet der wesentlich geringeren durchschnittlichen Lebenserwartung neugeborener Kinder) etliche Menschen alt; 80Jährige, sind keine Seltenheit, insbesondere unter den Frauen, die nahezu überall auf der Welt langlebiger sind als die Männer. Die Vorstellung einer ganz wesentlichen Lebensverlängerung, wie sie vor allem in den Vereinigten Staaten gehegt wird, wird wohl Utopie bleiben. Es sei denn, wir greifen in unser Erbgut ein. Vorläufig will das (hoffentlich) kaum jemand.

Ein weiterer evolutionsbiologisch inspirierter Gedanke sei angefügt. Für die subjektive Bewältigung des Sterbens, dessen bin ich sicher, gibt es keine evolutionär entstandene psychologische Anpassung wie etwa für das Heilen, das Gesundwerden. Das hätte sich nicht gelohnt. Wie ein Mensch stirbt, ist für seinen Fortpflanzungserfolg unerheblich. Daher bin ich auch skeptisch gegenüber der durch Berichte von Nahtod-Erlebnissen genährten Vorstellung, das eigentliche Sterben sei großartig, jedenfalls schön. Wenn das ein biologisches Faktum wäre, müsste man seine Erklärung im Bereich der Epiphänomene suchen, also annehmen, dass etwa bestimmte Lichterscheinungen oder andere sensorische Wahrnehmungen Folge ausfallender Hirnprozesse sind. Mit großer Wahrscheinlichkeit hat kein Selektionsdruck auf dem Erreichen eines „schönen" Todes gelegen. Verständlich jedoch, dass wir uns danach sehnen. Es bleibt uns nichts anderes übrig, als kulturelle Weisen des würdigen oder zumindest akzeptablen Sterbens zu finden.

Zu Beginn des Lebens dagegen gibt es eine ganze Reihe machtvoller, hervorragend funktionierender Mechanismen, die so optimale Ergebnisse hervorbringen, wie es der Natur möglich ist – 100% Erfolg kann sie nicht erreichen,

dafür wäre der biologische Aufwand zu hoch. Dazu gehören, im Prinzip jedenfalls, die menschliche Sexualität, Schwangerschaft, Geburt, Stillen und weitere
biopsychische Elemente der frühen Sozialisation. Da wird in besonderem Maße
sichergestellt, dass der Organismus funktionieren kann, denn seine hauptsächliche Aufgabe ist ja, Nachkommen, die Währung des Lebens, zu erzeugen.

## 6. Sterben in Melanesien

Während meines 22-monatigen Aufenthaltes bei den Eipo wurde ich zu einer
jungen, erst kurz zuvor verheirateten Frau gerufen, die noch ansprechbar, aber
in offensichtlich finalem Zustand auf dem Rindenboden eines Hauses lag. Ich
konnte medizinisch nichts mehr für sie tun. Auf meine Frage, ob sie Angst zu
sterben habe, antwortete sie ruhig: „Nein, ich habe keine Angst." Es schien mir
eine ganz ehrliche Antwort zu sein. Ich habe verschiedentlich Menschen sterben
sehen in Neuguinea und auf den umliegenden Inseln, denn ich bin dort immer
auch Arzt, mein biographisch erster Beruf. Auf diese Weise eröffnet sich ein
direkter Zugang zu Krankheit und Leid, einschließlich des Sterbens. Nur selten
begegneten mir Menschen, die dem nahen Tod nicht mit ähnlich unfassbarem
Gleichmut wie die junge Eipo Frau entgegen sahen. Ein führender Mann des
Trobriand Dorfes Tauwema war deutlich in Angst in den Tagen vor seinem
Tod. Nicht so sehr, wie mir schien, weil er (wie viele Sterbenden bei uns) mit
dem nahenden Lebensende und dem damit drohenden Verlust seiner Existenz
nicht fertig geworden wäre. Seine quälenden Gedanken richteten sich auf die
Frage, welche Regeln er vielleicht nicht eingehalten hatte, welcher Mitbürger
ihm seinen unbestreitbaren Erfolg hätte neiden und mittels eines Hexers (s.u.)
einen Schadenszauber geschickt haben könnte. Meistens jedoch geschieht das
Sterben in fatalistischer Ergebung in unvermeidliches Schicksal.

Besonders verwunderlich an diesem Sterben ohne Kampf ist die Tatsache,
dass die partielle Fortexistenz der Person in Form der Totenseele keinesfalls
besonders attraktiv ist. Der Erlösungsgedanke, so typisch für die christliche und
islamische Religion, fehlend in der jüdischen, ist sehr selten in den Glaubens-
vorstellungen der Ethnien der Welt. Ist es nicht merkwürdig, dass Christen,
denen nach dem irdischen „Jammertal" eine so viel herrlichere Existenz im
Himmel winkt, sofern sie sich in Glauben und Lebensführung nicht allzu weit
von den Geboten der Kirche entfernt hatten, doch oft schwer sterben? Und dass
Menschen wie die Eipo so gefasst und augenscheinlich angstfrei aus dieser Welt
scheiden, obwohl die animistische Religion ihrer Totenseele keine angenehme
Existenz in Aussicht stellt? Die Geister der verstorbenen Eipo halten sich unbe-
haust in den kalten, lebensfeindlichen Höhen der gewaltigen Zentralkette (Gip-
fel bis 5.000 m) auf, sie sehnen sich nach den Dörfern der Menschen, nach dem
abendlichen Feuer in den engen Hütten, nach gutem Essen, nach sexueller Um-
armung. Gierig und oft missgünstig sind sie, der friedvollen Glückseligkeit des
christlichen Himmels Welten entfernt.

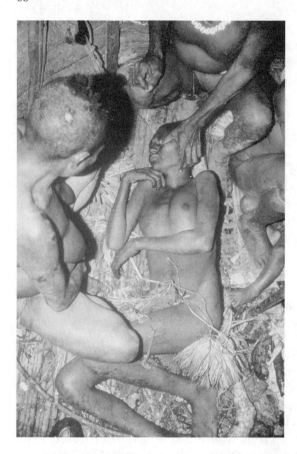

Abb. 4:
Sterbende junge Eipo Frau.
Auf Befragen äußerte sie,
dass sie keine Angst vor dem
Tod habe. Sie starb ruhig.

Ich denke, dass die Jenseitsvorstellungen, unbeschadet der im Prinzip natürlich beruhigenden und das Sterben leichter machenden Vorstellungen in den Erlösungsreligionen (vgl. auch islamistische Selbstmordattentäter), nur einen partiellen Einfluss darauf haben, wie Menschen sterben. Mir scheint, dass die normative Kraft des Faktischen eine bedeutende Rolle dafür spielt, ob Menschen angstvoll und in Auflehnung gegen den Tod sterben oder sich ruhig aufgeben. Eipo und Trobriander leben in einer Welt, die vom Geborenwerden und Sterben geprägt ist. Alle, auch die etwas älteren Kinder, haben eigene Erfahrungen mit Sterbenden, sehen Pflanzen, Tiere und Menschen vergehen. Sterben ist ein sozialer Akt wie das Geborenwerden. Es findet in der Mitte der Gesellschaft statt und ist damit öffentlich. Diese Präsenz des Todes mag ein Grund dafür sein, dass die Menschen in Melanesien den letzten Abschied leichter nehmen können als die meisten von uns.

Die Eipo haben durchaus auch Schreckensvisionen bezüglich des Sterbens. Doch die beziehen sich interessanterweise nicht auf das Sterben an sich, sondern auf die Umstände, unter denen der Tod eintritt. Am akzeptabelsten für Männer ist der Tod im Kampf. Dangyan, einen der begabtesten Jugendlichen, damals etwa 15 Jahre alt, sah ich eines Tages mit den Männern unseres Dorfes

in den Krieg gegen die Erbfeinde aus dem Nachbartal rennen. Als er abends
zurückkam, fragte ich ihn, der ein so intelligenter Gewährsmann in Sachen seiner Kultur war, ob er keine Angst gehabt hätte, vor allem weil er nicht wie die
erwachsenen Männer einen der gut schützenden Rotan-Panzer angehabt hätte.
„Die gibt es in meiner Größe nicht. Und außerdem ist es nicht schlimm, im
Kampf zu sterben. Von Krankheit ausgezehrt, auf dem Fußboden neben der
Feuerstelle liegend zu sterben, das ist schlimm", war seine Antwort. Für diese
und andere Kriegerkulturen gilt den Männern ein heldisches Ideal als Leitbild.
Der in Verteidigung der eigenen Gruppe erlittene Tod wird verklärt. Ähnliches
dürfte für die Trobriander gegolten haben, bevor sie vor mehr als 100 Jahren zur
Pax britannica bzw. christiana bekehrt wurden. Furchtbar ist den Eipo dagegen
die Vorstellung, bei der Jagd oder einem aus anderen Gründen unternommenen
Zug in die hohen Berge da draußen in der Welt der realen (es kann Frostnächte
geben) Unwirtlichkeit aus Gründen einer Krankheit oder eines Unfalls dem
Wetter ausgesetzt und allein sterben zu müssen: „moke baibubuk" = draußen
jenseits des Dorfes ausgesetzt sein (und sterben). Das war für sie eine in vielen
Gesprächen geäußerte Schreckensvorstellung. Auch deswegen, weil das Sterben
dann nicht mehr in der Einbettung in die Gemeinschaft geschehen konnte.

## 7. Totenklage am Krankenlager

Befremdlich ist es nach so vielen Aufenthalten in den Dörfern der Einheimischen noch immer, Totenklagen zu hören und zu wissen, dass in dem Haus, aus
dem die ritualisierte Abschiedsklage nach draußen dringt, oft kein Toter be-
weint wird, sondern ein Sterbender im Kreise seiner Angehörigen liegt. Wie
würde ich reagieren, habe ich mich bei solchen Gelegenheiten gefragt, wenn
meine Familie und Freunde Totenlieder sängen, wenn ich noch gar nicht tot
wäre. Müsste es nicht ein schrecklicher Schock, ein frontaler Angriff auf jeden
noch verbliebenen Lebenswillen sein, wenn man wüsste, dass die Anderen einen aufgegeben haben, einem geradezu zu verstehen geben, dass das letzte
Stündlein geschlagen hat? In allen Fällen trat der Tod der beweinten Sterbenden
auch wirklich bald danach ein. Man kann annehmen, dass Menschen in diesen
Gesellschaften ein gutes Gespür dafür haben, wann die Lebenskraft eines vom
Tod Gezeichneten aufgebraucht ist.
   Welche Wirkung mag ein solches Ritual der Totenklage am Lager der Sterbenden haben? Vermutlich trifft meine europäisch beeinflusste Sicht der wo-
möglichen Kollision mit dem Lebenswillen (und in vereinzelten Fällen vielleicht mit der Erholungsfähigkeit) des Betroffenen den Kern des Rituals nicht.
Vermutlich ist es für die Sterbenden ein tröstlicher Gedanke, dass die Angehörigen sich zu einer sozial und religiös bedeutsamen Zeremonie versammelt haben und ihrer Traueremotion freien Lauf lassen, noch bevor der Moment des
finalen Abschieds gekommen ist. So aufgehoben in einer Gemeinschaft miteinander Weinender zu sterben, ist sicherlich ungleich menschlicher, als in der

Anonymität eines Klinikzimmers oder der Hektik einer Intensivstation vom Leben in den Tod zu gehen.

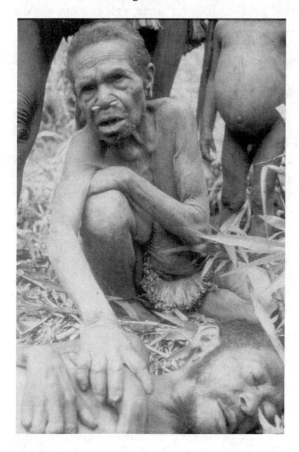

Abb. 5:
Eine Eipo Frau beklagt den Tod ihres erwachsenen Sohnes. Die unmittelbare Reaktion auf den Verlust eines geliebten Menschen, die typisch menschliche Trauer, ist ein Universale.

Was die potentiell schädliche Wirkung eines verfrühten religiösen Rituals anbetrifft, ist es interessant, die Veränderungen zu betrachten, die jene Zeremonie erfahren hat, die in meiner Kindheit „Letzte Ölung" oder „Sterbesakramente" hieß und die man jetzt „Krankensalbung" nennt. Es wäre interessant zu erfahren, ob dieser Wandel des Etiketts eine ungünstige Beeinflussung des Lebenswillens der Sterbenden verhindern sollte oder ob er mit dem allgemeinen Vermeiden negativ besetzter Termini zu tun hat, als Circumlocutio und Euphemisierung des Sterbens. Wahrscheinlich hat eine Rolle gespielt bei der Umbenennung, dass unter den Bedingungen unserer durchaus oft sehr leistungsfähigen Medizin eben etliche Patienten nicht starben nach der „letzten" Ölung, sondern genasen. Mit dem neuen Namen, so scheint es, hat das Krankensakrament eine neue Funktion bekommen, nämlich dem Schwerstkranken zu helfen, ins Leben zurückzukehren.

Auf diesen Effekt sind die im Beisein der Sterbenden gesungenen Totenklagen der Menschen in Melanesien nicht ausgerichtet. Die traditionelle Medizin, ohnehin nur begrenzt, weil oft ausschließlich psychosomatisch wirksam, kann kaum jemanden aus biologisch schwerst lebensbedrohlichen Krisen ins Leben zurückholen. So kann man also vermuten, dass das gemeinsame Klagen Ursprünge hat, die in der unmittelbaren und tiefen Trauer der Angehörigen wegen des drohenden Verlusts ihres Angehörigen liegen. Weniger in der religiösen Praxis, die Totenseele auf ihrem Weg in die zukünftige Existenz zu begleiten. Letzteres hat auch, und sei nicht verschwiegen, den emischen Sinn, sicherzustellen, dass der Schattengeist auch wirklich den Weg ins Jenseits findet und nicht zu lange und mit möglicherweise schädlichen Folgen im Bereich der Lebenden verbleibt. – Ganz primär aber ist es die Emotion der Trauer, die zum primum movens der mit dem Sterben und der Bestattung verbundenen Zeremonien wird (s.u.).

## 8. Tod als Strafe

In den traditionalen Gesellschaften Melanesiens wird Kranksein, das über kleinere virale Infekte (wie wir sagen „Erkältungen"), unbedeutende Verletzungen und ähnliche Alltagsbeeinträchtigungen der Gesundheit hinausgeht, immer als Einwirkung außermenschlicher Mächte gesehen. Das trifft im Kern auch dann zu, wenn angenommen wird, dass ein („schwarzer") Krankheits- oder Todeszauber von einem Menschen („Hexerin", „Hexer" wären unsere Termini) gegen einen anderen entfesselt worden sei. Denn die Macht eines solchen, fast immer an Analogievorstellungen geknüpften Zaubers (z.B. Nutzung des Feuers als Metapher, dass der Verhexte innerlich verbrennen möge) steht letztlich ebenfalls außerhalb der eigentlich menschlichen Sphäre.

Wie schwere Krankheit ist auch der Tod ausnahmslos die Folge metaphysischen Geschehens, das entweder von Geistern in Gang gesetzt wird, die den Betreffenden dafür strafen, dass er Regeln verletzt oder sich in anderer Weise soziales Fehlverhalten zuschulden hat kommen lassen, oder das einen trifft, weil man Missgunst, Ärger und Hass bei jemandem erregt, der dann einen Hexer, eine Hexe beauftragt, „schwarzen" Zauber auszuführen.

Ich möchte kurz einen Fall schildern, der diese Vorstellung vom Tod als Strafe verdeutlicht. Ein etwa vierjähriges Trobriand Mädchen starb trotz meiner (allerdings zu spät) einsetzenden ärztlichen Bemühungen mit hochwirksamen Medikamenten an einer zerebralen Malaria tropica. Die gesamte Dorfgemeinschaft lastete dem Vater den Tod seiner kleinen Tochter an, denn er habe, so die Argumentation, Betelnüsse gestohlen, die durch ein Tabu geschützt waren. Früher wickelte man um die Areca-Bäume Streifen aus Blättern, deren Überqueren die metaphysische Sanktion auslösen sollten, heutzutage hängen Pappschilder dort mit der Aufschrift „tabu pela tapwaroro, auch – tapwaruru": tabu durch die Kirche, d.h. durch Gott – der als den Menschen gram gesehen wird, weil sie seinen Sohn getötet haben. Diese negative Emotion Gottes wird als neues strafendes Element in die traditionelle Sanktion des Tabubruches eingebaut und als viel wirksamer erachtet als das alte. Daher wurde auch der Katechet zur kleinen

Patientin geholt; dessen Versuch, Gott um Aufhebung der Strafe zu bitten, damit sie gesunden konnte, blieb jedoch auch fruchtlos. Nach dem Tod seiner Tochter akzeptierte der Vater des Mädchens die Schuldzuschreibung und zeigte Zeichen tiefster Verzweiflung. Eine Reue, die ihm Vergebung durch Familie und Dorfgemeinschaft einbrachte. Soziales Fehlverhalten muss nicht auf den Missetäter selbst zurückschlagen, sondern kann irgend jemand aus dem Kreis seiner Familie treffen, in diesem Fall die einzige Tochter. Und da so oft Menschen krank werden, Unfälle oder andere Missgeschicke haben, ist die Vorstellung, dass Krankheit und Tod religiöse (wir nennen das gern etwas überheblich „magische") Ursachen haben, schlecht falsifizierbar. Selbst einheimische Freunde aus dem akademischen Bereich beharren auf dieser Form pathogenetischer Kausalität.

## 9. Psychogener Tod

Während meines Aufenthaltes bei den Eipo im Hochland von West-Neuguinea starb ein ca. 23jähriger Mann. Außer einer leichten Temperaturerhöhung konnte ich bei Untersuchungen über etliche Tage hinweg keine Krankheitssymptome feststellen. Der Patient sagte, dass er in der Macht von Tiergeistern aus dem Bergwald sei, die ihn jetzt dafür bestraften, dass er dort gejagt habe. Der subjektive Zustand besserte sich kurzfristig, doch nach knapp einer Woche war der junge Mann in einem kritischen Zustand, verbrannte sich selbst mit einem heißen Stein unter dem linken Rippenbogen (eine nicht weiter aufgeklärte Selbstbeschädigung) und verstarb, obwohl ich eine Infusion angelegt und alles an Medikamenten verabreicht hatte, was mir zur Verfügung stand.

Eine Obduktion kann man unter Bedingungen ethnographischer Feldforschung nicht durchführen, sie würde auch nicht akzeptiert werden, so bin ich auf eine Mutmaßung angewiesen, was die klinische Ursache dieses Todesfalles angeht. Wegen des Fehlens ernsthafter Krankheitssymptome und aufgrund des Krankheitsverlaufs habe ich die Vermutung, dass dieser Eipo Mann eines psychogenen Todes gestorben ist. Wahrscheinlich hatte er sich im Bewusstsein, dass er in der Hand mächtiger Tiergeister war, aufgegeben und keine Nahrung und kein Wasser mehr zu sich genommen. Jedenfalls war er in der kurzen Zeit stark abgemagert. Für den in der Literatur manchmal „Voodoo" Death bezeichneten Vorgang des psychogenen Sterbens sind verschiedene Hypothesen entwickelt worden (Cannon 1942; Sternberg 2002), die hier nicht weiter behandelt werden sollen. Wichtig ist zu wissen, dass auch in unseren Breiten Menschen eines psychogenen Todes sterben: Witwer und Witwen kurz nach dem Ableben ihrer Partner und Insassen von Gefängnissen.

Natürlich bleiben Zweifel, ob der junge Eipo Mann wirklich auf diese Weise zu Tode kam oder vielleicht doch eine schwere, von mir nicht bemerkte Krankheit hatte. Das Phänomen des psychogenen Todes an sich muss man jedoch wohl auch seitens der Biomedizin akzeptieren – die immer besser werdende Kenntnis der Verknüpfungen von Psyche und Soma ermöglichen Erklärungen diesseits aller Parapsychologie.

Der ältere Bruder des Toten, einer der führenden Männer des Dorfes, akzeptierte die Krankheitserklärung (Tiergeister als Verursacher) seines Bruders nicht, sondern beschuldigte einen Mann aus einem Nachbardorf, einen Todeszauber geschickt zu haben. Er verwundete diesen mit einem Pfeilschuss, der nach einiger Zeit zum Tode des Beschuldigten führte. – Das alttestamentarische Prinzip der Blutrache, noch immer präsent, sogar in europäischen Ländern wie Albanien, ist auch den Eipo heilig und treibt sie in die Spirale eskalierender Aggression (Schiefenhövel 2001b).

## 10. Trauer, Aggression und Autoaggression

In diesem Fall wurde besonders deutlich, dass Trauer und Aggression nahe beieinander liegen. Der Bruder war innerlich tief verwundet, zerrissen vor Verzweiflung über den Tod und trauerte mit eindrucksvoller, tragender Stimme über Monate hinweg neben der Leiche, die in der Krone eines hohen Baumes aufgebahrt war. Er konnte und wollte den Verlust, die Zerstörung des Blutsbandes nicht akzeptieren. Schließlich rächte er den Toten. Anschuldigungen wegen angeblichen Todeszaubers und Tötungen der vermuteten Auftraggeber sowie der Hexer/Hexerinnen kommen häufig vor in melanesischen Gesellschaften. Wir haben einen solchen Fall unmittelbar erlebt, in der eine „Hexe", die schuld am Tod eines Kleinkinds gewesen sein sollte, vom Vater des Kindes mit Pfeil und Bogen ermordet wurde. Ihre Leiche wurde zum Fluss geschleift und über mehrere Tage äußerst aggressiv behandelt – „moralistische Aggression" nach Trivers (1971), wohl erklärbar als im Dienst der Normenkontrolle stehend (s.u.).

Während meiner Aufenthalte in Melanesien habe ich oft auch autoaggressive Akte gesehen, die in Verbindung mit dem unmittelbaren Verlust eines nahen Menschen einhergingen. Angehörige werfen sich in den Staub, reißen sich Haare aus oder beschädigen sich in anderer Weise. Die von der Tradition vorgeschriebenen Zeichen der Trauer gehen in dieselbe Richtung: Man muss sich unansehnlich, abstoßend machen angesichts des Verlustes eines so unersetzlichen Menschen, möchte zum Ausdruck bringen, dass man selbst gar nicht weiter leben will. In manchen Regionen Hochland-Neuguineas, etwa bei den Dani und Yali, mit Einfluss bis in die von den Eipo und ihren Nachbarn bewohnten Täler, ist es Sitte, dass Frauen sich mit dem Steinbeil ein Fingerglied abtrennen, wenn jemand aus ihrer Familie gestorben ist. Man sieht viele Frauen, die nur mehr mit Stummeln an den Händen die komplizierten manuellen Vorgänge der Herstellung von Tragnetzen bewerkstelligen. Erstaunlich, dass Kulturen ein solches Ausmaß von Selbstbeschädigung fordern können. Die Einheimischen erklären diese Sitte damit, dass die Frauen den bösen Geistern ein Stück ihres Körpers opferten, damit sie nicht selbst von ihnen zu Tode gebracht würden, denn sie seien ja aus der Familie des Toten und damit potentiell gefährdet, wegen seiner Vergehen in „Sippenhaft" genommen zu werden.

Ich glaube, dass man diese und ähnliche Traditionen biopsychisch erklären kann. Der Verlust eines geliebten Menschen, die Verzweiflung über das zerschnittene Band zu ihm mischt sich leicht mit Aggression. Aggression wegen der Tatsache, dass der Andere nicht mehr da ist, dass er sterben musste, dass er genommen, geraubt worden ist. Psychotherapeuten haben mir versichert, dass viele Patienten in unseren Breiten, die an „nicht bearbeiteter Trauer" leiden, eine solche Mischung aus Trauer und Aggression aufweisen. In Neuguinea gibt es eine kulturelle (für uns inakzeptable und für die Menschen dort lebensgefährliche) Möglichkeit, diese Aggression auszuleben, nämlich den Verstorbenen zu rächen.

Hier sind wir in dem evolutionsbiologisch sehr interessanten Bereich der menschlichen Tendenz, Regelbrecher zu zwingen, die Spielregeln einzuhalten, die bis zum Rachenehmen reicht, d.h. der erstaunlichen Bereitschaft, unter sehr hohen eigenen „Kosten" das Fehlverhalten, den Bruch von Normen und Tabus mit einem Angriff zu sanktionieren (Fehr/Gächter 2002; Singer 2006), der in Gesellschaften wie jenen Neuguineas durchaus das eigene Leben kosten kann. Es hat sich offenbar ausgezahlt für unsere Vorfahren, Tabubrecher zu bestrafen and damit den gesellschaftlichen Regeln eine größere Durchschlagskraft zu verleihen.

## 11. Zeremonien nach Eintritt des Todes

Den gerade Verstorbenen werden die Augen zugedrückt. So wie wir das tun. Vermutlich ist dieser Akt ein weiteres Universale in den Geschehnissen um das Sterben. Er hängt sehr wahrscheinlich damit zusammen, dass ein starres „Drohauge", wie es im Tierreich vielfach als Mimikry eingesetzt und in der Ethologie beschrieben wird (König 1975), uns unangenehm ist.

Eipo, Trobriander und Angehörige anderer Ethnien in Melanesien bleiben auch nach dem Sterben weinend in Körperkontakt mit dem Toten, ihn haltend oder umschlingend. Das Sterbehaus ist bald gefüllt mit Menschen, die Abschied nehmen wollen, oft wird der Tote dabei berührt. Diese Bekundung von Trauer und Mitgefühl, ohne Zweifel in vielen Fällen spontan und „ehrlich" hat auch eine soziale, politische Note. Wie schon erwähnt wird jeder eingetretene Todesfall einem Schadensakt von außen zugeschrieben und in geschätzt mindestens der Hälfte aller Fälle wird gemutmaßt, dass „schwarzer" Zauber im Spiel war. Daher ist es besonders wichtig, sich gleich zum Haus des Toten zu begeben und durch seine Anwesenheit zu zeigen, dass man verbunden ist und keinen Groll zu verbergen hat.

Bei den Trobriandern wurde früher im Prozess der Exhumierung nach Zeichen gesucht, die auf Todeszauber und seinen Verursacher hätten hindeuten können. Es ist den Einheimischen außerordentlich wichtig zu wissen, wer den Tod ihres Angehörigen verursacht, wer dafür eventuell zur Verantwortung gezogen werden muss. Man kann sich die Frage stellen, ob ein möglicherweise geringer ausgeprägtes Bedürfnis nach Rache, das bei uns ja nur mehr in seltenen

Fällen ausgelebt wird (vgl. den ossetischen Vater, der den Tod seiner Frau und Kinder damit rächte, dass er den bis dato nicht strafverfolgten dänischen Fluglotsen tötete, den er für schuldig an dem Zusammenstoß der Flugzeuge hielt) damit zu tun hat, dass wir den Erlösungsgedanken haben, den die animistischen „Naturreligionen" Melanesiens nicht kennen.

Bei den Eipo wird der Tote am nächsten Morgen in einer vorher ausgeschnittenen und damit gänzlich entlaubten Krone eines Baumes in Dorfnähe, manchmal auch weniger hoch in einem weniger auffälligen Baum, bestattet. Die Männer bringen die Leiche bis an diesen Platz und fixieren sie in Hockstellung so, dass das Gesicht des Toten dorthin zeigt, wo man hoch in den Bergen das unsichtbare Dorf der Totenseelen des betreffenden Klans vermutet. Man versucht, der sich langsam vom Verstorbenen lösenden Seele die Richtung vorzugeben, in die sie ohne sich zu verirren entschwinden möge, denn „isa" (die Totengeister), die den Weg nicht finden, bleiben wie erwähnt in Dorfnähe und richten dort eventuell Unheil an.

Abb. 6:
Die Leiche eines jungen Mannes wird in der ausgeschlagenen Krone eines hohen Baumes bestattet. Umgeben von einem Schutz aus Blättern mumifizieren die Leichname. Später werden sie unter dem Dach von Gartenhäusern aufgebahrt. Die letzte Bestimmung von Schädel und Langknochen sind trockene Orte unter Felsen im Gartengelände.

Über der Leiche wird ein Blätterdach errichtet, oft auch eine seitliche Umhüllung. An seinem luftigen Platz mumifiziert der Körper nun im Verlauf der Monate, ein erstaunlicher Prozess in dem tropischen Klima. Nach einem halben bis einem Jahr nimmt man die Mumie ab und bringt sie zur zweiten Bestattung zu einem Gartenhaus, unter dessen Dach man einen einfachen Holzkasten für ihre Aufnahme vorbereitet hat. Jetzt ist der Moment, nochmals intensiv mit der Totenseele in Kontakt zu treten und mit ihr zu sprechen; ihr z.B. zu sagen, dass man ihren Tod gerächt habe und dass sie den Männern nicht mehr im Traum erscheinen möge, um sie zur Rache anzuspornen. Die Zweitbestattung ermöglicht also einmal einen weiteren physischen Kontakt zum Toten, eine erneute Möglichkeit, ihm nochmals ganz nahe zu sein und damit eine (oft letzte) kathartische Klimax der Traueremotion zu erleben, die die Trauernden dann in die Normalität des Weiterlebens entlässt (s.u.). Weiter spielt die Zweitbestattung als Element der Aggressionskontrolle eine Rolle. Wenn dann nach einigen Jahren das Gartenhaus verfallen ist, bekommen Schädel und Langknochen einen letzten Ruheplatz unter überhängenden Felsen, wo sie dem Gartengelände und generell dem Leben der Menschen nahe sind und es gegebenenfalls bewahren können.

## 12. Endokannibalische Totenriten

Auf den Trobriand Inseln war es bis zur Ankunft der ersten britischen Administration um die Wende vom 19. zum 20. Jahrhundert üblich, die Leichen in der Mitte des Dorfplatzes zu begraben und kurz darauf ein erstes Mal zu exhumieren. Malinowski beschreibt diese Vorgänge und nimmt erstaunlich klar gegen die Veränderung der Kultur durch die Weißen Stellung:

„(...) before daybreak after the first exhumation, the body is taken out of the grave, and sometimes the bones are removed from it. This anatomical operation is done by the man's sons, who keep some of the bones as relics and distribute the others to certain of their relatives. This practice has been strictly forbidden by the Government – another instance of the sacrifice of most sacred religious custom to the prejudice and moral susceptibilities of the 'civilized' white." (Malinowski 1929: 132)

Vor allem auch im Verlauf der zweiten Exhumierung einige Zeit später wurde die Leiche zerlegt, d.h. die größeren Knochen wurden ausgelöst:

„The excision of the bones and their subsequent use as relics is an act of piety; the process of detaching them from the purifying corpse, a heavy, repugnant and disgusting duty. The sons of the deceased are expected by custom to curb and conceal their disgust, and to suck some of the decaying matter when they are cleaning the bones. Speaking with virtuous pride they will say: 'I have sucked the radius bone of my father; I had to go away and vomit; I came back and went on.' After they have cleansed the bones, which is always done on the seashore, they return to the village and the dead man's kinswomen ceremonially 'wash their mouths' by giving them food and purify their hands with coconut oil." (ebd.: 133f.)

Nach einem Zeitraum von einigen Jahren wurden die Knochen unter überhängenden Klippen an der Küste oder in Karsthöhlen im Innern der Inseln beigesetzt, ebenfalls also in einer Tertiärbestattung.

Bereits zu Malinowskis Zeiten wurden Erdbestattungen auf dem Dorfplatz, Exhumierungen und Mehrfachbestattungen aufgegeben. Die Gräber befinden sich nun am Rande des Dorfes oder in der Nähe der Familienhäuser. Nach wie vor jedoch glauben die Trobriander, dass sich die Totenseelen zur Südspitze der kleinen Insel Tuma begeben und dort durch ein sichtbares Loch in die Unterwelt verschwinden. Dieser Ort, an dem man Opfergaben wie Zigaretten und Betelnüsse findet, liegt landschaftlich eindrucksvoll auf einem bizarr erodierten Korallenriff, die Dünung des Meeres erzeugt rhythmisches Anströmen von Luft aus dem „Seelenloch". – In der Tat suchen Menschen sakrale Plätze dort, wo ihre Wahrnehmung das Besondere entdeckt; und diese Einschätzung lässt sich auch vom Kulturfremden leicht nachvollziehen.

Zunächst wird erkennbar, dass auch die Trobriander die Mehrfachbestattung hatten. Viele jüngere Trobriander wissen übrigens gar nicht mehr, dass der unbebaute Dorfplatz der Ort von Bestattung und Exhumierung war, nur 100 Jahre vor heute. Die Weißen waren wohl so besonders erfolgreich in ihrem Kampf gegen die von ihnen als unhygienisch angesehene Praxis, weil sie neben medizinischen auch religiöse Bedenken äußerten: Wie solle Gott denn am Jüngsten Tage die Menschen wieder komplett zusammensetzen, wenn die Knochen an ganz unterschiedlichen Plätzen lagerten? So haben mir Informanten erklärt, warum ihre Vorfahren die alte heilige Sitte der Exhumierung und letztlichen Höhlenbestattung aufgegeben hatten.

Zum anderen wird klar, dass die Trobriander im Verlauf der Totenriten einen endokannibalischen Akt vollzogen: Bestimmte Personen (in diesem Fall die Söhne) mussten sich den Toten einverleiben, indem sie an den feuchten Knochen saugten. In Melanesien, einem wahren Laboratorium menschlicher Kulturentwicklung mit an die 1.000 sehr differierenden Sprach- und Kulturgruppen, gibt es verschiedentlich (und wie ich vermute z.T. unabhängig voneinander) derartige Totenriten – denen man ja auch in anderen Kontinenten begegnet, so bei den Yanoama/Yanomami (Zerries/Schuster 1974). Am bekanntesten, weil für die Wissenschaft am bedeutendsten war der Endokannibalismus bei den Fore, der dazu führte, dass durch das Öffnen des Schädels und das Verzehren des Gehirns nebst allen anderen Geweben vermutlich Prione übertragen wurden, wodurch eine ganz spezifische, Jacob-Creutzfeldt ähnliche Degeneration (kuru) des Zentralnervensystems hervorgerufen wurde. Für diese Entdeckung wurde 1976 der medizinische Nobelpreis an D. Carleton Gajdusek vergeben (Gajdusek 1963). Auch in anderen Regionen auf dem Festland Neuguineas waren endokannibalische Akte Teil der Zeremonien um die Bestattung, so bei den Kaluli an den Hängen des Mt. Bosavi, die eine Art großer Rindenschüssel unter die im Haus aufgebahrten Leichen platzierten. In den dort sich ansammelnden Leichensaft tunkten die Angehörigen zeremoniell ihre Knollenfrüchte, bevor sie sie verzehrten.

Wir sind schnell entsetzt über derartige Formen des Beweises von Liebe zum Toten und ihrer religiösen Ausformung. Dabei dürfen wir nicht vergessen, dass zentraler Akt der Messe und bedeutendes Vermächtnis Christi die Auffor-

derung ist: „Nehmet hin und esset...". Ich halte es für sehr wahrscheinlich, dass
es im historischen Nahen Osten eine Religion gab, die die Idee des endokannibalischen Einverleibens geliebter Menschen in einen Ritus umgesetzt hatte.
Andernfalls hätte der von den Aposteln beschriebene Jesus diesen ungeheuerli-
chen und ungeheuerlich anrührenden Akt eines symbolischen Kannibalismus de
novo eingeführt.

## 13. Klagelieder – ritualisiertes Weinen

Soweit übersehbar (vgl. Eggebrecht 1983) folgen Klagelieder, insbesondere
jene, die als Reaktion auf den Tod eines Menschen gesungen werden (die Eipo
betrauern auch verstorbene Hausschweine in derselben Weise) einem universalen Muster. Ihre Melodielinie ist abwärts gerichtet, ausdruckssymbolisch dem
darnieder gesunkenen Lebensmut folgend und die Hiatus zwischen den Lied-
phrasen sind oft vom Duktus des tiefen, schluchzenden Atemholens geprägt.
Richtiges Klagen muss, so scheint es, richtigem Weinen folgen. Ein starker
Konnex zwischen Natur und Kultur, der dadurch entsteht, dass erstere der letzteren wenig Spielraum zur Überformung lässt.

Auch bezüglich der Inhalte der Klagelieder scheint es mir weltweit eine
Übereinstimmung zu geben. Beklagt wird zwar auch das Schicksal des nun
Toten, sein Abgeschnittensein von den schönen Dingen des Lebens. Im Vordergrund des Klagens jedoch steht das eigene Verlassensein. Trauern ist also egois-
tisch. Doch wir brauchen uns dessen nicht zu schämen, denn unser spontanes
Verhalten bezeugt unsere zutiefst soziale Natur. Wir sind als animal sociale in
ganz bedeutendem Maße auf unsere Nächsten angewiesen. Auf unsere Eltern,
insbesondere, wenn wir jung und abhängig sind, auf ihre selbstlose Unterstützung unserer selbst und später unserer Kinder, ihrer Enkel. Auf unsere Ge-
schwister, deren Gene wie die unserer Eltern zu 50% mit den unseren überein-
stimmen, auf die wir uns (in der kin-based society jedenfalls) verlassen konnten,
auf andere Verwandte, die unseren Plänen und Aktionen Hilfe zu geben vermögen, und auf unsere Ehepartner als Partner für Reproduktion und gemeinsame
Produktion. Ein eigenes Kind zu verlieren ist möglicherweise der schlimmste
Verlust, evolutionsbiologisch und damit auch biopsychisch gesehen. Es trug die
Hälfte des eigenen Selbst und all die Hoffnungen, die Ego mit dem Leben dieses Nachkommen verbunden hatte.

Die Texte der Klagelieder sprechen von dieser Art des Verlusts, den die
Überlebenden erleiden: „ago yagogu" singt eine Trobriand Mutter, von Weinen
geschüttelt, in abfallender Melodie und immer wieder wiederholt, „mein Saat-
gut", Stück von mir, mein gehütetes Pflänzchen, um das ich mich so liebevoll
gekümmert, auf das ich so viel Hoffnung gesetzt habe. Der Bruder des möglicherweise eines psychogenen Todes verstorbenen jungen Mannes (s.o.) klagte:

„Gerade erst bist Du von uns gegangen. Wir hatten doch ausgemacht, dass wir nebeneinander im Männerhaus sitzen wollten. Oh weh, weh, unumstößlich ist es geschehen,

dass er von uns gegangen ist. Weh, weh, er wird nie mehr zu uns zurückkommen, weh." (weitere Beispiele siehe Schiefenhövel 1985, Eibl-Eibesfeldt et al. 1989)

## 14. Trauer als primum movens der Totenriten und Totenriten als stufenweise Initiation zurück ins Leben

Es gäbe noch viel zu sagen über das Sterben und die Totenriten auf der Welt, z.B. über die Frage, ob Grabbeigaben wirklich primär Mittel sind, den Totenseelen die Reise ins Jenseits zu ermöglichen und ihren Aufenthalt dort angenehm zu machen, oder ob ihr psychologischer Ursprung nicht in der Traueremotion liegt, die die Betroffenen das Hab und Gut des Toten voller Verzweiflung ins Grab werfen lassen. Doch ich möchte die Schilderung melanesischer Initiationsriten mit jenem Element der Totenriten abschließen, das mir weltweit den biopsychischen Kern, den inneren Motor dieser überall so sorgfältig inszenierten, die Gesellschaft wie unter einem Vergrößerungsglas präsentierenden Zeremonien auszumachen scheint: die Trauer der Betroffenen.

Bisweilen wird argumentiert, die Trauer auf den Tod eines nahen Angehörigen sei ein kulturelles Phänomen, so habe es bei den Dako-Thrakern des prä-romanischen Rumäniens an der Leiche Freudenfeste, bei der Geburt eines Kindes dagegen Tränen gegeben (Herodot, Buch 5; s. dagegen Georgieva et al. 1999) und bei Ethnien in China zeige die weiße Trauerkleidung, dass es sich bei der Reaktion auf den unwiederbringlichen Verlust eines geliebten Menschen nicht um ein Universale handeln könne. Fotos aus chinesischen Dörfern, in denen um AIDS-Opfer getrauert wird, zeigen die universalen Zeichen: Tonusverlust, hemmungsloses Weinen und generell Verzweiflung. Bei den tapferen Ureinwohnern Rumäniens wird es nicht anders gewesen sein – klassische Schriftsteller stellten den von ihnen als verweichlicht empfundenen Städtern gern die harten Naturmenschen aus der Reihe ihrer Feinde entgegen und hatten, wie wir, Freude an der Exotik.

Die Zeichen der typisch menschlichen empathischen Trauer (andere Säugetiere scheinen Vorstufen dieser emotionalen Reaktion zu besitzen) lassen sich auch physiologisch-anatomisch festmachen: Tränenfluss, Tonusverlust, Verlust der Kontrolle über die motorische Muskulatur und über Handlungen, Trauermimik (herabgezogene Mundwinkel, „Notfalte" auf der Stirn; neuromuskuläre Aktionseinheiten 15 sowie 1 + 4, Ekman/Friesen 1975[1]) und sind universell verständlich (vgl. Eibl-Eibesfeldt 1984; Eibl-Eibesfeldt et al. 1989). Es ist eine interessante, hier nicht vertiefte Frage, ob die Primärreaktion der Trauer (wie aller anderen Emotionen) im limbischen Teil unseres Gehirns entsteht oder dort erst sekundär aus Meldungen von der Peripherie zusammengestellt wird, ob wir

---

1 Neuromuskuläre Aktionseinheiten sind die kleinsten getrennt aktivierbaren Elemente der menschlichen Mimik.

also weinen, weil wir traurig sind oder ob wir traurig sind, weil wir weinen. Ich neige zur ersten Version.

Unstrittig ist, dass ein komplexes Bündel an Reaktionen dazu führt, dass wir uns in diesen Situationen des Verlustes eines nahestehenden Menschen, der uns schlimmer trifft als schwerer körperlicher Schmerz, ihm aber ähnlich ist, mit physiologisch und neurobiologisch vorgeprägten, d.h. präkulturell geformten Signalen an die soziale Umwelt wenden. Der evolutionäre Sinn dieser Verhaltensweise, die einige Elemente aus dem Appellrepertoire des Kindes enthält (Regression, Unmündigkeit, Kontrollverlust) ist es offenbar, die anderen über den aufgewühlten inneren Zustand zu informieren, damit einzubeziehen, letztlich ihre quasi parentalen Betreuungstendenzen wie Trösten, Stützen, Halten etc. zu mobilisieren. Die psychosozial adaptive reaktive Depression der Trauernden ist wahrscheinlich der pathogenetische Baustein für die klinisch relevante Depression (Schiefenhövel 2002), die dann als ein ins Leere gelaufener Appell zu werten wäre.

Warum sollte es so wichtig sein, die Anderen in die eigene Trauer einzubeziehen, ihre Unterstützung zu erreichen? Seit den frühen Forschungen zu belastenden Lebensereignissen (recent life events, Oosterweis et al. 1984) weiß man, dass der Verlust eines nahen Menschen (in ähnlicher Weise wie eine Scheidung, der Verlust des Arbeitsplatzes etc.) statistisch zu messbaren Beeinträchtigungen der Gesundheit führen. Unsere schon seit längerem bekannte psychoneuroendokrinoimmunologische Natur (vgl. Miketta 1992) kann diese Zusammenhänge gut erklären: Unfälle durch Unaufmerksamkeit oder Krankheit durch ein schlechter funktionierendes Immunsystem können durch die Trauer um einen verstorbenen Angehörigen bedingt sein.

Die gemeinsame Trauer hat eine weitere wichtige Funktion. Sie stärkt jene Familie, jene Gruppe, die durch den Tod eines ihrer Mitglieder geschwächt wurde. Die Nachricht vom Tod, das Wissen um Trauer und Totenfeier mobilisieren alle Angehörigen von nah und fern, die beschwerliche weite Reisen auf sich nehmen und so dazu beitragen, dass die eines Mitglieds beraubte Familie in den Mittelpunkt des gesellschaftlichen Geschehens, des reziproken Austauschs von Gaben gerückt wird (vgl. Bell-Krannhals 1990). Ihr wird Aufmerksamkeit geschenkt. So kann die Sippe aus Verlust und Verzweiflung neu belebt, besser verbunden und gekräftigt hervorgehen.

## 15. Schlussbetrachtung

In diesen Mechanismen der individuellen und gruppenbezogenen Dynamik liegt, so bin ich überzeugt, die Weisheit der Trauerriten in den traditionalen Kulturen: Sie sind auf die Bedürfnisse der Trauernden, nicht so sehr der Verstorbenen ausgerichtet. Zunächst wird der vom Verlust Betroffene noch tiefer in seine tiefe Trauer gestoßen, denn die Tradition befördert ungehemmten Tränenfluss und die anderen Zeichen der Traueremotion dadurch, dass die Anderen auch so heftig weinen. Trauer ist, wie ihr Gegenspieler, die Freude, hochgradig infektiös. Die Erfahrungen aus der westlichen Psychotherapie scheinen darauf hinzudeuten: ohne richtige Trauer keine richtige Rückkehr ins Leben. Die tiefe Verzweiflung ist also „gewollt" (übrigens partiell auch inszeniert) in den Gesellschaften Melanesiens, und sie wird auch gleich aufgefangen. Ganz deutlich ist das archaische Repertoire der Tröstung. Die auf den Boden Gesunkenen werden aufgerichtet, ihre matten Körper werden gestützt, massiert und gestreichelt. Viele halten Körperkontakt. Schon bei unseren infrahumanen Primatenverwandten, auch bei anderen Säugetieren, ist das ein Mechanismus der Kontrolle übermäßiger Erregung. Im Kontakt mit unseren Kindern nehmen wir zu derselben evolutionär entstandenen Verhaltensweise Zuflucht, wenn wir sie in ihrer Verzweiflung trösten.

Zwischen der Traueremotion sowie den ausgesandten Signalen der Trauer auf der einen und den quasi-parentalen Verhaltensweisen des empathischen Tröstens und Auffangens auf der anderen Seite besteht also offenbar eine biopsychische Passung. Sie wurde zur Grundlage so vieler Trauerriten auf der Welt. An unseren Totenbetten und Friedhofsgräbern ist mittlerweile Beherrschung gefragt. Die Frage ist, ob das unseren wirklichen Bedürfnissen entspricht.

Die auf die unmittelbare Trauerreaktion folgenden Ereignisse weiterer Totenfeiern lassen sich ebenfalls gut evolutionspsychologisch deuten. Durch die rites des passage werden Höhepunkte erneuten öffentlichen Trauerns gesetzt, insbesondere dann, wenn wie erwähnt im Zuge einer Zweit- oder Drittbestattung eine erneute physische Kontaktaufnahme mit dem Toten ermöglicht wird. Die Erinnerung, befördert durch das Berühren der Knochen, führt zu einem neuen Ausbruch der Trauer, in durchaus kathartischer Weise, wie ich meine. Der generelle „Zweck" der Riten scheint jedenfalls darin zu liegen, die vom Verlust Betroffenen (in den meisten Kulturen möglichst unbeschadet) zurück ins Leben zu führen. Aus humanethologischer Perspektive würde man sagen, sie vor drohenden trauerbedingten Beschädigungen ihres Körpers und ihrer Seele zu bewahren.

In ähnlicher Weise erkennen wir, dass traditionale Kulturen (die natürlich keine automatische Garantie auf bessere Antworten zur Lösung zentraler biologischer und sozialer Probleme haben, wie man an ihrer Unfähigkeit sieht, die menschliche Tendenz zur Aggression zu zügeln) auch für den Beginn des Lebens günstige Traditionen entwickelt haben. Die perinatalen Mortalitätsraten für Neugeborene liegen bei den Eipo (d.h. ohne jede „moderne" Geburtshilfe) im Bereich einiger Prozent und damit günstiger als in schlecht geführten Krankenhäusern der urbanen Zentren in Entwicklungsländern. Auch die maternale geburtenbezogene Sterblichkeit ist gering, viel geringer als in Europa zu Zeiten vor Semmelweis. Die guten Werte hängen vor allem damit zusammen, dass keinerlei vaginale Eingriffe vorgenommen werden, über die eine gefährliche Infektion ausgelöst werden könnte. Die Evolution hat bei der Formung der an sich schwierigen Geburt des Menschenkindes (Zweibeinigkeit und damit rigides Becken und straffer Damm sowie ein exzeptionell großes Gehirn des Neugeborenen) einige äußerst wirksame Mechanismen eingesetzt, die das Gebären von menschlichen Neugeborenen sicher gemacht haben. Die Rate an ernsten Pathologien liegt unter den Bedingungen, wie sie bei den Eipo anzutreffen waren (gesunde, junge Erstgebärende, psychosomatisch wirksame Geburtshilfe, Gesamtgeburtenanzahl nicht mehr als 6-7 pro Frau) und wie sie für lange Strecken unserer Existenz vermutlich sehr ähnlich waren, wohl unter 5%. Auch und gerade für das Wochenbett entdecken wir andere Passungen, die den biopsychischen Erfordernissen der frühen Mutter-Kind-Dyade entgegenkommen und verhindern helfen, dass Wöchnerinnen durch eine Dysphorie partiell außer Kraft gesetzt sind bezüglich Stillen und einfühlsamer Pflege ihres Kindes sowie in der Aufnahme der engen psychosozialen Beziehung zu ihm.

Die religiöse Einbindung von Primäremotionen, wie sie bei Geburt und Tod ausgelöst werden und die Formung entsprechender rites de passage geschieht, davon bin ich überzeugt, auf dem Boden evolutionär entstandener Bedürfnisse. Sie sind damit ein schönes Beispiel für die Interaktionen zwischen Natur und Kultur.

## Literatur

Bell-Krannhals, Ingrid, 1990: Haben um zu geben. Eigentum und Besitz auf den Trobriand Inseln, Papua New Guinea. Basler Beiträge zur Ethnologie 31. Basel: Wepff & Co.

Cannon, Walter B., 1942: „Voodoo" Death. American Anthropologist, 44 (new series), S. 169-181.

Delaney, Carol, 1986: The meaning of paternity and the virgin birth debate. Man, 21, (3), S. 494-513.

Eggebrecht, Rainer, 1983: Sprachmelodische und musikalische Forschungen im Kulturvergleich. Dissertation. Fakultät für Biologie, Universität München.

Eibl-Eibesfeldt, Irenäus, 1984: Die Biologie des menschlichen Verhaltens. Grundriß der Humanethologie. München: Piper (5. Aufl. 2004).

Eibl-Eibesfeldt, Irenäus, Schiefenhövel, Wulf & Heeschen, Volker, 1989: Kommunikation bei den Eipo – Eine humanethologische Bestandsaufnahme. Berlin: Reimer.

Fehr, Ernst & Gächter, Simon, 2002: Altruistic punishment in humans. Nature, 425, S. 785-791.

Gajdusek, D. Carleton, 1963: Kuru. Transacions of the Royal Society for Tropical Medicine and Hygiene, 57, S. 151-169.

Georgieva, Rumjana, Spiridonov, Tosho & Rejo, Maria, 1999: Ethnology of the Thracians. Sofia: Univ. Press „Sv. Kliment Ohridski".

Herodot, 2002: Historien. Ditzingen: Reclam.

Human Relations Area Files (HRAF), Yale University, New Haven, Connecticut. Internet Adresse: hraf@yale.edu.

Koenig, Otto, 1975: Urmotiv Auge. München: Piper.

Malinowski, Bronislaw, 1929: The Sexual Life of Savages in Northwestern Melanesia. London: Routledge & Kegan Paul.

Miketta, Gaby, 1992: Netzwerk Mensch. Psychoneuroimmunologie: Den Verbindungen von Körper und Seele auf der Spur, 2. Aufl. Stuttgart: Trias.

Murdock, George P., 1949: Social Structure. New York: Macmillan.

Schiefenhövel, Wulf, 1983: Weitere Informationen zur Geburt auf den Trobriand-Inseln. In: Schiefenhövel, W. & Sich, D. (Hg.), Die Geburt aus ethnomedizinischer Sicht. curare Sonderband. Braunschweig: Vieweg, S. 143-150.

Schiefenhövel, Wulf, 1985: Sterben und Tod bei den Eipo im Hochland von West-Neuguinea. In: Sich, D., Figge, H. H. &. Hinderling, P. (Hg.), Sterben und Tod – eine kulturvergleichende Analyse. Braunschweig: Vieweg, S. 191-208.

Schiefenhövel, Wulf, 1988: Geburtsverhalten und reproduktive Strategien der Eipo – Ergebnisse humanethologischer und ethnomedizinischer Untersuchungen im zentralen Bergland von Irian Jaya (West-Neuguinea), Indonesien. Berlin: Reimer.

Schiefenhövel, Wulf, 2001a: Sexualverhalten in Melanesien. Ethnologische und humanethologische Aspekte. In: Sütterlin, Ch. & Salter, F. (Hg.), Irenäus Eibl-Eibesfeldt. Zu Person und Werk. Bibliotheca Aurea. Frankfurt/M.: Peter Lang, S. 274-288.

Schiefenhövel, Wulf, 2001b: Kampf, Krieg und Versöhnung bei den Eipo im Bergland von West-Neuguinea – Zur Evolutionsbiologie und Kulturanthropologie aggressiven Verhaltens. In: Fikentscher, W. (Hg.), Begegnung und Konflikt – eine kulturanthropologische Bestandsaufnahme. Bayerische Akademie der Wissenschaften, Philosophisch-Historische Klasse, Abhandlungen, Neue Folge, Heft 120. München: C. H. Beck, S. 169-186.

Schiefenhövel, Wulf, 2002: Evolutionäre und transkulturelle Perspektiven in der Psychiatrie. Trauer und Depression. Nervenheilkunde, 3, S. 119-126.

Schiefenhövel, Wulf, 2004: Trobriands. In: Ember, C. R. & Ember, M. (eds.), Encyclopedia of Sex and Gender. Men and Women in the World's Cultures, 2 Volumes. New York: Kluwer Academic/Plenum Publishers, S. 912-921.

Schiefenhövel, Wulf & Schiefenhövel-Barthel, Sabine, 1999: Das menschliche Leben zwischen Werden und Vergehen. In: Brockhaus-Redaktion (Hg.), Brockhaus Mensch, Natur, Technik. Phänomen Mensch. Leipzig: Brockhaus, S. 23-91.

Schleidt, Margret, 1992: The Semiotic Relevance of Human Olfaction. A Biological Approach. In: v. Toller, S. & Dodd, G. H. (eds.), Fragrance. The Psychology and Biology of Perfume. London: Elsevier, S. 37-50.

Schlesier, Erhard, 1979: Me'udana (Südost-Neuguinea). Die Empfängnistheorie und ihre Auswirkungen. Curare, 2, (2), S. 97-104.

Singer, Tania, Seymour, Ben, O'Doherty, John P., Klaas E. Stephan, Dolan, Raymond J. & Frith, Chris D., 2006: Empathic neural responses are modulated by the perceived fairness of others. Nature (internet version doi:10.1038/nature04271: 1-4).

Sternberg, Esther M., 2002: Walter B. Cannon and „Voodoo Death". A perspective from 60 years on. American Journal for Public Health, 92, S. 1593-1596.

Trivers, Robert L., 1971: The evolution of reciprocal altruism. Quarterly Review of Biology, 46, S. 35-37.

Zerries, Otto & Schuster, Meinhard, 1974: Mahekodotedi. Monographie eines Dorfes der Waika-Indianer (Yanoama) am Oberen Orinoko (Venezuela). München: Renner.

# Die Bannung des Todes durch die Wissenschaft. Berufliche Strategien in der Pathologie

*Ursula Streckeisen*

## 1. Das Problem

Am Giebel des Anatomischen Theaters zu Bologna steht geschrieben: „Hoc locus est ubi mors gaudet succurrere vitae" (An diesem Ort kommt der Tod dem Leben zu Hilfe). Der Satz stammt aus dem 16. Jahrhundert, d.h. aus einer Zeit, in der die Anatomen als Grundlagenforscher immer mehr Einfluss gewannen und zunehmend Anerkennung erhielten. Mit dem Aufstieg der Mediziner, die als 'grosse Anatomen' in die Geschichte eingehen sollten, verband sich eine Bedeutungszunahme des kulturellen Bildes von Ärzten und Forschern, die durch die Untersuchung des toten Körpers edle Zwecke verfolgen. Es ging um Leichenöffnungen, dank derer man Wissen erarbeiten konnte, das die Erhaltung von Gesundheit und Leben fördert. Der Tod, der im Kontext der Anatomie zur Diskussion steht, hat – im Rahmen eines damals entstehenden Deutungsmusters – also einen „instrumentellen" Status (Foucault 1963): Er kommt dem Leben zu Hilfe.

Leichenöffnungen gehen von der Voraussetzung aus, dass der Tote (die Tote) alle Merkmale seines früheren Lebens verloren hat und sich die Leiche wie eine Sache behandeln lässt. Der Begriff des natürlichen Todes, der sich mit der Vernaturwissenschaftlichung der Medizin verbreitet hat, entspricht genau dieser Voraussetzung: Er enthält den Topos des Todes-als-Ende und den Topos der Leiche-als-Ding, der jegliches Fortleben des Toten negiert und die Verwendung der Leiche als Material gestattet (Fuchs 1969). In der Anatomie wird das kulturelle Bild des natürlichen Todes gleichsam beim Wort genommen und zur Praxis gemacht. Was der Chirurg am anästhetisierten Patienten lediglich vorübergehend tut, wird hier konsequent praktiziert: das Behandeln des menschlichen Körpers als Ding. Die Leichenöffnung kann demnach als Handlung betrachtet werden, die sich durch das naturwissenschaftliche Todesbild legitimiert findet.

Freilich: Die Anatomie entsprach nie einer sozial geteilten Normvorstellung. Gesamtkulturell wird ihre naturwissenschaftliche Legitimation von lebensweltlichen Bildern überschattet, die den Tod nicht als Ende, sondern als einen Uebergang begreifen und die Leiche nicht einfach als Sache betrachten. Aus dieser Perspektive sind Verstorbene Wesen, die lebendig sind und gegebenenfalls in die Welt der Menschen hinein wirken. Teilweise wird mit dem Tod die Vorstellung eines sozialen Aktes verbunden, der durch übernatürliche, handlungsfähige Widersacher ausgeübt wird (ebd.).

Selbst bei professionellen Pathologen scheinen die lebensweltlichen Vorstellungen teilweise handlungsleitend zu sein. Das Objekt des Pathologen –
genauer: des Autoptikers[1] – ist die Leiche eines Menschen, den in der Zeit vor
dem Todeseintritt ein Arztkollege als Patienten behandelt hat. Er ist vom Arzt
für tot erklärt, womit ihn auch die Gesellschaft für tot erklärt. Aufgrund empirischer Studien kann man annehmen, dass autoptisch engagierte Berufsakteure
und Berufsakteurinnen ihre Arbeit an diesem Objekt in einer Haltung verrichten, die einen personifizierten, wenn auch imaginären Patienten voraussetzt.
Renée Fox (1979) hat in einer ethnographischen Studie zahlreiche Befunde zur
Haltung von Studierenden gesammelt. Dass der tote Mensch im Seziersaal in
seiner körperlichen Ganzheit entblößt vor den Augen der Arbeitenden liegt,
dass der tote Körper die gleichen Farben wie ein lebender Mensch hat, dass er
zum Teil noch warm ist und dass beim Anfangs-Einschnitt fließt Blut: das alles
hat gemäß Fox zur Folge, dass Studierende die Autopsie primär als Verletzung
eines Menschen erleben. Aehnliche Hinweise finden sich in Arbeiten, die sich
mit der Autopsie als Initiation der Medizinstudierenden beschäftigen (Le Breton
1983; Linkert 1993; Schneider 1984; Schwaiger/Bollinger 1981). Zu nicht-
studentischen Autoptikern gibt es keine Untersuchungen. Doch kann man davon
ausgehen, dass Studierende als Novizen besonders intensiv und explizit erleben,
was andere Berufsakteure in der Pathologie zu Beginn ihrer Berufskarriere e-
benfalls erlebt haben, unterdessen aber nicht mehr spüren. Insofern sind Fox'
Ergebnisse auch für nicht-studentische Autoptiker relevant.

Man kann das Phänomen der Leichenöffnung und dessen partielle gesellschaftliche Legitimität zivilisationstheoretisch erläutern. In Anlehnung an Elias
(1976) gehe ich davon aus, dass diese Handlung am menschlichen Körper im
Kontext moderner kultureller Deutungshorizonte als aggressionsbasierter,
Grenzen verletzender Akt interpretiert wird, der im Verlauf des Zivilisations-
prozesses dann auch mit Scham- und Peinlichkeitsempfindungen belegt wurde.[2]
Der Zivilisationsprozess bringt nicht allein eine Affektdämpfung mit sich, er
weist die (zivilisierte, gedämpfte) Aggressionsentladung auch bestimmten gesellschaftlichen Enklaven zu. Neben Enklaven, in denen Aggressionsentladung
als „Selbstzweck" erfolgt (z.B. sportliche Wettkämpfe), gibt es Enklaven, im
Rahmen derer Aufgaben erfüllt werden, die gesellschaftlich als sinnvoll gelten.
Elias erläutert dies am Beispiel des Polizisten (Bd. I, 279): Als Diener der staatlichen Zentralgewalt ist der Polizist dazu legitimiert, gegenüber Menschen, die
die gesellschaftliche Ordnung bedrohen, Gewalt anzuwenden. Der Polizist

---

1   Unter „Autoptiker" werden hier jene Berufsakteure verstanden, die in der „Autopti-
    schen Abteilung" von Pathologischen Instituten postmortale Diagnosen erstellen.
    Neben der Leichenöffnung erfolgen zu diesem Zweck auch mikroskopische und
    teilweise elektronenmikroskopische Untersuchungen im Labor.

2   Vgl. hierzu insbesondere Elias' (1976) Ausführungen zum Gebrauch des Messers,
    Bd. I, 164ff., und zum Zerlegen der Tiere, Bd. I, 157ff..

durchbricht also ein Tabu, tut dies aber im Kontext einer gesellschaftlichen legitimen Aufgabenerfüllung.

Auf die Anatomie übertragen, besagt dieser legitimierende Diskurs das Folgende: Die systematisch betriebenen Leichensektion, die sich mit der Entstehung der neuzeitlichen Krankenhausmedizin verbreitet hat, ist eine auf Zweckmäßigkeit ausgerichtete Grenzüberschreitung innerhalb der Enklave der Medizin. Die Leichenöffnung, die im Rahmen der institutionalisierten anatomischen Pathologie stattfindet, ist Teil einer gesellschaftlichen Einrichtung, die im Dienste der Gesundheit steht, und sie gehört zu einer Wissenschaft, die letztlich Erkenntnisse im Hinblick auf den Kampf gegen Krankheit und Tod hervorbringen will. In der soziologischen Literatur über Wissenschaft als Profession ist dieser legitimatorische Diskurs von Renée Fox aufgenommen werden. Renée Fox hat – z.T. in Anlehnung an Merton 1942 – die normativen Orientierungen, von denen Parsons im Zusammenhang mit der Arztrolle in der Systematik der pattern variables ausgeht, auf die Forschung im Bereich der medizinischen Wissenschaft übertragen (Fox 1989: 188ff.). Sie unterscheidet die wohlbekannten Parsons'schen Orientierungen Universalismus, affektive Neutralität, Kollektivitätsorientierung und Leistungsorientierung/instrumenteller Aktivismus[3.] Wie im Falle von Parsons' Arztrolle bilden auch die wissenschaftlichen normativen Orientierungen, die Fox nennt, als Ganzes betrachtet eine 'gemeinschaftlich-gesellschaftliche' Einheit. Dabei geht es allerdings um einen Grenzfall von Kollektivitätsorientierung: Forscher – so Fox – müssen anerkennen, dass das Wissen, das sie erarbeiten, einer „human community" gehört, die weit über die wissenschaftliche Forschergruppe hinausgeht und auch nachkommende Generationen einschließt. Die 'Menschheit' bildet den Klienten. Ulrich Oevermann (1996), der sich in seiner Professionalisierungstheorie ebenfalls mit Wissenschaft und Forschung beschäftigt hat, spricht in diesem Zusammenhang von einem langfristigen Generationenvertrag der Erkenntniskritik, einem Vertrag zwischen Wissenschaft und Gesellschaft. Der Klient der Wissenschaft – so der Autor – ist abstrakt: die Gesellschaft. Im positiven Fall wird diese langfristig davon profitieren, dass Forschung betrieben worden ist. Die Grenzüberschreitung, die an der Leiche stattfindet, steht demnach im Schutz von gesellschaftlich unhinterfragten, hochlegitimen Werten. Im eingangs zitierten Satz „Hoc locus ..." kommt eben dies unmittelbar zum Ausdruck.

Auch die gegenwärtige Medizin arbeitet noch mit Leichenöffnungen. Heutzutage kennt jede medizinische Fakultät ein Anatomie-Institut, ein gerichtsmedizinisches Institut, aber auch ein Pathologie-Institut mit einer Autopsie-Abteilung für autoptische Untersuchungen: an all diesen Orten wird am toten Körper naturwissenschaftliches Wissen gewonnen.

Im nachfolgenden Beitrag steht die Ebene beruflichen Deutens und Handelns im Zentrum. Die Aufmerksamkeit gilt den Autoptikern und Autoptikerin-

---

3   Die funktionale Spezifität lässt sie unerklärlicherweise aus.

nen, die an Pathologischen Instituten autoptische Untersuchungen durchführen. Es wird danach gefragt, welche Schwierigkeiten sie bei ihrer Aufgabe antreffen und wie sie diese bewältigen. Dabei interessiert im Besonderen der Vergleich zwischen Blue-collar-Autoptikern im Seziersaal und White-collar-Autoptikerinnen im Labor.

Als Vermutung ist vorerst festzuhalten, dass Autoptiker und Autoptikerinnen, die ja immer auch lebensweltlich verankerte Alltagsmenschen sind, in ihrem Arbeitsgegenstand viel mehr als nur ein Ding erblicken. Das Einnehmen der reinen Forscherperspektive dürfte selbst für Professionelle schwierig sein, wenn die konkrete Arbeit an der Leiche zu verrichten ist. Es stellt sich die Frage, inwieweit dies auch für jene Autoptiker und Autoptikerinnen noch zutrifft, die – wie im Labor – nur noch an Teilen der Leiche, vielleicht an ganz kleinen, arbeiten. Literatur dazu liegt keine vor.

Um meinen Forschungsinteressen nachzugehen, habe ich in der ersten Hälfte der 1990er Jahre eine ethnographisch orientierte explorative Feldstudie durchgeführt. Meine Daten habe ich durch teilnehmende Beobachtung, Gespräche und Dokumentensammlung erhoben. Ausgewertet wurde durch Kategorienbildung zu bestimmten Themen und, bei einzelnen Passagen, durch Sequenzanalyse. Mein Forschungsfeld war die Autopsieabteilung eines Pathologischen Instituts. Dieses Institut gehört zur Medizinischen Fakultät der Universität einer Deutschschweizer Stadt protestantischer Prägung. Eine Autopsie darf hier nur vorgenommen werden, wenn das Einverständnis des Verstorbenen vorliegt oder die nächsten Angehörigen – an dessen Stelle – ihr Einverständnis gegeben haben („Zustimmungslösung").

Der Autoptischen Abteilung steht ein Extraordinarius als Leiter vor. Im weiteren gibt es rund zehn Assistent/innen, die hier ausgebildet werden und die – als „Obduzenten" (Funktionsbezeichnung) – zusammen mit den vier Präparatoren die Autopsien durchführen. Die Untersuchungen im Laborbereich werden durch zwei Laborantinnen und eine medizinisch-technische Assistentin für die Obduzenten und den Professor vorbereitet.

## 2. Ablauf und Kernszene der autoptischen Untersuchung

Im Ablauf einer autoptischen Untersuchung lassen sich vier Teile auseinanderhalten:
- Sektion und Makroskopie:
  Die Präparatoren und die Obduzenten führen die Sektion durch. Dabei übernehmen Präparatoren vor allem das Öffnen und das Zergliedern der Leiche. Die Obduzenten ihrerseits versuchen, an den Organen makroskopische Befunde zu interpretieren.
- Aufbereitung durch Obduzenten und Laborantinnen:
  Bereits im Seziersaal schneiden Obduzenten für spätere Untersuchungen Organproben heraus. Diese Organproben werden zur Fixation in eine Formalinlösung gelegt, deren Einwirkung den Zersetzungsprozess anhält. Aus

diesen Proben werden später durch die Obduzenten noch einmal kleinere Stücke herausgenommen und – wiederum zwecks Fixation – in eine Formalinlösung gelegt. Die Laborantinnen bearbeiten diese zugeschnittenen Teile weiter und stellen Schnittpräparate für die Mikroskopie her.

- Mikroskopie:
  Die Obduzenten untersuchen am Mikroskop das Gewebe und die Zellen.
- Elektronenmikroskopie:
  Gegebenenfalls bearbeitet die medizinisch-technische Assistentin kleinere Materialstücke noch weiter. Zur Untersuchung des Zellinneren stellt sie nach einer weiteren Fixation Ultradünnschnitte her. Das Schattenbild dieser Ultradünnschnitte wird dann elektronenmikroskopisch betrachtet und anschließend photographiert.

Getreu der pathologisch-anatomischen Grundannahme, wonach todesauslösende und andere krankheitsauslösende Elemente im Körper direkt lokalisierbar sind, sucht man im autoptischen Untersuchungsprozess nach den örtlich festzumachenden Befunden. Dabei wird der Gegenstand, dem das wissenschaftliche Interesse gilt, im Verlauf des Untersuchungsprozesses immer kleiner, er wird aber auch immer 'künstlicher' und immer 'bildlicher':

- Zum Prozess des Kleinerwerdens:
  Am Anfang des autoptischen Prozesses steht das Ganze der Leiche. Dann sucht man nach den Faktoren der Todesursache im Organ, anschließend im Gewebe, danach in den einzelnen Zellen und endlich im Inneren der Zelle.
- Zum Prozess des Künstlicherwerdens:
  Während am Anfang der Körper und seine Organe interessieren, wird am Schluss die Photographie des Schattenbildes eines Ultradünnschnitts analysiert. Innerhalb des Prozesses des Künstlicherwerdens kommt dem Vorgang der Fixation besondere Bedeutung zu: Er stoppt den Verwesungsprozess.
- Zum Prozess der Verbildlichung:
  Das Kleinerwerden und Künstlicherwerden des Gegenstandes verbindet sich mit dem 'Bildlicherwerden'. Der medizinische Blick wird immer mehr zu einem „Flächenblick", wie Foucault sagen würde. In der Makroskopie betrachtet der Autoptiker Organe und Gewebeflächen. Im Labor wird der Gegenstand in dünne Scheiben, d.h. in „Schnitte" zerlegt, die unter dem Mikroskop untersucht werden können. Durch die Vergrößerung verliert hier das Bild zudem an Konkretheit. Das Objekt präsentiert sich dem Forscher, der Forscherin immer mehr als ein (abstraktes) Bild, das ohne Volumen bleibt und nur noch Formen und Farben zeigt.

Aus wissenschaftssoziologischer Sicht lässt sich der eben beschriebene Untersuchungsverlauf als Übergang von chirurgisierter zu laboratorisierter Arbeit begreifen (Knorr-Cetina 1988). Der Prozess der Laboratorisierung passt das Untersuchungsobjekt in zweifacher Hinsicht an die Arbeitsbedingungen der Forscher an. Eine erste Anpassung betrifft die Lokalität und findet insofern statt, als die interessierenden Gewebe und Zellen zunächst aus ihrem Kontext herausgenommen, d.h. isoliert werden und dann dem 'mikroskopisch verbesserten' Auge des Forschers in Flächenform zugänglich gemacht werden. Die zweite Anpassung betrifft die Temporalität: Die Artefakte sind so beschaffen, dass der Forscher jederzeit arbeiten kann und auch Jahrzehnte später noch Untersuchungen vorgenommen werden können. Die Gefahr der Verwesung, die in der Makroskopie noch vorhanden ist und jede Untersuchung unter einen gewissen Zeitdruck stellt, ist in der Mikroskopie stillgelegt. Die Definitionsmacht des Forschers nimmt also im Vergleich zur Makroskopie deutlich zu.

Den Kern der autoptischen Untersuchung bildet die Sektion, die auf die äußere Leichenschau folgt:

Ist die Aussenbesichtigung abgeschlossen, begibt sich jeder der beiden Partner an seinen Arbeitsplatz am Sektionstisch: der Präparator zum oberen Teil der Leiche, der Obduzent zum „Präparierböckli", einem kleinen Pult, das über die Beine der Leiche hinweg auf den Tisch gestellt wird. Dann folgt meist ein kurzer Austausch, der verbal oder über Blickkontakt und Gesten den Auftakt gibt. Der Präparator: „Fangen wir an?", der Obduzent: „Jawohl", worauf sein Kollege lautlos das Messer ansetzt.

Ein Organ nach dem anderen legt der Präparator nun frei, zum Teil gleich mehrere aufs Mal und in der Reihenfolge von oben nach unten. Er nimmt bei jedem die Masse und kontrolliert das Gewicht. Blickend und schneidend dringt er in den Körper vor. Jeder Schnitt erlaubt, Neues zu sehen und weitere Durchtrennungen ins Auge zu fassen. Auch das Herausschöpfen von Flüssigkeit verbessert die Sicht. Zwischendurch schaut der Präparator immer wieder kleine und kleinste Dinge an. Endergebnis ist das losgelöste, von seiner Umgebung abgetrennte Organ. Der Präparator gibt es an den Obduzenten weiter, damit er es auf seinem Pult untersuche. Dieser dreht und wendet es nun nach allen Seiten, ertastet die Qualität des Gewebes und sucht nach lokalisierbaren Befunden. Er macht „Schnittflächen" und streift diese mit dem Skalpell ab, er dringt ins Innere des Organs ein und lässt immer Neues sichtbar werden. Die Aufmerksamkeit ist auf winzige Sachen gerichtet: ein Pünktchen hier, ein Löchlein da, ein Fältchen dort. Der Präparator macht seinen Partner auf manches Detail aufmerksam, das ihm beim Zergliedern vorher aufgefallen ist. Sprechen die beiden miteinander, so wimmelt es von lateinisch oder griechisch gefärbten Fachausdrücken: Thorax, Abdomen, Ösophagus, Trachea, Parenchym, Cruor, Ulcus.[4] Bevor der Obduzent ein Organ zur Seite legt und das nächste untersucht, schneidet er für spätere Untersuchungen ein kleines Stück heraus. Und ist die Körperhöhle, an welcher sich der Präparator betätigt, schließlich leer, tastet er sorgsam das Innere der Wände ab. Dann bringt der Präparator den Zellstoff herbei, füllt ihn ein und macht alles wieder zu. Während der ganzen Operation läuft am Fußende der Wasserhahn. Der Präparator reinigt darunter sein Instrument, kontrolliert den Abfluss und betätigt die Brause, mit der er die Reste und das Blut wegspült.

Wie die nachfolgenden Ausführungen zeigen werden, rühren die Probleme von Autoptikern und Autoptikerinnen im Wesentlichen von diesem Eingriff her. Aus Platzgründen können aber nicht alle Ergebnisse am Material aufgezeigt werden.

---

4   Thorax: Brusthöhle, Abdomen: Bauchhöhle, Ösophagus: Speiseröhre, Trachea: Luftröhre, Parenchym: Gewebe, in dem Sauerstoffaustausch stattfindet, Cruor: Blutgerinnsel bei Toten, Ulcus: Geschwür.

### 3. Die Präparatoren

Präparatoren halten sich von den Angehörigen der Verstorbenen, deren Körper untersucht wird, möglichst fern. Sie meiden entsprechenden Face-to-Face-Kontakt, da er in ihnen die Perspektive von Menschen wachruft, die um einen Verstorbenen trauern. Wer die Perspektive der Angehörigen einnimmt, definiert das autoptische Forschungsobjekt primär als einen Quasi-Menschen und weist Vorstellungen von der Leiche-als-Ding zurück. Die Autopsie erscheint in dieser Sicht als illegitime Grenzverletzung, die keiner Heilung dient und erst noch besonders tief geht. Auch das Phänomen der 'Spurenverwischung', das ich beobachten konnte, lässt Illegitimitätsempfinden der Präparatoren vermuten. So betont einer von ihnen, wie wichtig es ihm sei, dass „es wieder nach etwas aussieht", wenn er jeweils zugenäht hat: Er denkt implizit an die Angehörigen, die sich einen schlafenden Verstorbenen wünschen. Mein empirisches Material zeigt also jene verborgene, Schuldgefühle erzeugende personifizierte Klientenorientierung, die auch Renée Fox und andere Autoren beobachtet haben.

Ein zweites Problem betrifft die Identität. In der vorangehenden Beschreibung der Sektion wird gesagt, dass die Organe nach der Leichenöffnung und der Makroskopie nicht ins Körperinnere zurück gelegt werden. An ihrer Stelle wird Zellstoff in die Leiche hinein getan. Diese Verfahrensweise geht auf Rudolf Virchow (1821–1902) zurück, der als einflussreicher Pathologe im protestantischen Preussen gewirkt hat. Wie alltäglich auch immer das 'Draußenbleiben' der Organe sei, den Berufsakteuren in der autoptischen Abteilung erscheint es problematisch. Sie finden es „verrückt" bzw. verleugnen es.

Auf die Frage angesprochen, ob die nach der Sektion als 'leerer' Körper wieder wegtransportierte Leiche dasselbe oder etwas anderes sei als die Leiche, die vorher hergebracht worden ist, antwortet ein Präparator das Folgende:

Präparator: Für uns ist das das Gleiche.

Int.: Aber es ist doch nur die Hälfte, auch im physischen Sinn nur noch ein Teil ...

Präparator: Ja sicher, aber für uns ist es trotzdem das Gleiche, ...

Int.: ... das Gleiche ...

Präparator:.. weil: es muss das Gleiche sein.

Int.: Schön. (lacht)

Präparator: Nein, es ist einfach so.

Int.: Wieso muss es das Gleiche sein?

Präparator: Ich glaube, sonst könnte diesen Beruf niemand ausüben. Die psychische, die seelische und die sonstige Belastung wäre zu groß. (...) Schauen wir das mal vom Standpunkt der Materie aus an. Wenn Sie ein Stück Holz haben und daran etwas abhobeln, so bleibt es doch ein Stück Holz, oder nicht? Das ist hier genau das Gleiche.

Der Präparator unterstreicht die 'Konstruktion' von Tatsachen und geht von da zu einer Legitimation der Konstruktion von Tatsachen über. Er fängt mit der Erklärung an, dass in seiner Berufswelt der 'normale' und der 'leere' Körper dasselbe sind. Dann erklärt er, dass für diese – berufsbereichsspezifische – verleugnende 'Konstruktion' eine Notwendigkeit besteht („es muss das Gleiche sein").[5] Dass eine Notwendigkeit zur Verleugnung besteht, lässt sich für ihn nicht infragestellen, er antwortet auf das lachende „Schön" der Interviewerin mit einem „Nein". Mit ihrem Einschub gibt ihm die Interviewerin zu verstehen, dass sie ihn als gekonnten Selbstbeobachter wahrnimmt. Doch das scheint ihm zuviel, er erschrickt über die eigene Analysefähigkeit, als diese ihm vor Augen gehalten wird, und zeigt plötzlich Härte. „Nein, es ist einfach so (dass es das Gleiche sein muss)", drückt sich der Präparator aus und stellt die Notwendigkeit zur Verleugnung als absolute Wahrheit dar. Dann geht er im Anschluss an eine echte, neugierige Frage der Interviewerin („Wieso muss es dasselbe sein?") dazu über, die Notwendigkeit rational zu erklären: „Ich glaube, sonst könnte diesen Beruf niemand ausüben...". Was geleugnet werden muss, ist die Trennung von Innen und Außen, die bei der Autopsie vorgenommen wird. Nur so lässt es sich verhindern, dass die Arbeitstätigen in psychische Schwierigkeiten geraten. Als wäre er Psychologe, gibt dieser Präparator zu verstehen, dass seine Arbeit ohne Verleugnung nicht ausgeführt werden kann, weil sonst die Belastung zu groß wäre. Er erweist sich als realitätsbezogener und luzide-reflexiver Mensch.

Am Ende der Interviewpassage nimmt der Präparator seine Reflexivität etwas zurück. Er vergleicht das Herausnehmen der Organe mit dem Abhobeln von einigen Spänen an einem Stück Holz und will damit zeigen, dass die leere und die normale Leiche nicht nur dasselbe sein müssen, sondern tatsächlich auch dasselbe sind. Damit geht er vom Beobachten einer Verleugnung zum Vollzug derselben über. An anderer Stelle im Interview spricht er von der Leiche als einer „Materie, mit der wir arbeiten, wie für den Schreiner ein Stück Holz oder für den Mechaniker ein Stück Blech". Er will die Präparatoren als gewöhnliche Handwerker sehen. Der Vergleich mit dem Abhobeln enthält aber einen interessanten Fehler, nämlich eine Verwechslung von Innen und Außen. An dem Stück Holz, das der Präparator einführt, wird im beschriebenen Bild nicht das Innere herausgenommen, sondern Äußeres entfernt („abhobeln" kann man nur außen). Bedeutsam erscheint mir, dass er in seinem Bild exakt das rückgängig macht, was ursprünglich – auch in seinen eigenen, luziden Gedanken – die Bedrohung bewirkt: das Herauslösen und nach außen Bringen des Inneren.

Die Probleme, die Präparatoren mit dem Draußenbleiben der Organe haben, lassen sich mit Gisela Schneider (1979) dadurch erklären, dass das Nach-außen-Kehren des Innern die unter modernen gesellschaftlichen Bedingungen lebenswichtige Fähigkeit des einzelnen, zwischen Ich und Nicht-Ich zu unterscheiden, einer enormen Belastungsprobe aussetzt. Die Fähigkeit, zwischen Innen und

---

5  Mit 'Verleugnung' meine ich eine Abwehrform des Subjekts, die in dessen Weigerung besteht, die Realität einer traumatischen Wahrnehmung anzuerkennen (Laplanche/Pontalis 1967: 595).

Außen zu unterscheiden, wird biographisch in einem langen Prozess erworben und ist nie ganz abgeschlossen. Im Verlaufe dieses Prozesses empfindet der Mensch sein Leibesinneres immer mehr als Repräsentant des Ich und als Zentrum der Identität (Wulf 1982), währenddem die Hautoberfläche zur Scheidelinie gegenüber dem Nicht-Ich wird. Wenn das Innere nun nach außen gestülpt wird, so bringt diese Verkehrung die Unterscheidung von Innen und Außen, von Ich und Nicht-Ich durcheinander. Als Folge davon bricht die Möglichkeit zusammen, das eigene Identitätsgefühl durch Identifizierung und Abgrenzung mit dem Gegenüber aufzubauen. Auflösungsängste und Identitätsbedrohung werden lebendig.

Die Tätigkeit im autoptischen Bereich kann – drittens – auch fundamentale Orientierungsprobleme erzeugen. Ausgelöst werden solche Schwierigkeiten durch den Anblick eines Gegenübers, das nicht mehr atmet, dessen Haare und Bart aber noch wachsen. Viele Autoptiker erinnern sich an damals, als sie mit ihrer Arbeit begannen: Sie wussten nicht, ob das Gegenüber tot oder lebendig war und fühlten sich verunsichert. Der Alltagsmensch erlebt jemanden anderen tendenziell als tot, wenn dieser eine weißliche Haut und ein eingefallenes Gesicht hat, bewegungslos und ohne Atem ist. Junge Pathologen aber, die mit einem 'Toten' konfrontiert sind und gleichzeitig realisieren, dass Haare und Nägel weiterwachsen und der Körper vielleicht noch warm ist, werden in ihrer Alltagsvorstellung erschüttert. Plötzlich ist unklar, welches Interpretationsschema auf das, was im Seziersaal 'Leiche' heißt, anzuwenden ist. – Die Orientierungslosigkeit, von der Autoptiker berichten, lässt sich in Anlehnung an Goffman als Rahmenunsicherheit begreifen (Goffman 1974). Der Rahmen lässt Dinge sinnvoll erscheinen und erlaubt eine gewisse Kontrolle über spontane Regungen. Eine besonders ausgeprägte Rahmung liegt im Falle von Langeweile oder von völliger Versunkenheit vor. Im Zusammenhang mit den Ausführungen über Rahmenirrtum führt Goffmann (1974: 340) interessanterweise eine Passage aus Sudnow's Untersuchung „Organisiertes Sterben" an (1967: 81ff.), in der eine Schwesternschülerin im Krankenhaus einen Toten mit einem Lebenden verwechselt.

Präparatoren haben es also mit drei hauptsächlichen Schwierigkeiten zu tun: Schuldgefühle, Identitätsprobleme und Gefahr der Rahmenlosigkeit. Es fragt sich, wie sie es schaffen, den Eingriff am toten Körper vorzunehmen, ohne irre zu werden. Die Strategien, welche die an der Leiche tätigen Akteure einsetzen, sind vielfältig. Gemeinsame Basis ist eine – mehr oder weniger ausgeprägte – Detailfaszination und eine ihr verbundene Wissenschaftsorientierung.

Die Beschreibung des 'Eingriffs' hat es gezeigt: Während der ganzen Sektion befindet sich die Leiche in übergroßer Nähe. Doch die Aufmerksamkeit des Obduzenten entfernt sich von ihr und richtet sich beim Untersuchen der Organe auf kleine und kleinste Dinge. Die Regeln der Forschung und des dahinter stehenden medizinischen Wissensgebäudes diktieren dem Obduzenten, sich auf das Detail auszurichten; sonst kann er die gesuchte Todesursache nicht lokalisierend identifizieren. Auch der Präparator neben ihm schaut nach kleinen Hinweisen, die aus autoptischer Sicht interessant sein könnten. Er hat aber keine eigentlichen Forschungsaufgaben und sucht aus freien Stücken nach spannenden Details. Obwohl er also keinen äußeren, technisch-instrumentellen Anlass dazu hat, tut er es dem Obduzenten gleich. Es ist zu vermuten, dass dieses Kleine eine Anziehungskraft auf ihn ausübt, weil es vom Grossen, Beängstigenden ablenkt und damit ein Unbehagen verringert.

In der Literatur lässt sich mehrfach von der erleichternden Konzentration aufs Detail lesen (Coombs/Powers 1975: 106; Sudnow 1967: 21). Doch wird nie theoretisch vertieft darüber nachgedacht. Meines Erachtens lässt sich der Reiz, den das Detail ausübt, mit Sigmund Freuds Ausführungen zur Symptombildung im Falle der Zwangsneurose erläutern (Freud 1926, 263ff.). Während der Kämpfe zwischen Es und Über-Ich entwickelt das Ich gemäß Freud symptombildende Tätigkeiten, unter anderem die des Isolierens: Ein unliebsames Ereignis wird von seinem affektiven Gehalt entblößt, und seine assoziativen Beziehungen zu anderen Ereignissen oder zur übrigen Existenz des Subjekts sind unterdrückt oder unterbrochen; es steht nun isoliert da. Ganz allgemein geht es beim Isolieren um Maßnahmen, die es ermöglichen, im zeitlichen Ablauf der Gedanken oder Handlungen einen Hiatus zu errichten, sodass Zusammengehörendes auseinandergehalten wird (Laplanche/Pontalis 1967: 238f.). Mir scheint es zweckmäßig, zur Charakterisierung des detailbezogenen Blicks der Akteure im Seziersaal den zeitlichen Ablauf, der in der psychoanalytischen Literatur im Vordergrund steht, durch eine räumliche Anordnung, ein *räumliches 'Nacheinander'* zu erweitern. Damit wird es möglich, auch das *lokale* Absehen von einem Kontext als Isolierung zu bezeichnen. Der Präparator, der das Ganze der Leiche nicht mehr 'sieht', sondern bei einem kleinen Punkt im Gewebe verharrt, würde also isolierend vorgehen. Er setzt eine Trennung, welche Affekte unspürbar werden lässt. Schuldgefühle, Identitätsprobleme, Orientierungsschwierigkeiten drohen dann weniger intensiv.

Freud vergleicht das Isolieren mit dem 'normalen' Vorgang der Konzentration, wie es vorkommt, wenn eine Person sich in ihrem Denken durch die Umgebung nicht ablenken lassen will (Freud 1926: 264f.). Der Übergang zwischen Isolierung und Konzentration ist fließend: „Aber schon im Normalen wird die Konzentration dazu verwendet, nicht nur das Gleichgültige, nicht Dazugehörige, sondern vor allem das unpassende Gegensätzliche fernzuhalten", schreibt der Autor (ebd.: 264f.). Betrachten wir den Fall des Obduzenten, der als Forscher dazu aufgefordert ist, das medizinisch bedeutsame Detail zu untersuchen, um seine Diagnose stellen zu können, so muss angenommen werden, dass dieses dekontexualisierende Verhalten ihm auf einer zweiten Ebene erlaubt, Unliebsames abzuwehren. Als 'normaler' Forscher, der sich zweckmäßigerweise auf etwas Wichtiges konzentriert, das zufälligerweise klein ist, nimmt er – ob er dies subjektiv anstrebe oder nicht – auch eine Isolierung vor, die Störendes fernhält.

Das Interesse, das während der Sektion auf das Detail am Organ und im Gewebe gerichtet wird, ist also nicht allein auf wissenschaftlich-technische, affektneutrale Gründe zurückzuführen; vielmehr dürfte das Detail auch eine emotionale Anziehung ausüben, weil es entlastet.

In der Beschreibung der Sektion wurde auch sichtbar, dass Präparatoren sich in der medizinischen Fachsprache gut auskennen. Ueberhaupt interessieren sie sich für Medizin, und sie identifizieren sich mit medizintechnischen Berufen. Präparatoren wissen auch zur medizinwissenschaftlichen Diagnosestellung beizutragen. Immer wieder kommt es vor, dass sie die Befunde schneller erkennen als junge Assistenten und Assistentinnen. Ein wichtiger Grund für die Orientierung an der Medizin dürfte darin liegen, dass der „detached concern" der Mediziner zur Nachahmung anregt, weil er Distanz gegenüber aufwühlenden Gefühlen verspricht. Aus dieser Sicht bringt dass Interesse am Detail nur eines von vielen weiteren Interessen für die medizinische Wissenschaft zum Ausdruck, denn diese Wissenschaft steht in den Augen der Präparatoren für eine Perspektive, die den Umgang mit dem toten Körper gefahrloser macht.

## 4. Die Laborantinnen

Zwischen Präparatoren und Laborantinnen gibt es Gemeinsamkeiten, aber auch radikale Unterschiede.

### 4.1 Von der Isolierung zur Konzentration

In der Beschreibung der autoptischen Untersuchung wurde festgehalten, dass ein vielfältiger Prozess der Denaturierung und Irrealisierung stattfindet. In der Zeit zwischen beendigter Makroskopie und dem Beginn der Aufbereitung im Labor findet eine besonders wichtige Veränderung in diese Richtung statt: das Untersuchungsobjekt wird zweimal „fixiert". Der qualitative Sprung der Fixation wird auch optisch sichtbar, denn die Fixation entledigt die Organentnahmen ihrer roten Farbe. Was in unserer Kultur noch an Leben erinnern könnte – das Blut –, bildet sich zurück und entschwindet dem Auge.

Die Aufbereitungsarbeiten der Laborantinnen und der medizinisch-technischen Assistentin verändern das fixierte Gewebe weiter. Um einen Einblick in diese Transformation zu geben, sei die Arbeit der ersten Laborantin im sogenannten Autopsielabor kurz skizziert:

Dünnschnitt herstellen:
Zuerst werden die zugeschnittenen Organteile (Größe: eine kleine Brombeere) vom Formalin befreit, dann werden sie entwässert, und man lässt sie Paraffin aufsaugen, damit sie sich nachher besser schneiden lassen. Die paraffindurchtränkten Organentnahmen werden auch noch mit Paraffin umgeben und in eine Blockform gebracht. Dieser Block wird dann am Mikrotom in Scheibchen geschnitten. Schließlich wird das Scheibchen auf einen Organträger gebracht: Wir haben einen „Dünnschnitt" vor uns.

Färben:
Die Schnitte sind zu dünn, als dass man am Mikroskop ohne Farbe überhaupt etwas erkennen könnte. Sie müssen mit Farben versehen werden. Mit Hilfe einer Färbung lassen sich zum Beispiel Bakterien mikroskopisch identifizieren.

Zudecken:
Um die Schnitte auf dem Objektträger zu schützen, wird eine erhärtende Mischung
darauf getan und anschließend ein Deckglas darüber gelegt („Eindecken").

Diese Aufbereitungsarbeit der Laborantinnen löst das Objekt nochmals aus
seiner Umgebung heraus und verbildlicht es. Aehnliches geschieht bei der Vorbereitung von elektronenmikroskopischen Untersuchungen. Nur ist dort alles
viel kleiner und feiner: Unter Verwendung eines Ultramikrotoms werden Ultradünnschnitte hergestellt etc.

Ich möchte diesen Herstellungsprozess von Schnittpräparaten nun zur Konzentration und Isolierung in Bezug setzen. Von den Präparatoren und den Obduzenten wurde gesagt, dass sie sich – vor allem auch räumlich-optisch – auf
kleine Dinge konzentrieren, sich also darum bemühen, vom Ganzen abzusehen
und das Detail in den Blick zu nehmen. Im Falle des Obduzenten hatte diese
Vorgehensweise sowohl instrumentellen, arbeitsbezogenen Charakter als auch
die 'bewältigungsstrategische' Funktion der Milderung von Unbehagen.

Auch in der Arbeit im Labor und der Elektronenmikroskopie lassen sich der
instrumentelle und der bewältigungsstrategische Aspekt unterscheiden. Aus
einer Perspektive der Zweckmäßigkeit betrachtet, wird im Verlauf der Aufbereitungsarbeiten das, was forschungsmäßig von Bedeutung ist, ausgewählt und
dann zur Untersuchung bereitgestellt. Zum einen wird angeschnitten, zuge-
schnitten und zurechtgefräst, sodass das Interessierende 'nackt' vor Augen liegt
und nichts Irrelevantes mehr stören kann; zum anderen wird das neue Objekt
mit etwas umgeben, zum Beispiel mit einem Glas „eingedeckt", damit es geschützt und unversehrt bleibt.

Aus bewältigungsstrategischer Sicht treten während der Aufbereitung wichtige Veränderungen ein. Der springende Punkt dabei ist, dass die Anstrengung
der räumlichen Isolierung im Laufe des Aufbereitungsprozesses zunehmend von
den Menschen auf die dinglichen Apparaturen übergeht: die innerpsychische
Isolierung wird durch einen äußeren, objektiv-materiellen Vorgang der 'Isolierung' ersetzt. Damit bekommt die Abwehr des Unbehagens sozusagen de-
santhropomorphen Charakter. Sie erfährt eine Materialisierung, denn das Zu-
schneiden von Organentnahmen und das Zudecken der Dünnschnitte mit einem
Glas sind materiell-reale Vorgänge des 'Isolierens', die das Objekt von seinem
vorherigen (materiellen) Kontext trennen. Im Falle der Elektronenmikroskopie
kommt dem Abfräsen der nicht-interessierenden Umgebung und dem Einbetten
des Objekts in Kunststoff eine ähnliche Bedeutung zu.

Wer an solchermaßen transformierten, real isolierten Objekten arbeitet –
dies die These –, braucht selber nicht mehr wie die Präparatoren innerpsychisch
zu isolieren, sondern kann sich 'normal' konzentrieren. Die Bündelung der
Aufmerksamkeit verliert ihre Angestrengtheit und Angespanntheit. Während
der Obduzent und die Präparatoren sich innerlich gleichsam eine Draperie vorstellen müssen, die sie vor ihrem Arbeitsgegenstand schützt, erübrigt sich im
Labor diese Vorstellung, denn die Leiche, aus der das Gewebe stammt, und das
Organ, aus dem es herausgeschnitten wurde, sind realiter abwesend. Während
die Isolierung beim Leichenöffner die „Illusion" weckt, nur ein bestimmtes

Detail zu bearbeiten und nicht einen Körper aufzuschneiden, ist diese Illusion im lokalem Handlungskontext des Labors zur Wirklichkeit geworden.

Unter Laborbedingungen dürfte sich folglich das Unbehagen, welches das 'Ganze' der Leiche im Seziersaal erzeugt hat, zurückbilden. Die technisch indu-zierte Fokussierung der Aufmerksamkeit auf einen Gewebeausschnitt oder ei-nen Zellenteil, den man zu bearbeiten hat, dürfte für Schuldgefühle, Identitäts-probleme und Rahmenunsicherheit nur noch wenig Raum lassen. Am ausge-prägtesten dürfte dies für die Arbeit am Schattenbild gelten, das im Elektro-nenmikroskop entsteht: Der elektronenmikroskopische Untersuchungsgegen-stand kennt nicht einmal mehr eine materielle Rückverbindung zur Leiche. Das neue Objekt stellt im physikalischen Sinne ein Bild dar – Schattenbild zuerst, Photographie danach.

## 4.2 Arbeitsumgebung und Schuldgefühle

Subjektiv empfundene Probleme gibt im Labor tatsächlich nicht mehr der zu bearbeitende Gegenstand auf, sondern die Arbeitsumgebung: Der lokale und institutionelle Zusammenhang, innerhalb dessen die Laborarbeit verrichtet wird, bereitet den Laborantinnen Schwierigkeiten. Die Tätigkeit selber – das Schnei-den, Einbetten, Blöcke Machen, Dünnschnitte Herstellen – unterscheidet sich in ihren Augen nicht von anderer Laborarbeit.

Wer auf der Frage insistiert, woher das Gewebe stammt, das im Labor wei-ter bearbeitet wird, bekommt eine leicht aggressive Antwort:

Int.: Ich möchte gerne die Frage noch einmal aufnehmen, woher das Gewebe kommt, das Sie bearbeiten: von lebendigen oder von nicht mehr lebendigen Menschen?

Laborantin: Aha, ja, ja. (unangenehm überrascht)

Int.: Ist das für Sie von Bedeutung? Was sagen Sie auf diese Frage?

Laborantin: Das ist nicht von Bedeutung und zwar aus folgendem Grund (etwas unge-duldig: Ich habe vorher in der Anatomie gelernt, dass man das Material – wie wir es nennen – irgendwie braucht. Der Student muss bildlich sehen, was sich alles innerhalb der Haut befindet, unter dem Muskel ... Das alles können wir ja feststellen und darstel-len, indem wir das Zeug fixieren, in Paraffin einbetten, dann Schnitte machen und fär-ben, damit man überhaupt sieht, was Bindegewebe ist, was Kernstrukturen sind, was elastische Fasern sind, was Muskel ist und so weiter und so fort (eher rasches Spre-chen).

Int.: Mhm, mhm, mhm ...

Laborantin: Davon muss man ausgehen. Das können wir irgendwie darstellen. Weil: sagen wir jetzt zum Beispiel: „eine Seele" (hochdeutsch) können Sie nicht darstellen ...

Int.: Nein ...(lacht)

Laborantin: Wie wollen Sie das machen ... ?

Int.: Ich weiss es auch nicht ...

Laborantin: Eben (fühlt sich angenehm bestätigt) ... nein ... oder, man muss das ein wenig so anschauen. Dadurch dass ich in der Anatomie war, bin ich halt mit dem ganzen Zeug konfrontiert gewesen.

Die Frage der Herkunft des zu bearbeitenden Gewebes ist der Laborantin etwas lästig. Sie geht rasch dazu über, ihre Arbeit zu legitimieren, indem sie betont, für die Medizinstudierenden sei diese unentbehrlich. Danach geht sie zu einer auffallend eiligen Darstellung von technischen Verfahrensabläufen über (in Paraffin einbetten, Schneiden, Färben etc.). Hinter der Aggression, der Raschheit und dem Ausweichen auf technische Gesichtspunkte dürfte ein Schuldgefühl lauern, das sie in die Rechtfertigung treibt. In der zweiten Hälfte der Interviewsequenz wird dieses zunehmend deutlich. Es entsteht nämlich aus dem Empfinden heraus, die „Seele" werde in der Laborarbeit vernachlässigt. Dieses Empfinden entstammt einer Angehörigenperspektive und führte auch bei den Präparatoren zu einem schlechten Gewissen.

Das Schuldgefühl wird von der Befragten aber auch als etwas dargestellt, das nicht gerechtfertigt ist. Wenn, wie die Angehörigenperspektive es fordert, die Seele gewürdigt werden soll, so müsste sie aus der Warte der Laborwissenschaft bildlich dargestellt werden. Nur so würde ihr der gebührende Status zugewiesen, lautet eine implizite Überlegung der Interviewpartnerin. Die Seele müsste – überspitzt gesagt – in einem Präparat auf einem Objektträger eingefangen werden. Nun lässt sich aber diese Darstellung rein technisch nicht bewerkstelligen, wie sehr man es sich auch wünscht, denn die Seele hat keine materielle Form: die Laborantin ist entschuldigt, sie hat ihr Bestes getan.

Durch die Frage der Forscherin nach dem weiteren Arbeitszusammenhang, durch die Frage, ob das Gewebe von lebendigen oder von toten Menschen stamme, gerät die Interviewpartnerin also ins Wanken. Offenbar wird eine personifizierte Klientenorientierung in ihr wach gerufen, die Schuldgefühle erzeugt und Legitimationen nach sich zieht.

### 4.3 Die Faszination durch das Bild und die Selbstvergessenheit im Dunkeln

Von Identitätsproblemen und Rahmenlosigkeit indessen konnte ich bei den Laborantinnen und der medizinisch-technischen Assistentin nichts finden. Der erste Grund liegt in der Tatsache, dass sie nicht an der Leiche, sondern an realisolierten Objekten arbeiten. Der zweite Grund hat mit der Verbildlichung zu tun.

Ausnahmslos alle Akteure und Akteurinnen in der Mikroskopie zeigen sich von den Bildern fasziniert. Ihre Haltung beschränkt sich nicht auf ein affektneutrales Interesse, das Objekt strömt vielmehr eine Anziehungskraft aus. Die erste Laborantin schwärmt vom Betrachten der gefärbten Präparate nach getaner Arbeit und vom Genießen der Schönheit. Die zweite Laborantin liebt das Darstellen und Sichtbarmachen. Welche 'bewältigungsstrategische' Bedeutung dieser Faszination zukommt, bringt die erste Laborantin direkt zum Ausdruck. Nach Abschluss der Färbearbeit betrachtet sie ihr Produkt jeweils im Mikroskop; der Kommentar, den sie dazu einmal abgibt, lautet: „Dann gibt es nur noch Schönheit! Gefühle kommen hier gar nicht mehr auf. Man denkt nicht daran, dass es einmal Tote waren."

Dass das Sehen Genuss verschafft und Gefahren bannt, zeigt sich besonders deutlich im Falle der medizinisch-technischen Assistentin. Mühelos verbringt sie mehrere Stunden hintereinander am Elektronenmikroskop und richtet ihre Aufmerksamkeit durchs Vergrößerungsglas hindurch auf die leuchtenden graugrünlichen Schattenbilder, die auf dem fluoreszierenden Schirm erscheinen. Das Elektronenmikroskop steht in einem fensterlosen Raum, der während der Arbeit immer dunkel bleibt. Hier lässt sich die medizinisch-technische Assistentin auf ihre Bilder ein und öffnet sich dabei Dimensionen, von denen sie sagt, sie seien „für uns nicht mehr so fassbar". Die Dunkelheit des Elektronenmikroskop-Raumes ist forschungstechnisch notwendig, hat aber auch die Funktion, den Menschen, der hier arbeitet, noch einmal von seiner Umgebung zu trennen, sodass er der Anziehung vollends nachgeben und in das Bild im Elektronenmikroskop gleichsam 'eintauchen' kann.

Der Genuss der medizinisch-technischen Assistentin ist dem Flow-Erlebnis vergleichbar (Csikszentmihalyi 1975). 'Flow' meint eine ganzheitliche Sinneswahrnehmung, die mit einem „totalen Engagement" verbunden ist. Csikszentmihalyi zufolge verschmelzen Handeln und Bewusstsein, weil die Aufmerksamkeit auf ein begrenztes Feld hin gebündelt ist, das Bewusstsein auf diesen Brennpunkt eingeengt ist und nur das Jetzt zählt. Das Untertauchen im Flow geht mit einer glücklichen Selbstvergessenheit einher, die Sorgen und Ängste verschwinden lässt.

Im Zusammenhang mit der Diskussion der Orientierungslosigkeit der Sezierer habe ich auf Goffmans Rahmenkonzept zurückgegriffen und festgehalten, dass eine besonders ausgeprägte Rahmung bei Langeweile und bei völliger Versunkenheit vorliegt (Goffman 1974). Das selbstvergessene Fließen, das am Elektronenmikroskop erlebt werden kann, entspricht einer solchen ausgeprägten Rahmung. Es ist jener Rahmenlosigkeit und Erschütterung direkt entgegen gesetzt, die bei der Arbeit an der Leiche droht, wenn sich Unterschiede zwischen 'lebendig' und 'tot' zu verwischen beginnen.

## 5. Fazit

Die Strategien, mithilfe derer die Präparatoren ihren zentralen Schwierigkeiten – Schuldgefühle, Identitätsprobleme und Rahmenlosigkeit – begegnen, sind facettenreich. Im Vordergrund steht der psychische Vorgang der Isolierung im psychoanalytischen Sinn, d.h. die Loslösung der eigenen Handlungen von Affekten und deren Herauslösung aus dem weiteren Kontext. Im Zusammenhang mit der Sektion, die im Rahmen einer vom 'medizinischen Blick' dominierten wissenschaftlichen Institution erfolgt, wird die Isolierung zu einem beobachtbaren Vorgang, der sich auf den Raum bezieht. Sie kommt vor allem als Konzentration des Blicks aufs Detail am Organ und im Gewebe des toten Körpers vor. In enger Verbindung mit der Isolierung steht die Orientierung der beruflichen

Akteure an der Wissenschaft und der Medizintechnik. Die Wissenschafts- und Technikorientierung zeigt sich in einer für blue collars besonders weit gehenden Übernahme der Fachausdrücke, der Wissensbestände und der Denkordnungen der Medizin.

Anders als die Präparatoren – dies das Hauptergebnis meiner Studie – brauchen die Laborantinnen und vor allem die medizinisch-technische Assistentin kaum Isolierungsstrategien einzusetzen, sondern können sich weitgehend 'normal' auf ihre Arbeit konzentrieren. Der Grund: Die Abwehr von Gefahren, welche die Präparatoren als Sezierer bewerkstelligen müssen, übernehmen im Labor Forschungs- und Arbeitsinstrumente, die sich außerhalb der menschlichen Akteure befinden (Desanthropomorphisierung). Damit werden die von der Leiche ausgehenden Bedrohungen tendenziell hinfällig und finden sich sogar kompensatorisch als Faszination durchs Bild überhöht. Es fällt jedoch auf, dass die Schuldgefühle in diesem Prozess nicht getilgt werden. Sie rühren daher, dass das Deutungsmuster des natürlichen Todes nicht wirklich greift, sondern lebensweltliche Deutungsmuster wirksam bleiben, die sogar mikroskopische Autoptikarbeit als tendenziell illegitimen Akt erscheinen lassen.

## Literatur

Condrau, Gion & Schipperges, Heinrich, 1993: Unsere Haut. Spiegel der Seele, Verbindung zur Welt. Zürich: Kreuz Verlag.

Coombs, Robert H. & Powers, Pauline S., 1975: Socialization for Death: The Physicians Role. In: Lofland, L. H. (Hg.), Toward a Sociology of Death and Dying. Beverly Hills: Sage, S. 15-36.

Csikszentmihalyi, Mihaly, 1975: Das Flow-Erlebnis. Stuttgart: Klett Cotta.

Elias, Norbert, (1976): Über den Prozess der Zivilisation. Soziogenetische und psychogenetische Untersuchungen. Band I und II. Frankfurt/M.: Suhrkamp.

Fox, Renée C., 1979: Essays in Medical Sociology: Journeys into the Field. New Brunswick (USA): Transaction Books.

Fox, Renée C., 1989: The Sociology of medicine: A Participant Observer's View. Engelwood Cliffs, N.J.: Prentice Hall.

Fox, Renée C. & Swazey, Judith P., 1974: The Courage to Fail: A Social View of Organ Transplants and Dialysis. Chicago: University of Chicago Press.

Foucault, Michel, 1963: Die Geburt der Klinik. Eine Archäologie des ärztlichen Blickes. Frankfurt/M.: Fischer.

Freud, Sigmund, 1982: Hemmung, Symptom, Angst. In: Freud, S., Studienausgabe, Bd. VI, Hysterie und Angst. Frankfurt/M.: Fischer, S. 227-310.

Fuchs, Werner, 1969: Todesbilder in der modernen Gesellschaft. Frankfurt/M.: Suhrkamp.

Goffman, Erving, 1974: Rahmen-Analyse. Ein Versuch über die Organisation von Alltagserfahrungen. Frankfurt/M.: Suhrkamp.

Hirschauer, Stefan, 2002: Scheinlebendige. Die Verkörperung des Letzten Willens in einer anatomischen Ausstellung. In: Soziale Welt, 52, S. 5-30.

Knorr-Cetina, Karin, 1988: Das naturwissenschaftliche Labor als Ort der „Verdichtung" von Gesellschaft. In: Zeitschrift für Soziologie, 2, S. 85-101.

König, Oliver, 1990: Nacktheit. Soziale Normierung und Moral. Opladen: Westdeutscher Verlag.

Laplanche, Jean & Pontalis, Jean-Bertrand, 1967: Das Vokabular der Psychoanalyse. Frankfurt/M.: Suhrkamp.

Le Breton, David, 1993: La Chair à vif. Usages médicaux et humains du corps humain. Paris: Editions A.M. Métailié.

Lepenies, Wolf, 1989: Angst und Wissenschaft. In: Ders., Gefährliche Wahlverwandtschaften. Essays zur Wissenschaftsgeschichte. Stuttgart: Reclam, S. 39-60.

Linkert, Christine, 1993: Die Initiation der Medizinstudenten. In: Ethnopsychoanalyse, 3, Körper und Kultur. Frankfurt/M.: Brandes und Apel, S. 135-143.

Merton, Robert K., 1985: Die normative Struktur der Wissenschaft. In: Ders., Entwicklung und Wandel von Forschungsinteressen. Aufsätze zur Wissenschaftssoziologie. Frankfurt/M.: Suhrkamp, S. 86-99.

Oevermann, Ulrich, 1996: Theoretische Skizze einer revidierten Theorie professionalisierten Handelns. In: Combe, A. & Helsper, W. (Hg.), Pädagogische Professionalität. Untersuchungen zum Typus pädagogischen Handelns. Frankfurt/M.: Suhrkamp, S. 70-182.

Schneider, Gisela, 1979: Pass auf, dass dir die Phantasien nicht durcheinandergeraten. Über die Kosten eines Traumberufs. In: Kursbuch, 58, S. 129-140.

Schneider, Gisela, 1984: Über den Anblick des eröffneten Leichnams. In: Winau, R. & Rosemeier, H. P. (Hg.), Tod und Sterben. Berlin: Walter de Gruyter, S. 188-201.

Schneider, Werner, 1999: „So tot wie nötig – so lebendig wie möglich!" Sterben und Tod in der fortgeschrittenen Moderne: Eine Diskursanalyse der öffentlichen Diskussion um den Hirntod in Deutschland. Münster: LIT-Verlag.

Schwaiger, Hannelore & Bollinger, Heinrich, 1981:, Der Anatomiekurs – Aus dem heimlichen Lehrplan des Medizinstudiums. In: Bollinger, H. et al. (Hg.), Medizinerwelten – Die Deformation des Arztes als berufliche Qualifikation. München: Zeitzeichen Verlag, S. 16-49.

Streckeisen, Ursula, 2001: Die Medizin und der Tod. Ueber berufliche Strategien zwischen Klinik und Pathologie. Opladen: Leske + Budrich.

Sudnow, David, 1967: Organisiertes Sterben. Eine soziologische Untersuchung. Frankfurt/M.: Fischer.

Wulf, Christoph, 1982: Körper und Tod. In: Kamper, D. & Wulf, Ch. (Hg.), Die Wiederkehr des Körpers. Frankfurt/M.: Suhrkamp, S. 259-273.

# Die Grenze des Todes. Transzendenz, Erfahrung und drei Typen des Umgangs mit dem Tod

*Antje Kahl / Hubert Knoblauch*

## 1. Einleitung

Der Tod stellt die bedeutendste Grenze und das Sterben die folgenreichste Grenzsituation des menschlichen Lebens und damit auch der menschlichen Gesellschaft dar. Früher oder später werden wir diese Situation alle erfahren. Freilich liegt diese Erfahrung für uns alle, die wir noch miteinander kommunizieren, in der Zukunft, so dass für uns Lebende der Tod mehr als Wissen und Kommunikation erscheint denn als Erfahrung. An dieser Alternative jedoch scheiden sich die Geister. Während die einen glauben, der Tod sei ein uns gleichsam eingeborenes Wissen, vertreten die anderen die Auffassung, wir würden erst im Laufe des Lebens das Wissen über den Tod erwerben.[1] Um dieses Grundsatzproblem zunächst zu umgehen, ist es ratsam, verschiedene Unterscheidungen durchzuführen, die selbst in der gegenwärtigen Forschungsliteratur häufig übersehen werden. So können wir sagen, dass fast alle Menschen – je älter, um so wahrscheinlicher – schon die mittelbare Erfahrung des Todes gemacht haben: Ein Mensch stirbt in ihrer Anwesenheit, ein eng vertrauter Mensch ist nicht mehr da, ein Mensch, der nicht mehr lebt, wird von uns erinnert. Es gibt sicherlich noch mehr Formen einer solchen mittelbaren Erfahrung des Todes. Sie sollten aber unterschieden werden von den unmittelbaren Erfahrungen des Todes. Die unmittelbarste ist sicherlich der eigene Tod, der sich jedoch der Mitteilbarkeit entzieht. Es gibt jedoch nicht wenige Menschen, die sich sicher sind, in einer Todesnäheerfahrung die Grenze des Lebens schon einmal erreicht und sogar überschritten zu haben – und zurückgekehrt zu sein (Knoblauch 1999). Andere vertreten die (häufig mit dem Spiritismus verbundene) feste Auffassung, Toten begegnet zu sein, mit ihnen gesprochen oder sie gesehen zu haben (Sawicki 2003). Wieder andere kehren in einer Reinkarnationserfahrung in eines ihrer früheren Leben zurück und erleben Erfahrungen einer längst verstorbenen Person (Sachau 1996; 1998). Was immer man von diesen und zahllosen anderen Erfahrungen mit dem Tod halten mag – für eine Soziologie, die sich mit Menschen und ihrem Tod beschäftigt, wäre es ignorant, diese Erfahrungen und ihre Folgen zu vernachlässigen.[2]

---

1    Während die erste Position heute in den Sozialwissenschaften nicht sehr prominent vertreten wird, geht sie doch auf so bedeutende Autoren wie Max Scheler (1933) und Martin Heidegger (1972) zurück.

2    Man sollte beachten, dass eine solche Position tatsächlich gegenwärtig eingenommen wird – insbesondere von der Systemtheorie, die ja Erfahrung systematisch als

Diese wenigen angesprochenen Beispiele zeigen bereits, dass es eine Vielzahl unterschiedlicher Erfahrungen gibt, die mit dem Tod gemacht werden können. Wie immer man diese Erfahrungen erkenntnistheoretisch beurteilen möchte, erscheint es notwendig, hier grundlegende analytische Unterscheidungen zu treffen. Zum einen die Unterscheidung zwischen dem eigenen und dem fremden Tod bzw. zwischen *unmittelbar gemachten Erfahrungen, also Erfahrungen die den eigenen Tod betreffen, und mittelbar gemachten Erfahrungen mit dem Tod Anderer.* Dabei muss für den eigenen Tod weiter unterschieden werden zwischen dem tatsächlichen Tod (der dann allerdings als Erfahrung nicht mehr kommuniziert werden kann), Todesnäheerfahrungen sowie möglicherweise auch der als Selbsterfahrung forcierten Antizipation des eigenen Todes, die eine starke physische und psychische Erfahrung auslösen kann. Auch der Tod als mittelbare Erfahrung tritt sicherlich in vielerlei Erscheinungen auf, die vom plötzlichen Fehlen einer Person bis hin zur ausführlichen Beschäftigung mit dem Sterben einer anderen Person reichen kann.[3] Während in diesen Erfahrungen der Tod Veränderungen in der Lebenswelt bewirkt[4], tritt der Tod schließlich auch als ein *abstraktes diskursives Thema* und damit als bloß gesellschaftlich durch Kommunikation vermitteltes Wissen auf. Im Unterschied zu den mittelbaren und unmittelbaren Erfahrungen des Todes hat dieses bloß vermittelte Wissen keine strukturellen Veränderungen in der jeweiligen Lebenswelt zur Folge. Grundlegend also ist die Unterscheidung zwischen *der (mittelbaren oder unmittelbaren) Erfahrung mit dem Tod* auf der einen Seite und *dem kommunikativ hergestellten und gesellschaftlich vermittelten „Wissen" über den Tod* auf der anderen Seite.

So einfach diese Unterscheidungen zwischen dem eigenen und dem fremden Tod sowie zwischen Erfahrung und Wissen bzw. Vorstellungen auf den ersten Blick erscheinen, ist es doch auffällig, wie wenig sie in den thanatologischen Analysen beachtet werden. In der Regel sprechen diese Untersuchungen über Menschen, die den Tod wenn überhaupt nur als den Tod der Anderen kennen. Allerdings wird selten unterschieden, ob die Befragten den Tod der Anderen selbst miterlebt haben oder ob sie über den Tod als ein bloß kommuniziertes Thema, als sozial abgeleitetes Wissen reden, das für sie keinen eigenen Erfahrungsbezug aufweist. Nur für diesen letzten Fall kann man mit einigem Recht

---

Gegenstand auch ihrer empirischen Analyse ausklammert. Allerdings sollten diese Positionen ihre eigene Unfähigkeit, über Erfahrungen zu reden, nicht als Unmöglichkeit für alle anderen verallgemeinern. Vgl. dazu Nassehi/Saake (2004).

3    Ein besonderer Fall dafür ist wiederum das freiwillige Betreuen von Sterbenden im Hospiz. Vgl. dazu Knoblauch/Zingerle (2005).

4    Lebensweltlich ist der Wegfall eines Interaktionspartners erfahrbar, der auch interaktive Idealisierungen betrifft („Ich kann immer wieder", „Und so weiter"). Vgl. dazu Schütz/Luckmann (1979). Eine kulturanthropologisch triangulierte phänomenologische Analyse des Todes in der Lebenswelt fehlt zwar noch, doch liefert uns die Literatur hier reichliches Anschauungsmaterial – und natürlich die eigene Erfahrung.

sagen, dass der Tod lediglich als Teil von „Kommunikation" auftritt, dass es sich also um einen „geschwätzigen Tod" handelt (Nassehi 2001).

Freilich ist dieser kommunikative Aspekt keineswegs unbedeutend. Denn dass der Tod eine Grenze darstellt, ist zweifellos immer auch ein Wissen. Jeder Mensch erwirbt früher oder später in seiner ontogenetischen Entwicklung ein mehr oder weniger implizites Wissen über den Tod, eine Art Todeskonzept, auf dessen Inhalte für die Beschreibung und Erklärung des Todes zurückgegriffen werden kann. Dieses Wissen wird gesellschaftlich vermittelt, ohne dass eine mittelbare oder unmittelbare Erfahrung des Todes eines anderen Menschen gemacht werden muss. Psychologische Untersuchungen zeigen, dass Kinder ab dem Alter von ungefähr 10 Jahren den Tod als universell, endgültig und unvermeidbar einschätzen können (Wittkowski 1979: 71). Wie schon gesagt, ist die Grenze des Todes jedoch keineswegs *nur* ein Wissen. Früher oder später wird ergänzend zu dem Wissen über den Tod die tatsächliche Erfahrung des Todes eines anderen Menschen gemacht. Diese kann durch die Anwesenheit des Sterbenden oder durch die Nachricht über den Tod des Anderen erfolgen. In beiden Fällen unterscheidet sie sich vom bloßen Wissen über den Tod dadurch, dass nun der Wegfall eines Interaktionspartners gedeutet und mit ihm gelebt werden muss. Die Erfahrung, dass der andere Mensch nicht mehr – ja nie mehr im Leben – als leiblicher Widerpart, als Ansprechpartner, als Handelnder angesprochen werden und antworten kann, bricht zweifellos mit wesentlichen Grundannahmen des Alltags, dem „Ich kann immer wieder" und „Und so weiter".[5] Was zumindest als ein Mangel, als eine Erwartungsenttäuschung erscheint, weist darauf hin, dass der Tod des Anderen tatsächlich als eine lebensweltliche Erfahrung auftritt, die mehr als nur vermitteltes Wissen oder Kommunikation ist.

In vielen Fällen wird man deshalb konstatieren können, dass die Kommunikation von Menschen über den Tod erst nach einem Deutungsprozess erfolgt, in dem die Spannung, ja die Dissonanz zwischen dem bestehenden Wissen über den Tod und den tatsächlich gemachten (mittelbaren oder, seltener, unmittelbaren) Erfahrungen mit dem Tod ist. Genau dieser Deutungsprozess soll im Folgenden anhand empirischen Materials aufgezeigt werden. Wir beschränken uns dabei auf einige exemplarische Interviews mit Menschen, die mittelbare Erfahrungen des Todes von anderen Personen erlebten. Wie sich zeigen wird, spielt das religiöse oder weltanschauliche Deutungssystem eine große, keineswegs aber die alleine entscheidende Rolle in der Bewältigung des Todes. Wir werden deswegen mehrere Typen der Bewältigung des Todes skizzieren. Vor diesem Hintergrund werden wir auf die Frage zurückkommen, wie die Grenze des Todes generell gefasst wird. Wir werden dabei die These formulieren, *dass die Grenze des Todes anhand der Grenze des Anderen konzipiert wird, dass also*

---

5   Wenn hier und im Folgenden vom Alltag die Rede ist, beziehen wir uns auf den von Schütz und Luckmann (1979/1984) ausführlichst entwickelten Begriff der „alltäglichen Lebenswelt".

*die Differenz zwischen Tod und Leben nach dem Muster von Ego und (totem)
Alter konzipiert wird.*

## 2. Typen des Umgangs mit dem Tod

Im Folgenden sollen einzelne Beispiele junger Menschen aus den neuen Bundesländern vorgestellt werden, die auf je unterschiedliche Weise mit dem Thema des Todes umgehen.[6] Dabei spielt für uns der Umstand, dass Ostdeutschland in religiöser Hinsicht besondere, ja vielleicht einzigartige Verhältnisse aufweist, in diesem Argumentationszusammenhang keine entscheidende Rolle.[7] Es wird auch beileibe kein repräsentativer Anspruch vertreten. Im folgenden Teil sollen vielmehr nur einige Typen des Umgangs mit dem Tod als Erfahrung mit unterschiedlichen Arten des weltanschaulich-religiösen Hintergrundes variiert werden. Weil diese Hintergründe nicht nur Deutungen der Grenze des Todes umfassen, sondern breiter und dabei zusammenhängend angelegt sind, bezeichnen wir sie im Folgenden als Deutungsmuster.[8]

### 2.1 Die Erfahrung des Todes – eingebettet in ein christlich-religiöses Deutungsmuster

Folgt man der christlichen Lehre, dann sollte die Person nach dem Ende des diesseitigen Lebens als individuelle Persönlichkeit weiter bestehend in das jenseitige Reich Gottes eingehen. Je nach dogmatischer Ausrichtung wird die jen-

---

6   Diesem Artikel liegen 6 halbstandardisierte-leitfadenorientierte Interviews zugrunde, die inhaltsanalytisch ausgewertet wurden. Die Interviewpartner wurden so ausgewählt, dass durch sie ein breites Spektrum an religiösen Vorstellungen abgedeckt werden konnte, da aufgrund der engen Verbindung von Religion und Tod erwartet wurde, auf diese Weise auch ein breiteres Spektrum von Grenzbeschreibungen zu erhalten.

7   Der Osten Deutschlands stellt mit seinem geringen Grad an institutionalisierter Religiosität und an religiösen Überzeugungen sogar im Vergleich zum Rest des relativ „säkularisierten" Europas noch eine Besonderheit dar. Terwey (1998) gibt den Anteil gottgläubiger, ostdeutscher Jugendlicher zwischen 18 und 29 Jahren mit knapp 17 Prozent an. Religiosität ist dementsprechend nicht die Norm. Aus diesem Grund muss darauf hingewiesen werden, dass Konfessionslosigkeit im Osten nicht zwangsläufig auf einen stärker ausgeprägten Grad an Individualität zurückzuführen ist, sondern als Sozialisationseffekt betrachtet werden kann. Die geringer ausgeprägte Religiosität ließ erwarten, dass auch die Todesproblematik stärker von konventionellen religiösen Semantiken abgelöst ist. Terwey (1998) gibt den Glauben an ein Leben nach dem Tod für ostdeutsche Jugendliche zwischen 18-24 Jahren mit 17 und zwischen 25-29 Jahren mit 11,2 Prozent an. Für Gesamtdeutschland lassen sich laut Shell-Studie 2000 31 Prozent der Jugendlichen ausmachen, die an ein Weiterleben nach dem Tod glauben.

8   Den Begriff des Deutungsmusters verwenden wir in Anlehnung an den Begriff des „interpretive scheme" von Alfred Schütz (vgl. Schütz/Luckmann 1979/1984).

seitige Welt dabei entweder nicht weiter differenziert oder in Himmel und Hölle (und gegebenenfalls noch weitere Bereiche) unterschieden.[9] Die Grenze zwischen Leben und Tod heißt hier nicht, dass auf der anderen Seite des Lebens Nicht-Leben wäre. Zwar stirbt das Individuum ohne Wenn und Aber – und zwar vollständig – jedoch markiert der Tod hier nur die Grenzlinie zwischen diesseitigem Leben und ewigem Leben. Diese Linie wird zwar klar gezogen, allerdings bleibt die Identität über sie hinaus erhalten. Der eigenen Sterblichkeit und der möglichen Angst davor kann auf diese Weise ein gewisser Anteil des Problempotentials genommen werden, was sich auch in dem Interviewmaterial widerspiegelt. Die Vorstellung des eigenen Todes ist hier nicht das zentrale Problem. Obwohl der Tod selbst nicht unmittelbar erfahren worden sein muss, wird er anhand der Lebensgeschichte Jesu, in der diese Grenze ja in beide Richtungen überschritten wird, für alle Gläubigen generalisiert und für das eigene Leben vorweggenommen.[10] Dadurch kann eine gewisse Erwartungssicherheit hergestellt werden, indem die Grenze zwischen dem eigenen diesseitigem und dem eigenen ewigem Leben antizipativ überschreitbar ist.

Solche „Grenzüberschreitungen" werden in den Interviews der christlich orientierten Ostdeutschen angesprochen. Hier wird die Erfahrung zum Ausdruck gebracht, dass die Interaktion zwischen Verstorbenen und Hinterbliebenen fortgesetzt werden kann. Bei denjenigen allerdings, die zwischen Himmel und Hölle unterscheiden, beschränkt sich die Fortsetzung der Kommunikationsmöglichkeit auf diejenigen Verstorbenen, die im Leben gläubig waren und deshalb nach ihrem Tod im himmlischen Teil der Transzendenz weiterexistieren. Dies wird problematisch im Hinblick auf nahe stehende Personen, die nicht demselben Deutungsmuster unterliegen. So äußerte eine Befragte, die aus einer atheistischen Sozialisation heraus zum Christentum konvertiert war, starke Bedenken hinsichtlich des Todes ihrer ungläubigen Eltern, da in diesem Falle ein Wiedersehen ausgeschlossen sei. Hier zeigt sich das ambivalente Verhältnis zu den nicht-bekehrten Eltern. Einerseits werden sie als auf der „falschen Seite" ste-

---

9 Im ersten Fall handelt es sich um die Vorstellung der Vollinklusion bietenden Allversöhnung, in der keinerlei jenseitige Sanktionsmöglichkeiten vorgesehen sind. Lang/McDannell (1990); Minois (1994).

10 Angemerkt werden sollte hier, dass unter der Gesamtheit der Christen in Deutschland der Glaube an die Auferstehung nicht mehr fraglos der Fall ist. Fragt man allein nur nach dem Glauben an ein postmortales Weiterleben, was noch nicht explizit der christliche Auferstehungsglaube sein muss, bekommt man folgendes Bild: „[N]icht alle rituell kirchennahen Protestanten und Katholiken, sondern nur 45 bzw. 72 Prozent unter ihnen [glauben] in irgendeiner Form an ein postmortales Weiterleben [...]. 12 Prozent der kirchennahen Katholiken und 37 Prozent der kirchennahen Protestanten räumen sogar ein, daran nicht zu glauben" (Ebertz 2000: 99). Wenn jedoch nicht an ein Weiterleben geglaubt wird, kann daraus geschlossen werden, dass auch nicht an die Auferstehung Jesu geglaubt wird. Dabei drängt sich die Frage auf, ob auf den Auferstehungsglauben verzichtet werden kann, ohne den restlichen christlichen Glauben in Frage zu stellen.

hend identifiziert und es wird ihnen implizit vorgeworfen, dass sie sich nicht für die „richtige Seite" entscheiden. Da sie jedoch nicht für die „richtige Seite" gewonnen werden können und dies ein ernsthaftes emotionales Problem zu sein scheint, wird die Möglichkeit offengelassen, dass sich die Eltern „in ihrem Herzen" (Frau Bollmann) schon längst für die „richtige Seite" entschieden haben und Gott der Einzige sei, der dies wirklich wisse.

Die Interviewten mit einem christlich-religiösen Hintergrund hatten ihre Vorstellungen der Grenze zwischen Leben und Tod entweder schon während der Primärsozialisation erworben oder aber in einem Neuausrichtungsprozess im Zuge einer Konversionserfahrung angenommen. In allen Fällen aber hatten sie die entsprechende Grenzvorstellung schon internalisiert, bevor sie erstmals eine mittelbare Erfahrung des Todes nahe stehender Menschen, also signifikanter Anderer, machten. Betrachten wir deswegen, wie sich die symbolisch gedeutete Grenzziehung bewährt, wenn sie mit dem Erfahren konfrontiert wird.

Die mittelbare Erfahrung des Todes eines Anderen wurde hier nicht im direkten Dabeisein sondern durch die übermittelte Todesnachricht gemacht. Es lässt sich eine tiefe Betroffenheit über das Ereignis feststellen.

A.K.: Wie war das damals für dich als dein Opa gestorben ist?

Frau Albach: Furchtbar. [...] Und was mich auch so traurig gemacht hat, war also dass die ganze Familie so bestürzt war, weil es eben sehr plötzlich kam.

A.K.: Wurdest du schon mal mit dem Tod konfrontiert?

Frau Bollmann: Ja (seufzt), vor einem Jahr ist mein Opa zum Beispiel gestorben. Und davor schon mal. Also ich hab, ich hab ja kurz erzählt, dass ich mal in so nem Team gearbeitet hab, was sich sehr um Obdachlose gekümmert hat. Und es gab da so einen älteren Mann, der mir irgendwo sehr wichtig war, mit dem wir viele Gespräche hatten, so... und für den ich auch viel gebetet hab und der hat sich am Ende selbst umgebracht. Und das war für mich sehr schockierend.

In den Interviews wurde geäußert, dass der Tod eines signifikanten Anderen erstmalig Zweifel am Glauben und an die Güte Gottes aufkommen ließ, da die Frage nach dem „Warum" auf religiöser Ebene nicht zu beantworten war, also keine sinnhafte Erklärung bot.

„... das war auf jeden Fall ne große Krise für mich und das hat zwei Jahre, glaub ich, schon gedauert, bis ich das Gefühl hatte so, meine Beziehung zu Gott leidet darunter nicht mehr" (Frau Bollmann)

Retrospektiv wurde dem Zweifel jedoch eine positive Wirkung zugesprochen, da dieser den Glauben geprüft habe:

Frau Albach: [W]enn man zweifelt, prüft man sich. Und von daher war das dann so eine Prüfung meines Glaubens und das hat mir dann eigentlich gezeigt, dass es mir eigentlich mehr hilft, als dass es jetzt die Sache schlechter macht. Er ist eben gestorben, er ist mir von Gott genommen worden sozusagen und dann eher so dieses Verstehen.

AK: Verstehen... Hilft es, zu verstehen?

Frau Albach: Also meistens schon. Also na ja, es sind eben auch viele Sachen, die man vielleicht gar nicht begreifen kann. Aber alleine dieses Verstehenwollen und sich damit auseinander zu setzen. Ob ich es im Endeffekt begreife oder nicht oder verstehe, ist ne zweite Frage, aber so dieses sich mit einer Sache auseinander zu setzen und verstehen zu wollen. Verstehen wollen und sich zu prüfen und sich damit auseinander zu setzen und darüber reden. Das ist eigentlich so das, was tröstet. [...] Und der Glaube hat mir dann eigentlich mehr geholfen, Verständnis dafür aufzubringen, und zu verstehen, dass es eben dazugehört. Also ich kann von mir jetzt behaupten, dass ich verstanden habe, dass der Tod dazugehört. Zwei Jahre später ist von nem sehr guten Freund das Kind geboren worden. Wo ich dann gesagt habe „Okay, da ist jetzt der Kreislauf wieder da". Also jetzt gerade so in meiner Umgebung. Und von daher denke ich, war das mehr so ein Verstehen, dass der Tod dazugehört. Dass er eben da ist, nicht warum er da ist. Also warum weiß ich natürlich bis heute nicht, möchte ich aber vielleicht auch nicht. Brauch ich auch nicht mehr zu wissen.

Dass die Theodizeefrage im christlichen Kontext zu Glaubensunsicherheit und Zweifeln führt, ist durchaus bekannt (Helle 1997: 4f.). Auch für die christlichen Interviewten passen der Tod des signifikanten Anderen und die damit einhergehenden Empfindungen nicht ohne Weiteres in das bestehende religiöse Weltbild. Bei dem Zusammentreffen der Erfahrung mit der schon erworbenen symbolischen Deutung entsteht also eine Dissonanz, die als Krise empfunden wird. Um die Dissonanz und damit die Krise zu reduzieren, könnte versucht werden, eines der beteiligten Elemente abzuwandeln und neu zu interpretieren. Dies geschieht jedoch nicht. Stattdessen kommt es zu einer langen Auseinandersetzung in Gebeten und durch die Kommunikation mit Gleichgesinnten.

„Ich glaub, das einzige, was ich dazu sagen kann, ist, dass ich viel darüber reden konnte, also ich hab – ich hatte einige seelsorgerische Gespräche, die waren auch echt nötig irgendwo, weil's ne Art Verarbeitung schon war. Aber es war auch nicht so, dass ich durch diese Gespräche jetzt mehr Antworten hätte oder so. Der Punkt, auf den's hinausläuft, ist, dass ich irgendwann gemerkt hab so, dass ich neuen Frieden drüber gefunden hab. Und dass ich vom Herzen her sagen kann 'Ja, ich weiß, dass Gott es irgendwie in der Hand gehabt hat'" (Frau Bollmann).

Die interviewten Christen wenden sich in dieser Zeit häufig im Gebet an Gott und in Gesprächen an nahe stehende Menschen. Darüber hinaus findet eine Gewöhnung an die die Krise ursprünglich auslösende Situation statt, wodurch die Dissonanz abgeschwächt wird. Erst dies führt letztendlich zu einer hinnehmenden Akzeptanz des Ereignisses. Entscheidend ist dabei, dass alle drei Vorgänge – die Verminderung des Dissonanzpotentials durch zeitlichen Abstand, die kommunikative Stabilisierung des Deutungsmusters mit Gleichgesinnten sowie die Ansicht, der Tod gehöre zum Leben dazu und sei Bestandteil eines natürlichen Kreislaufes – nicht originär christlich-religiöse Elemente sind.[11] Das heißt, dass die Aufrechterhaltung des Deutungsmusters in der Krise nicht mit Hilfe von Elementen des symbolischen Deutungsmusters geleistet wird. Gleichzeitig scheint jedoch der erzählerische Rückgriff auf das Erlebnis des Todes das christlich-religiöse Deutungsmuster zusätzlich zu stabilisieren, wenn die religiöse Überzeugung eben nicht abgewandelt wurde, sondern der Krise standhielt.

---

11 Sofern die „Seelsorge" hier greift, ist es eher eine Leistung der Laien und ihrer Kommunikation als der pastoralen Betreuung.

Hat sich die Abschwächung der Dissonanz erst einmal vollzogen, kann das Ereignis konsistent kommuniziert werden,[12] wobei eine Bestätigung des eigenen Glaubens durch die Überwindung der Krise stattfindet.

Festzuhalten ist dann, dass die verbreitete Auffassung, religiöse symbolische Deutungsmuster würden die Erfahrung des Todes alleine schon bewältigen (Golsworthy 1999), nicht zutrifft. Vielmehr scheint eine Dissonanz auf, die im Wesentlichen aus dem Unterschied zwischen der emotional enorm behafteten und lebensweltliche Brüche hervorrufenden (mittelbaren) Erfahrung des Todes Anderer einerseits und der symbolischen Deutung dieser Erfahrung durch das Deutungssystem andererseits besteht. Scheinbar kann diese Dissonanz nur durch eine (mehr oder weniger) aufwändige „Trauerarbeit" bewältigt werden.

## 2.2 Die Erfahrung des Todes – eingebettet in ein esoterisch-religiöses Deutungsmuster

Bei Esoterikern handelt es sich um auf Ganzheitlichkeit bedachte, Selbsterfahrung und Bewusstseinserweiterung anstrebende Menschen, deren ich-zentrierte Entwicklung hin zum „höheren Selbst", zu mehr spiritueller und persönlicher Reife ihren Lebensmittelpunkt ausmacht. Zentral ist der Glaube an eine „große Wirklichkeit": „Im Kern dieser Weltsicht steht die Korrespondenz, zwischen dem Absoluten, oder Gott, und dem eigentlichen Wesenskern des Menschen' (Keller 1987). Mensch, Natur und das unpersönlich vorgestellte Göttliche bilden ein Ganzes" (Knoblauch 1989: 507).

Einen weiteren zentralen Punkt im esoterischen Deutungsmuster macht der Ausschluss des Zufalls aus. Alles, was im individuellen Leben geschieht, wird als „Zeichen der Verbundenheit mit einer 'größeren' Wirklichkeit sowie einer von dort kommenden Führung" (Stenger 1998: 201) verstanden. Das Kontingenz- und Sinnproblem kann auf diese Weise erfolgreich behandelt werden, denn es gilt die Vorstellung: Alles was ist, ist zum einen genau so und nicht anders von der „großen Wirklichkeit" vorgesehen und zum anderen gut (auch eigentlich als negativ empfundene Erfahrungen), weil es dem persönlichen Wachstum dient. Innerhalb dieser Festlegung ist der Weltentwurf jedoch offen und unabgeschlossen. Neue Erfahrungen können in die Weltdeutung integriert werden, weil sie als Zeichen der Entwicklung nicht nur möglich sondern sogar wünschenswert sind. Auch unvorhergesehener Wandel wird niemals ausgeschlossen, was dieses Weltbild flexibel im Umgang mit Krisen macht. Diese Art von Weltdeutung weist zudem einen hohen (Selbst-)Reflexivitätsgrad auf, da alles, was geschieht, als Zeichen betrachtet wird und im Hinblick darauf interpretiert werden muss, was das Geschehene dem Esoteriker „sagen soll". Bei der

---

12 Dabei fällt auf, dass der Tod immer als konkretes Ereignis thematisiert, „geschildert" wird. Abstrakte Spekulationen über den Tod treten nicht auf. Dies scheint jedoch für alle Interviewten zu gelten, die bereits mit der Erfahrung des Todes eines signifikanten Anderen konfrontiert wurden, unabhängig von ihrem Deutungsmuster.

Interpretation ist er jedoch auf sich allein gestellt, was durchaus zu Zweifel, Kontingenzempfinden und dem Wunsch, etwas Handfestes zu haben, führen kann.

Im ganzheitlichen esoterischen Weltbild ist die Grenze zwischen Leben und Tod nicht klar zu ziehen. In einem ganzheitlichen Universum gibt es kein Außen, welches ein Innen transzendieren könnte. Genau in dieser betonten Ganzheitlichkeit kann jedoch ein Weg gesehen werden, die Transzendenz für die Immanenz zugänglich zu machen. Um den Kontakt mit dem Göttlichen herzustellen und damit die Transzendenz in die Immanenz zurückzuholen, bedarf es nämlich in erster Linie der Bewusstmachung der Überzeugung, alles sei vom Göttlichen durchdrungen und man sei Teil des Ganzen. Da jedoch im Alltag ein der Ganzheitlichkeit entsprechender Bewusstseinszustand nicht jederzeit aufrechterhaltbar ist, erfolgt der individuelle Zugang zum „großen Ganzen" über den Weg nach Innen: Meditation, aber zum Beispiel auch der Rückgriff auf bewusstseinserweiternde Drogen wie LSD und den Wirkstoff Psilocybin enthaltende Pilze, sind die dabei vorrangig angewandten Praktiken. Dabei wird ein Zustand erzeugt,

„als ob man irgendwie sich einloggt in so ne unterbewusste – ... ich weiß nicht, in den Urgrund allen Seins, und dann bist du mit einem Mal mit allem verbunden" (Herr Dormann).

Der Versuch der Auflösung der Grenze zwischen Immanenz und Transzendenz hat natürlich Auswirkungen auf die Grenzziehung zwischen Leben und Tod. So kann zum Beispiel ein esoterisches Weltbild mit einer Vorstellung von Reinkarnation einhergehen. Dabei gehört zu den wesentlichen Merkmalen des westlichen Reinkarnationsmodells unter anderem „die Hoffnung auf eine persönliche Fortexistenz nach dem Tod, denn die Einzelpersönlichkeit hat fundamentalen Wert" (Sachau 1998: 47). Die persönliche Identität wird damit sowohl für die Zukunft als auch für die Vergangenheit und die eigene Herkunft gesichert.

Doch auch die Bindung der Transzendenz an das Innen der eigenen Persönlichkeit gestaltet sich bei der Grenzziehung des Todes nicht problemlos. Dies geschieht etwa bei einem der Befragten, der eine explizite Trennung von Persönlichkeit und Seele vornimmt. Nur die Seele könne inkarniert werden, während die Persönlichkeit gleichsam diesseits der Grenze ende:

Herr Ermstein: Nicht mehr zu sein. Das ist für mich ne schreckliche Vorstellung.

AK: Wird das irgendwie dadurch abgemildert, dass du denkst, dass die Seele weiterexistiert?

Herr Ermstein: Nee. Weil, die Seele ist nicht meine Persönlichkeit. Und wenn ich von mir rede, dann rede ich von meiner Persönlichkeit und nicht von meiner Seele. Also die Seele ist wirklich was ganz anderes. Das bin nicht ich, das ist nur so wirklich die Essenz und wenn ich von mir rede, ist das meine Persönlichkeit. Und dass ich nicht existiere, das reflektiere ich ja und das reflektiert nicht meine Seele.

Die Vorstellung der Seele scheint hier der Absicherung zu dienen, dass nach dem eigenen Tod die Welt weiter besteht, dass es also ein absolutes Nichts nicht gibt. Die persönliche Unsterblichkeit des seiner selbst bewussten Subjekts leistet sie im vorliegenden Fall jedoch nicht. Die Angst vor dem Tod, die im Vergehen des individuellen Daseins besteht, wird dadurch nicht aufgelöst. Wenn diese jedoch nicht durch die transzendierenden Elemente des Deutungsmusters handhabbar gemacht werden kann, wie dann?

„Na ich stelle einfach fest, dass ich Angst habe, nicht zu existieren. Als Person heißt das ... geh damit... ach, leb dein Leben, versuche, damit umzugehen und du wirst sterben. Da führt kein Weg dran vorbei. Also hab keine Angst vor der Nicht-Existenz. Denn es lohnt nicht. Also man hat die Angst, aber man... man soll versuchen, sie vielleicht etwas zu ver- man sollte vielleicht sogar versuchen, sie zu verdrängen. ... (...) Weil guck mal, wenn du dein ganzes Leben lang rumläufst, mit der Angst, nicht zu existieren, wirst du wahnsinnig. Dann kannst du dich gleich... kannst du dich gleich in die Kiste legen. Also das ist... das bringt keine Punkte. Also da, dann konzentrierst du dein ganzes Wesen, deinen ganzen Gedankenfluss nur noch darauf, nicht zu existieren. Und damit schaffst du nichts. Und damit wird's dann gerade eintreten, dass du nicht existierst. (…) Man sollte sich damit auseinander setzen gedanklich, vielleicht erkennen, dass man diese Angst hat, (...) aber andererseits lohnt's nicht. So. Also Moment: es lohnt sich, sich damit auseinander zu setzen, aber man sollte dann doch den Schluss ziehen, dass es nicht so ... wichtig ist. Dass... man sollte seinen Tod vielleicht nicht so wichtig nehmen" (Herr Ermstein).

Dieser Vorgang der Entdramatisierung des eigenen Todes kann als Versuch gesehen werden, die Dissonanz, die zwischen der angenommenen Unhintergehbarkeit der individuellen Vergänglichkeit und der esoterischen Ich-Zentriertheit besteht, abzuschwächen. Diese Entdramatisierung zeigt sich ebenfalls hinsichtlich des Todes signifikanter Anderer:

A.K.: Wurdest du schon mal mit dem Tod konfrontiert?

Herr Ermstein: Mehrere Male, ja. Einer... ein Erlebnis war sehr schlimm, also da war ich noch Zivildienstleistender. Die Oma war gesund, gut drauf, hat mich einkaufen geschickt, Kaffee holen. Sie wollte mit mir... einfach nur Kaffee trinken, sich unterhalten und Kaffee und Kekse essen. Und sie hat ganz trockene Kekse irgendwie gehabt da. Und hat mich Kaffee noch schnell einkaufen geschickt. Und... als ich dann wiederkam, hatte sie sich am Keks verschluckt und war gerade erstickt. Und da hab ich den Notarzt gerufen. Der Notarzt hat versucht, sie wiederzubeleben, hat nicht geklappt. ... Also... is ganz krass gewesen. Die war halt gesund, ich bin einkaufen gegangen, bin wiedergekommen und sie war tot.

AK: Wie bist du damit umgegangen, als die Frau da gestorben ist?

Herr Ermstein: Gar nicht so richtig eigentlich. (...) Man geht einfach schlafen, und am nächsten Tag geht die Sonne wieder auf. ... Also die Erinnerung bleibt, weißte? Und man hat natürlich daran zu knabbern, aber ... ich hab jetzt nichts Besonderes gemacht. Ich hab nicht getrauert oder ... also ich bin zu ihrer, zu der Beerdigung gegangen, ich hab aber keinen Psychologen oder so aufgesucht. Also es ist nicht so, dass ich mir da Vorwürfe gemacht habe, weil ich wusste schon in dem Moment, dafür konnte ich nichts. Das war n Unfall halt einfach. Mein Opa hatte an dem Tag Geburtstag. Ich bin dann nach [Ort] gefahren, war fertig natürlich ... und dann hab ich mich aber einfach auf die Geburtstagsfeier meines Opas konzentriert, der 70 wurde. Wurde 70 an dem Tag, ja. Und, es war ne schöne Feier und ja, es ging weiter. Irgendwie. Mein Leben war nicht vorbei. Sie ist gestorben, nicht ich. Weißte? [...] In dem Moment hab ich angefangen, mir Gedanken drüber [über den Tod] zu machen. Bin aber, wie gesagt, zu dem Schluss gekommen, dass es ne Notwendigkeit ist.

Die Erfahrung des Todes eines anderen Menschen wird hier nicht durch eine transzendente Deutung aufgefangen, sondern wird auf eine eigenwillige Weise diesseitig interpretiert: als Zeichen für das eigene, diesseitige Leben – ein Zeichen, das noch weniger als eine Chiffre bleibt. Möglicherweise ist es auch die Ich-Zentriertheit, die den Tod des Anderen als Tod des Anderen weniger problematisch erscheinen lässt und stattdessen die notwendige Neuordnung des eigenen Lebens in den Mittelpunkt rückt.

## 2.3 Die Erfahrung des Todes – eingebettet in ein areligiöses Deutungsmuster[13]

Das areligiöse Deutungsmuster betrachtet den Tod als das unhintergehbare Ende des Lebens. Keine Persönlichkeit besteht weiter, die „Seele", sofern eine angenommen wird, endet hier, es gibt kein die diesseitige Materialität transzendierendes Jenseits. Was nach dem Tod „weiterlebt", sind chemische Elemente, weitergegebene Gene, Erinnerungen anderer Menschen. Werner Fuchs-Heinritz hat bereits 1969 das modern-rationale Todesbild wie folgt beschrieben: Der „Tod kommt aus natürlichen Ursachen, bedeutet Aufhören der biologischen Lebensprozesse, mit denen als ihrer Voraussetzung alle anderen Lebensprozesse gleichfalls enden. Was bleibt, ist ein Ding, eine Leiche" (Fuchs 1969: 71)[14]. Eine solche Deutung liege vor, wenn der Tod „abgeht von magisch-religiösen Projektionen und insofern er das Leben der Menschen begrenzt auf das, das sie in der Immanenz der Welt führen" (1969: 219).

Dass mit dem Tod die eigene Persönlichkeit zu existieren aufhört, scheint auf den ersten Blick auch nicht besonders zu erschrecken:

„Dann mach ich die Augen zu und schlafe ein. Ja, es ist so. Also was soll passieren? Also ... Irgendwann wird mein Körper zerfallen und das ist es dann" (Herr Fuhrmann).

Diese Ansicht besitzt definitive Gültigkeit und bedarf keiner weiteren Erklärung. Deswegen bliebe letztendlich nur die Akzeptanz dieser „Tatsache":

„… ja, wäre schade, ne? Wenn man... wenn ich jetzt sterben müsste, aber ich würde jetzt auch nicht unbedingt an Gott glauben dafür, also ... ich müsste es akzeptieren" (Herr Fuhrmann).

Die Akzeptanz bezüglich der Antizipation des eigenen Todes scheint mit einer gewissen Rat- und Sprachlosigkeit einherzugehen. Für das Andere des Lebens

---

13 Der Umstand, dass die Interviews in den neuen Bundesländern stattfanden, dürfte für die (keineswegs vollständige) Typologie insofern eine gewisse Bedeutung haben, als dass angesichts der starken Entchristianisierung Ostdeutschlands säkulare Deutungen hier in reineren, von christlich-religiösen Deutungen unabhängigeren Formen auftreten dürften als etwa in Westdeutschland.

14 Dabei lassen sich jedoch aus dem hier vorliegenden Interviewmaterial zwei unterschiedliche Darstellungsweisen herauslesen: eine, die dieses Todesbild als Wahrheit anerkennt und damit Eindeutigkeit produziert und eine zweite, die zwar ebenfalls mit diesem Todesbild die eigene Wirklichkeit interpretiert, gleichzeitig allerdings andere Möglichkeiten einräumt. Dabei wirkt diese Offenheit jedoch nicht weiter beunruhigend, da sie die eigene Weltdeutung nicht ernsthaft genug in Frage stellt.

gibt es hier offensichtlich keine Beschreibung. Um es beschreiben zu können, müsste man es kennen – was nicht der Fall ist, wenn das Andere des Lebens „nur" der Tod selbst ist. Ist bei der christlich-religiösen Vorstellung auf beiden Seiten der Grenze Leben, so ist hier konsequent ein Lebensende gedacht. Und wo kein Leben ist, kann keine Kommunikation stattfinden. Tod – und damit das jenseits der Grenze – bedeutet hier, nicht mehr zu sein. Dies läuft auf die sprachlose Kapitulation vor dem Paradox hinaus, sich Nichts vorstellen zu müssen. Eine Vorstellung ist eine Form, deren Inhalt etwas sein muss und widerspricht damit einem Inhalt, der nichts ist. In Bezug auf den eigenen Tod kommt hier die epikurische Formel zum Tragen: Wenn ich bin, ist der Tod nicht, und wenn der Tod ist, bin ich nicht. Es gibt kein Ego, was jenseits der Grenze gedacht werden könnte. Nur in zeitlichen, historischen, aber immer immanenten Ausmaßen lässt sich über das eigene Lebensende hinausdenken. Da die Welt aber aufgrund des Fehlens eines externen Referenzpunktes nur aus der Perspektive von Ego gedeutet werden kann, ist der Tod hier das nicht bestimmbare Andere. Allerdings zeigt sich trotzdem (oder möglicherweise gerade deshalb) eine gewisse Beunruhigung ob der eigenen Sterblichkeit:

AK: Hast du Angst vor'm Tod?

Herr Fuhrmann: Nee. Es kommt immer drauf an. Es gibt Situationen, wo ich denke „Hm, Mensch, ist mir doch scheißegal". Es gibt auch Situationen, wo man auch denkt ... wo man n bisschen ängstlicher ist oder wo ich n bisschen ängstlicher bin. Also kommt immer auf die Gefühlsschwankungen an. Also ganz, ganz genau wüsst ich's, glaub ich, erst, wenn ich direkt damit konfrontiert bin.

AK: Mhm.

Herr Fuhrmann: Kann ich so nicht sagen. Mal ja, mal nein. [...]

AK: Wovor hast du da Angst?

Herr Fuhrmann: Ja, dass man jetzt plötzlich weg ist. Dass man dieses ganze Schöne, was man erlebt hat, dann nicht mehr weiter erleben kann. Dass man nicht die Möglichkeit hat, das alles weiter zu genießen. Dass plötzlich Finito ist.

Da daran jedoch nichts geändert werden könne, müsse dieser Zustand ausgehalten und die zur Verfügung stehende Zeit sinnvoll genutzt werden. Der Gedanke an den Tod dient deshalb in erster Linie als Kontrollinstanz:

„[W]as wäre, wenn du jetzt plötzlich draufgehst? [...] Kannst du jetzt zufrieden sein?" (Herr Fuhrmann).

Eine sonstige gedankliche Beschäftigung mit dem Thema Tod wird für wenig sinnvoll gehalten:

„Ist ja doch ne Tatsache, die nicht unbedingt sehr schön ist oder sehr spannend ist. Für mich jedenfalls nicht. [...] Du machst dir auch über andere Sachen nicht andauernd Gedanken. Ne? Also ich hab's akzeptiert, dass man irgendwann sterben muss und dann ist es okay. Also das ist ... irgendwann wird's sein, also kann ich's auch rausschieben. Oder auch verdrängen. Aber ... was heißt verdrängen? Wenn du jeden Tag dran denken würdest, würdest du vielleicht bescheuert werden. Genauso, wie wenn du an andere Sachen jeden Tag dran denken würdest" (Herr Fuhrmann).

In der Konfrontation mit dem Tod Anderer zeigt sich dieselbe Nüchternheit und Sprachlosigkeit, die bereits im Umgang mit dem antizipierten eigenen Tod aufgetreten ist:

A.K.: Wurdest du schon mal mit dem Tod konfrontiert?

Herr Fuhrmann: (etwas zögerliches) Ja.

A.K.: Inwiefern?

Herr Fuhrmann: Also einmal n Verkehrsunfall, wo ich dabei war, wo n Freund von mir gestorben ist. War's noch irgendwo? Na, ja, meistens mit nem Auto so Sachen. Also auch bei nem Kumpel halt mitgefahren, mal kurz überschlagen, aber ist nichts weiter passiert. So ne Sachen.

AK: Warst du schon mal auf ner Beerdigung?

Herr Fuhrmann: Mhm.

AK: Wie hast du das empfunden?

Herr Fuhrmann: (Pause) Hm. Na ja, vielleicht n bisschen Betroffenheit, aber ist auch nicht ... auch nicht so zu traurig. Also das war n guter Freund, der beim Autounfall zum Beispiel ums Leben gekommen ist ... Und dann noch von meinem Opa, aber ansonsten. Ja, ... das ist nicht so super betroffen, weil das gehört zum Leben dazu, finde ich.[15]

AK: Als dein Freund damals bei dem Autounfall gestorben ist, oder auch als dein Opa gestorben ist, hat das irgendwie deine Einstellung zum Tod verändert?

Herr Fuhrmann: (überlegt) Ne. Absolut nicht.

AK: Hat dich das belastet (...), der Tod von deinem Freund?

Herr Fuhrmann: Ja... na ja, was heißt belastet? Na ja gut, ist schon ne Situation, mit der man erst mal umgehen muss, ne? Wenn man beim Autounfall halt dabei ist, dann ist man ja auch in dem Sinne selber betroffen, weil man hätte ja auch selber sterben können, klar. Also so abgebrüht ist, glaub ich, keiner.

AK: Das heißt, du hast mit im Auto gesessen?

Herr Fuhrmann: Ich hab erst in dem Auto gesessen, bin ausgestiegen und in ein anderes Auto eingestiegen. Also mich hätt's im schlimmsten Fall, wenn ich nicht umgestiegen wäre, selbst erwischt. Also war schon ne sehr nahe Todeserfahrung. (...) habe aber auch kein Problem, jetzt darüber zu reden oder mir das mal wieder in Erinnerung zu rufen.

AK: Wie hast du das für dich im Nachhinein verarbeitet?

Herr Fuhrmann: Na ja, es gehört nun mal dazu. Ich meine, das Sterben gehört dazu wie auch das Leben und das Geborenwerden und ja, kann halt passieren. Die einen eher, die anderen weniger [später]. Sterben Leute an Leukämie, an Krebs, an anderen Sachen.

Für den Interviewten gehört der Tod zum Leben dazu; jeder Todesfall lässt sich auf „reale" Ursachen zurückführen, die „halt passieren" können und keiner wei-

---

15 An dieser Stelle sollte jedoch erwähnt werden, dass der Interviewte durchaus sieht, dass für die Eltern seines verstorbenen Freundes die Situation weitaus schlimmer gewesen sein wird, denn „die haben natürlich ihr Kind verloren".

teren Begründung bedürfen. So sei der Lauf der Welt. Die Erfahrung, dass Menschen sterben, bestätigt diese Deutung. Da es keine Instanz gibt, die ein gutes, sinnhaftes Ganzes verspricht, steht die aufgrund des Verlusts empfundene Trauer mit keinem weiteren Deutungselement in Dissonanz. Eine durch die Todesfälle ausgelöste Kontingenzkrise wird nicht beschrieben. Es zeigt sich auch kein Wandel der Deutung. Das lässt den Schluss zu, dass das Deutungsmuster durch die Konfrontation mit dem Tod nicht ernstlich erschüttert wurde. Auffällig ist, dass es den Befragten weder besonders dringlich noch relevant erscheint, ihre Todeserfahrung zu kommunizieren. Für eine areligiöse Person gibt es scheinbar in der Konfrontation mit dem Tod nicht viel zu sagen. Auffällig ist auch, dass sich kaum Äußerungen finden lassen, die Rückschlüsse auf die Intensität des Verhältnisses zulassen. Die entsprechenden Aussagen sind nicht nur sehr kurz, sondern auch sehr nüchtern. Während die christlich-religiösen Interviewten eine Dissonanz zwischen Erfahrung und Deutung verspüren, die sie kommunikativ an die Deutung anpassen, haben wir es hier (möglicherweise durch die Interviewsituation etwas simplifiziert) mit einer Konsonanz zu tun: dem (aus der Sicht der anderen Weltansichten) Fehlen des Jenseits entspricht ein Fehlen der Kommunikation darüber.

Fassen wir diesen empirischen Teil zusammen, dann können wir sagen, dass es in Folge der Erfahrung des Todes eines anderen Menschen zu einem Abgleichen kommt von Wissen und Erfahrung. Dabei findet eine mehr oder weniger intensive Auseinandersetzung statt – sowohl mit der Erfahrung selbst als auch mit dem bereits existierenden generellen Wissen über den Tod. Hier findet ein Deutungsprozess statt, wobei in einem ersten Deutungsschritt das Erlebte „einsortiert" wird, so dass Auskunft darüber gegeben werden kann, wie „es sich anfühlt". Im Weiteren kann dieser Deutungsprozess, wie gezeigt, sehr unterschiedlich verlaufen. Im Falle des christlichen Deutungssystems ließ sich eine starke Dissonanz zwischen dem bestehenden Wissen und der tatsächlichen Erfahrung des Todes eines Anderen nachweisen, deren Aufhebung bzw. Abschwächung im Vergleich zum esoterischen und atheistischen Deutungssystem intensiver und langwieriger war. Während dieses Prozesses wurde versucht, Wissen und Erfahrung miteinander in Einklang zu bringen. Auffällig dabei war, dass die entscheidenden Elemente, mit Hilfe derer die Anpassung der widersprüchlichen Ebenen (Wissen und Erfahrung) vorgenommen wurde, nicht aus dem vorher existenten Wissensvorrat geschöpft wurden. Zentral scheint darüber hinaus die kommunikative Ebene zu sein: Gespräche mit Gleichgesinnten überbrücken die Zeit der Dissonanz, die scheinbar bereits durch die trostspendende Gemeinschaft abgeschwächt werden kann. Beim esoterischen Deutungssystem ließ sich erkennen, dass das Wissen über den Tod im Vorfeld der Erfahrung nur sehr implizit vorhanden war. Die Erfahrung ist hier erst der Auslöser für die bewusste Auseinandersetzung mit dem Tod überhaupt. Dabei wurde auffällig, dass die Erfahrung des Todes des Anderen auf einer rein immanenten Ebene bearbeitet wurde. Die Deutung der mittelbaren Todeserfahrung scheint von der religiösen Weltsicht hier vollkommen losgelöst zu sein. Zieht man die Beobach-

tung des nur implizit bestehenden Wissens über den Tod hinzu, stellt sich die
Frage, inwieweit eine esoterische Weltsicht (in ihrer möglichen Vielgestaltig-
keit und relativen Unbestimmtheit bzw. Offenheit) den Tod tatsächlich sinnhaft
integrieren kann. Zentral ist der erlebte Tod des Anderen nicht so sehr für das
eigene Weltbild, sondern eher für das Selbstbild. Es ist das Bewusstsein der
eigenen Sterblichkeit, das hier im Erlebnis des Todes des Anderen aufbricht.
Insofern wird die Erfahrung des Todes des Anderen als Zeichen für das eigene
Leben betrachtet. Auch hier ließ sich eine krisenhafte Dissonanz beobachten,
die jedoch im Vergleich zum christlichen Deutungssystem in abgeschwächter
Form kommuniziert wird. Dieser Versuch der Entdramatisierung wird im Falle
des atheistischen Deutungssystems noch gesteigert. Hier ist der Prozess der
Auseinandersetzung (bzw. die Kommunikation über diesen Prozess in der Interviewsituation) am schwächsten ausgeprägt. Das 'Wie?' der Auseinandersetzung
lässt sich kaum rekonstruieren. Das Wissen und die Erfahrung des Todes des
Anderen liegen hier am dichtesten beieinander, eine Destabilisierung lässt sich
nicht beobachten. Festzuhalten bleibt, dass das esoterische und das areligiöse
Deutungssystem im Deutungsprozess auf inhaltlicher Ebene kaum Unterschiede
aufweisen. Nur die Ausführung der Kommunikation ist im Falle der Esoterik
intensiver.

Am Anfang und Ende des Deutungsprozesses steht ein Deutungs'system',
im Rahmen dessen über den Tod dann kommuniziert werden kann. Möglicherweise lässt sich erst hier wirklich von einer „Erfahrung des Todes eines Anderen" sprechen. Dabei konnte festgestellt werden, dass nur die Christen über eine
symbolische Deutung der mittelbaren Todeserfahrung verfügen, die darüber
hinaus weitestgehend mit dem vor dem realen Erlebnis des Todes eines Anderen bestehenden Wissen übereinstimmt. Allerdings führte der Weg zur Aufrechterhaltung der symbolischen Deutung über nicht-symbolische (im Sinne
innerweltlicher) Elemente, die in den bestehenden Wissensvorrat aufgenommen
wurden. Im esoterischen Fall lässt sich aufgrund der Implizitheit des Wissens
über den Tod im Vorfeld des Erlebnisses keine genaue Auskunft darüber geben,
inwiefern das Wissen im Deutungsprozess abgewandelt wurde. Am ehesten
ließe sich sagen, dass ein Deutungssystem hier mit der Erfahrung einhergeht,
also durch das Erlebnis entsteht. Im Grunde unterscheidet sich dieses Deutungssystem (trotz einer religiösen Weltsicht) allerdings inhaltlich kaum vom atheistischen. Die Vorstellung einer Seele ist zwar vorhanden, sie könnte einer Aufrechterhaltung der Verbindung zwischen Ich und Welt dienen, gleichzeitig wird
ihr jedoch der persönliche Charakter abgesprochen. Und obwohl im Deutungssystem vorhanden, ist sie für den Deutungsprozess nicht nur peripher – es wird
gar nicht auf sie zurückgegriffen. Von diesem einen transzendenten Element
abgesehen wird der Tod wie im atheistischen Fall rein immanent gedeutet. Menschen sterben – das ist zwar traurig (und man darf dann auch traurig sein), aber
nicht zu ändern. Trost (falls dieses Wort hier angebracht ist) spendet dieses
Deutungssystem nur insofern, als dass es „nun mal so ist" – wogegen es bei den
Christen heißt „Amen" – so sei es.

## 3. Die Grenze zum Tod ist die Grenze zum Anderen

Wie wir einleitend schon aufzeigten, ist die Frage, wie Menschen den Tod von Mitmenschen erfahren und deuten, sicherlich nur eine Facette der menschlichen Sisyphusarbeit am Tod. Dennoch handelt es sich hier keineswegs um eine randständige Facette. Denn spätestens mit dieser Erfahrung stellt sich für uns alle auch die Frage nach unserem eigenen Tod. Weil wir nun den eigenen Tod im Leben sozusagen „bestenfalls" auf gleichsam ekstatische Weise erleben, ist der Tod der Anderen die Form, in der wir den Tod im Leben am unmittelbarsten erfahren. *Deswegen kann man sagen, dass sich für jeden einzelnen von uns die Grenze des Todes im Leben sich in diesem Sterben und Tod des Anderen zeigt.* Das ist schon deswegen deutlich, weil Sterben und Tod von Anderen die Differenz zum Anderen erst recht als Grenze, eben als letzte Grenze erscheinen lässt: Interaktionen können nicht mehr fortgeführt, Handlungen nicht mehr abgeschlossen, Erinnerungen nicht mehr geteilt werden.[16] In der Lebenswelt verläuft also die Grenze des Todes an der Scheidelinie von Ego zum toten Alter. Diese Scheidelinie mag sich zwar lebensweltlich sehr unterschiedlich ausprägen: Wir können den Tod von Alter nur als Schwund einer Interaktionsmöglichkeit wahrnehmen, wir können den Tod als einen Raub der anderen Person erfahren, wir können den Tod gleichsam emphatisch (und entsprechend ekstatisch) „miterleben". Wie wir gesehen haben, können wir den so mittelbar erfahrenen Tod auch sehr unterschiedlich deuten: Er mag unseren Alltag und seine Ordnung nur leicht irritieren, er kann ihn aber auch so grundlegend erschüttern, dass unser Deutungssystem ins Wanken gerät. Wie auch immer der Tod erfahren und gedeutet wird, so scheint es doch, dass wir den Tod des Anderen als „den" Tod" nehmen (müssen), der uns Vorbild für unseren eigenen Tod ist. *Die Differenz von eigenem Leben und Tod, so könnte man sagen, verwandeln wir uns als Differenz von (totem) Alter und Ego an.* Was immer wir also über den eigenen Tod wissen können, ist wesentlich von einem anderen Tod geprägt, der gleichsam auf der anderen Seite der Intersubjektivität mit einer leiblich völlig anderen Perspektive stattfindet: Wir erfahren etwas mittelbar, was jemand anderer aus einer ganz anderen Perspektive höchst unmittelbar erfährt und erleidet. Diese uneinholbare Perspektivendifferenz mag der Grund für die lange Debatte darüber sein, ob denn der Tod eine gleichsam in den Menschen eingeschriebene Erfahrung ist oder ob wir es beim Tod mit einem erst im Laufe der Zeit erworbenen Wissen zu tun haben. Denn weil wir den eigenen Tod selbst gar nie als Evidenz anführen können, reden wir eigentlich nur immer über Erfahrungen mit dem Tod anderer – wir vermischen also Erfahrungen und vermitteltes Wissen. Weil diese Perspektivendifferenz lebensweltlich als deutliche Grenze erscheint,

---

16 Erst so kann die Alterität des Anderen, die im Leben als Ressource für soziales Handeln und Kommunikation dient, zur Alienetät werden, zu einer Fremdheit, die das Andere jenseits einer Grenze des Mit-mir-Ähnlichen ansiedelt. Vgl. dazu auch Knoblauch/Schnettler 2004.

die ein nicht mehr Veränderliches markiert (also die Idealisierungen des „Ich-kann-immer-wieder", „und-so-weiter" außer Kraft setzt), dient sie offenbar als ein Modell für unsere Vorstellungen von der Grenze zwischen Leben und Tod, mit der nicht die Anderen, sondern wir selbst konfrontiert werden. In der Tat kann man die kulturellen Elaborationen, die mit dem Tod Anderer verbunden sind, von Jesu' Tod in der evangelischen Überlieferung über Mozarts Requiem bis zu den großen Staatsbegräbnissen als Weisen betrachten, wie wir die Grenze zum Anderen zum Ausgangspunkt für das Verständnis auch des eigenen Todes nutzen. (Ein Tod, dem vermutlich wenig vom Pathos des kulturellen Umgangs mit dem Tod anhängen wird.) Diese Übertragung der Differenz zwischen Ego und Alter auf die Differenz zwischen (eigenem) Leben und Tod ist auch die Basis für religiöse Ritualisierungen und Kodierungen. Die Passageriten des Verlassens spiegeln die des Sterbens wider, die Begegnung mit dem Anderen die der Rede mit den Toten am Grab. Sogar die klarste religiöse Kodierung einer Grenze, die Differenz zwischen dem Sakralen und dem Profanen, ist, wenn man Durkheim glauben darf, nach dem Modell der Grenze zwischen dem Individuum und dem Sozialen als dem kollektiven Anderen gebaut. Was immer die Grenze zum Tod also sein mag, im Leben erscheint sie als eine Übertragung der Grenze zwischen den Menschen.

## Literatur

Ariès, Philippe, 1976: Studien zur Geschichte des Todes im Abendland. München: Carl Hanser GmbH.

Berger, Peter L. & Luckmann, Thomas, 1969: Die gesellschaftliche Konstruktion der Wirklichkeit. Frankfurt/M.: Fischer.

Berger, Peter L., 1973: Zur Dialektik von Religion und Gesellschaft. Frankfurt/M.: Fischer.

Deutsche Shell (Hg.), 2000: Jugend 2000. 13. Shell-Jugend-Studie. Bd. 1. Opladen: Leske + Budrich.

Ebertz, Michael N., 2000: „Konfessionalisierung, Entkonfessionalisierung und Rekonfessionalisierung. In: Horstmann, J. (Hg.), Katholisch, evangelisch oder nichts? Konfessionslose in Deutschland. Schwerte: Katholische Akademie, S. 81-102.

Feldmann, Klaus, 1997: Sterben und Tod. Sozialwissenschaftliche Theorien und Forschungsergebnisse. Opladen: Leske + Budrich.

Fuchs, Werner, 1969: Todesbilder in der modernen Gesellschaft. Frankfurt/M.: Suhrkamp.

Golsworthy, Richard & Coyle, Adrian, 1999: Spiritual beliefs and the search for meaning among older adults following partner loss. In: Mortality, 4, S. 21-40.

Hahn, Alois, 1968: Einstellungen zum Tod und ihre soziale Bedingtheit. Stuttgart: Enke.

Hahn, Alois, 2000: Konstruktionen des Selbst, der Welt und der Geschichte. Aufsätze zur Kultursoziologie. Frankfurt/M.: Suhrkamp.

Hahn, Alois, 2002: Tod und Weiterleben in vergleichender soziologischer Sicht. In: Assmann, J. & Trauzettel, R. (Hg.), Tod, Jenseits und Identität. Perspektiven einer kulturwissenschaftlichen Thanatologie. Veröffentlichungen des Instituts für Historische Anthropologie e.V., Bd.7. Freiburg: S. 575-586.

Heidegger, Martin, 1972: Sein und Zeit. Tübingen: Niemeyer.

Helle, Horst J., 1997: Religionssoziologie. Entwicklungen der Vorstellungen vom Heiligen. München: Oldenbourg.

Keller, Carl-A., 1987: Christliche Gnosis und Gnosisversuche der Neuzeit. Was ist Erkenntnis? In: Eggenberger, O. et al., New Age – aus christlicher Sicht. Freiburg/CH: Paulus Verlag, S. 51-94.

Knoblauch, Hubert, 1998: Das unsichtbare neue Zeitalter. „New Age", privatisierte Religion und kultisches Milieu. In: Kölner Zeitschrift für Soziologie und Sozialpsychologie, 41, S. 504-525.

Knoblauch, Hubert, Krech, Volkhard & Wohlrab-Sahr, Monika (Hg.), 1998: Religiöse Konversion: systematische und fallorientierte Studien in soziologischer Perspektive. Konstanz: UVK.

Knoblauch, Hubert, 1999: Berichte aus dem Jenseits. Mythos und Realität der Nahtoderfahrung. Freiburg: Herder.

Knoblauch, Hubert & Schnettler, Bernt, 2004: „Postsozialität", Alterität und Alienetät. In: Schetsche, M. (Hg.), Der maximal Fremde. Begegnungen mit dem Nichtmenschlichen und die Grenzen des Verstehens. Würzburg: Ergon, S. 23-42.

Knoblauch, Hubert & Zingerle, Arnold (Hg.), 2005: Thanatosoziologie. Tod, Hospiz und die Institutionalisierung des Sterbens. Berlin: Duncker und Humblot.

Lang, Bernhard & McDannell, Colleen, 1990: Der Himmel. Eine Kulturgeschichte des ewigen Lebens. Frankfurt/M.: Suhrkamp.

Lang, Bernhard, 2003: Himmel und Hölle. Jenseitsglaube von der Antike bis heute. München: Beck.

Minois, Georges, 1994: Die Hölle. Zur Geschichte einer Fiktion. München: Beck.

Nassehi, Armin, 2001: Ist mit dem Tod alles aus? Das 'Jenseits der Gesellschaft' aus der Sicht eines Soziologen. Vortrag vor der Katholischen Akademie in Bayern. München, 27. April 2001.

Nassehi, Armin & Saake, Irmhild, 2004: Die Religiosität religiöser Erfahrung. Ein systemtheoretischer Kommentar zum religionssoziologischen Subjektivismus. In: Pastoraltheologie, 93, S. 64-81.

Sachau, Rüdiger, 1996: Westliche Reinkarnationsvorstellungen. Gütersloh: Gütersloher Verlagshaus.

Sachau, Rüdiger, 1998: Weiterleben nach dem Tod? Warum immer mehr Menschen an Reinkarnation glauben. Gütersloh: Gütersloher Verlagshaus.

Sawicki, Diethard, 2002: Leben mit den Toten. Geisterglaube und die Entstehung des Spiritismus in Deutschland 1770-1900. Paderborn: Schöningh.

Scheler, Max, 1933: Tod und Fortleben. In: Schriften aus dem Nachlass, Band 1. München.

Schütz, Alfred, 1991: Der sinnhafte Aufbau der sozialen Welt. Frankfurt/M.: Suhrkamp.

Schütz, Alfred & Luckmann, Thomas, 1979/1984: Strukturen der Lebenswelt I und II. Frankfurt/M.: Suhrkamp.

Stenger, Horst, 1998: Höher, reifer, ganz bei sich. Konversionsdarstellungen und Konversionsbedingungen im „New Age". In: Knoblauch, H., Krech, V. & Wohlrab-Sahr, M. (Hg.), Religiöse Konversion: systematische und fallorientierte Studien in soziologischer Perspektive. Konstanz: UVK, S. 195-222.

Terwey, Michael, 1998: Glaube an ein Leben nach dem Tod. In: Pollack, D., Borowik, I. & Jagodzinski, W. (Hg.), Religiöser Wandel in den postkommunistischen Ländern Ost- und Mitteleuropas. Würzburg: Ergon, S. 179-206.

Vovelle, Michel, 1978: Die Einstellungen zum Tode: Methodenprobleme, Ansätze, unterschiedliche Interpretationen. In: Imhof, A. E. (Hg.), Biologie des Menschen in der Geschichte. Stuttgart: Frommann-Holzboog, S. 174-197.

Wittkowski, Joachim, 1990: Psychologie des Todes. Darmstadt: Wissenschaftliche Buchgesellschaft.

# Todesexperten

*Armin Nassehi*

## 1. Die Immanenz der Transzendenz

Dass dem Tod ein Geheimnis eingeschrieben ist, gilt als ausgemacht. Seine philosophische, seine literarische und seine religiöse Reflexion gewinnt *Bedeutung*, also anschlussfähige *Form* der Kommunikation dadurch, dass man einerseits betonen kann, über den Tod lasse sich nichts sagen, dass man andererseits aber exakt das tut. Mit dem Tod ist letztlich keine Erfahrung zu machen, deshalb zieht er letztlich die Metapher des Geheimnisses, des Uneindeutigen, des Unsichtbaren und des Verhüllten an – und gerade weil er aufgrund mangelnder empirischer Erfahrbarkeit uneindeutig bleibt, bleiben muss, zieht er kulturelle *Eindeutigkeiten* geradezu an. Insofern kommt keine religiöse Sinngebung ohne eine Sinngebung des Todes aus – denn darin kulminiert die gesellschaftliche Funktion des Religiösen wie in einem Brennglas: die Unbestimmtheit der Welt unter Rekurs auf ihre Unbestimmtheit in Bestimmtheit zu überführen. Das Medium des Religiösen, der Glaube, generiert Formen von Eindeutigkeit, die sich gerade der Uneindeutigkeit ihrer Quelle verdanken. *Empirisch* wird dann das Glauben selbst, nicht das Geglaubte. Und die Empirie des Glaubens ist dann der Hinweis auf eine Immanenz, die sich nur dadurch stabilisieren kann, dass sie auf Transzendenz, auf Unempirisches verweist. Und dass diese Transzendenz heute vielleicht von einem *äußeren* Jenseits der Welten in das *innere* Jenseits des Subjekts verpflanzt wird, macht darauf aufmerksam, wie immanent alle Transzendenz daherkommt.

Keine Sorge: Ich werde nun nicht theologisch weiterräsonieren – obwohl Theologen hier geradezu soziologisch weiterzudenken pflegen und – zumindest für den christlichen Fall – die Menschwerdung Gottes in Jesus, dem Gesalbten, als Bürgschaft für die Immanenz der Transzendenz anführen und damit die Transzendenz in die Schleiermachersche *innere Unendlichkeit* des authentischen Subjekts einpflanzen, das, an den Entzweiungen der Moderne wie an den Entzweiungen seiner selbst leidend, sich unverfügbar bleibt und daraus dann die Verfügbarkeit über das innere Geheimnis und den Terror des Authentischen deduzieren kann.

## 2. Der geschwätzige und paradoxe Tod

Genau besehen, verweist der Tod auf radikale Immanenz: Am Tod kann man viel genauer besichtigen als an den meisten anderen Themen, dass wir radikal gefangen sind in unseren kulturellen Zeichenuniversen. Im Tod kulminiert die Erfahrung, dass wir keinen anderen Zugang zur Welt haben, als es unser jeweiliger sprachlicher, kultureller, gesellschaftlicher Zugang ermöglicht. Man kann das zeichentheoretisch ausdrücken: Das Bezeichnete lässt sich außerhalb der Bezeichnung nicht bezeichnen, keine Erfahrung außerhalb der Erfahrung machen, nicht außerhalb der Sprache sprechen. Oder religiös ausgedrückt: Auch das Transzendente lässt sich nur aus der Perspektive unserer jeweiligen Immanenz beobachten, und alle Religion und Theologie hat exakt mit diesem Problem zu tun: als Endliche übers Unendliche, als Sterbliche über den Tod, als Geschöpfe über die Schöpfung zu reden. Um nicht falsch verstanden zu werden: Ich simuliere hier keine soziologische Theologie – nichts läge mir ferner. Ich will vielmehr auf ein merkwürdiges epistemologisches Problem aufmerksam machen: Der Tod entzieht sich jeglicher Erfahrung, und gerade deshalb will der Tod bezeichnet werden, erscheint er als eine *Spur*. Die Nichterfahrbarkeit des Todes hat eben nicht Sprachlosigkeit zur Folge, sondern das Gegenteil: Seine Nichterfahrbarkeit entfesselt Kommunikation, zwingt uns dazu, sprachliche Sinn-Universen zu errichten und jener *Spur* zu folgen, die am Ende dann doch nur auf sich selbst verweist, nicht auf den Tod selbst. Der Tod, von dem hier aus soziologischer Perspektive die Rede sein soll, ist also schon in einem epistemologisch fundierten Sinne stets „Tod der Gesellschaft", Spur eben, radikale Selbstreferenz, dessen Derridasche *différance* hier in geradezu handgreiflicher Weise unüberwindbar erscheint. Und zugleich entfaltet das Zeichenuniversum, seine dynamische Geschlossenheit das, was Derrida seine *metaphysische Komplizenschaft* nennt, die noch unsichtbar macht, was sie zu verdecken sucht. Vielleicht ist das eine erste Erklärung für die Reichhaltigkeit der kulturellen Formen, die nichts anderes zum Ziel haben, als den Tod irgendwie kommunizierbar zu machen – und das gilt sowohl für religiöse und kosmologische Ideen als auch für den alltäglichen Umgang mit der merkwürdigen Erfahrung, dass Welt und Gesellschaft ziemlich gelassen kontinuieren, obwohl ihr Personal in regelmäßigen Abständen vernichtet und erneuert wird. Es ist vielleicht diese Kränkung, oder genauer gesagt: diese radikale Diskontinuitätserfahrung, die fast alle weltgeschichtlich bekannten Kulturen dazu gebracht hat, in ihren zentralen Sinngebungen der Welt eine Kontinuität des menschlichen Lebens über die je konkrete innerweltliche Existenz hinaus anzunehmen (vgl. Berger/Luckmann 1970: 108; Hahn 2000). Die kulturellen Formen dafür sind vielfältig und kaum zu überblicken, und ihre jeweilige kulturelle Funktion nicht auf einen Begriff zu bringen. All diese religiösen, kosmologischen und alltagspraktischen Formen, deren kulturelle Relativitäten auf spezielle gesellschaftlich-strukturelle Bezugsprobleme zurückführbar sind, eint das Grundverständnis, die Diskontinuität des individuellen Lebens mit der Kontinuität der Welt zu versöhnen oder zumindest zu vermitteln – und damit das Unerfahrbare kulturell erfahrbar zu machen.

Wir kommen nicht anders an den Tod heran als mit Kommunikation und noch mehr Kommunikation. Insofern ist der Tod vor allem dies: *geschwätzig und paradox* (vgl. dazu und zum Folgenden Nassehi 2003: 290ff.). Er ist *geschwätzig*, weil wir ihn nicht unmittelbar besichtigen können, ihn nicht zum Objekt von Beobachtungen machen können. Deshalb müssen wir ihm Kommunikation widmen, ihn deuten und verstehen. Und von dieser Möglichkeit haben bis heute alle uns bekannten menschlichen Kulturen einen unübertroffen vielfältigen Gebrauch gemacht. Um Missverständnissen vorzubeugen: Auch andere Beobachtungsobjekte sind nicht unmittelbar, sondern nur per Beobachtung zugänglich. Aber beim Tod lässt sich das Gegenteil nicht einmal simulieren. *Paradox* ist der Tod also, weil wir damit eine Erfahrung simulieren, mit der sich eben keine Erfahrung machen lässt. Der Transzendenzgenerator Tod entpuppt sich also als einer der stärksten Hinweise auf die Immanenz und Selbstreferenz gesellschaftlicher Sinn- und Verweisungszusammenhänge. Und hier erst fängt die soziologische Arbeit des Begriffs an.

Die frühe, die klassische Soziologie schließt hier in kontinuierlicher Tradition an die europäische Geistesgeschichte an. Spätestens mit der Umstellung des ontologischen Denkens auf Bewusstseinsphilosophie im frühmodernen philosophischen Denken gerät auch der Tod, vormals ontologisches Ordnungsproblem jenseits individueller Überspanntheit, in den Verdacht, eine individuelle Spur zu sein, ein „Lebensquell", wie es bei Goethe heißt, dem man durch Introspektion eine Bedeutung abringen kann. Geistesgeschichtlich lässt sich von einer „Verinnerlichung der individuellen Todeserfahrung" sprechen – bei Kant noch im Sinne einer bloß denknotwendigen Bedingung zur „Erreichung des Endzwecks der Natur" (Kant 1983: 254), ein halbes Jahrhundert später dann mit dem Höhepunkt Sören Kierkegaards als geradezu einzigem Bedeutungsgenerator für das ernste protestantische Subjekt. Vielleicht war Hegels große Geste, im bürgerlichen Staat mit dem Anspruch, das Leben der Rekruten als Götzendienst nehmen zu dürfen, die letzte Philosophie, die die Negation des Lebens dialektisch in der Negation des Negativen aufhob. Bei Kierkegaard wandert diese Dialektik dann endgültig in die Wahrheit der Unwahrheit des Subjekts ein, wie es in der „Unwissenschaftlichen Nachschrift zu den Philosophischen Brocken" heißt (vgl. Kierkegaard 1957: 198). Und mit der Hegelei konnte man dann nur noch den Nationalstaat und das Volk ohne Raum erlösen, aber nicht mehr die sterblichen Einzelnen.

Das Erbe der europäischen Geistesgeschichte des Todes lässt diesen unwiederbringlich in die Innerlichkeit des Subjekts, des ernsten, authentischen Menschen, der Existenz oder des Individuums migrieren, und die frühe Soziologie hat sich dieses Erbes nahtlos angenommen und es bis heute tradiert (vgl. Nassehi/Weber 1989: 145ff.). Es ist dies das soziologische Denkmotiv, dass die moderne Gesellschaft für dieser Art Reflexion auf die Gesamtheit individueller Reflexionsarbeit keinen gesellschaftlichen Ort mehr kennt, an dem dies kulturell abgestützt wird. Folge ist eine kulturkritische Klage darüber, dass die moderne Gesellschaft in der „offenbaren Sinnlosigkeit des Todes, welcher gerade unter den Bedingungen der 'Kultur', der Sinnlosigkeit des Lebens erst den endgültigen Akzent aufzuprägen" (Weber 1972: 569) scheint, zu sich selbst kommt, um es mit den Worten Max Webers zu formulieren, die für mehrere Generationen sozialwissenschaftlicher Intelligenz formbildend waren. Das „mannhafte Aushalten des Kampfes der Götter" und der widerstreitenden Dämonen ohne die Hoffnung auf inner- oder außerweltliche Erlösung ist jenes Los, das die Todesverinnerlichung der modernen Kultur ausmacht. Georg Simmel hat daraus sogar eine Unsterblichkeitstheorie abgeleitet, ähnlich dem Kantischen Postulat der Unsterblichkeit als Bedingung der Erreichung des Endzwecks der Natur, nun aber versehen mit der *soziologischen* Begründung, dass das Ich erst ganz ohne die letztlich bedeutungslosen Bezüge der Kultur ganz es selbst sein könne (vgl. Simmel 1984). Dabei eignet der These von der Verdrängung oder Invisibilisierung des Todes in der sozialen Welt in dieser modernitätskritischen Variante eine eigentümliche Paradoxie. Denn gesellschaftstheoretisch betrachtet, ist gerade die individualistische, auf Lebensbilanz und biographische Konsistenz, auf Versöhnung und Selbsterforschung zielende Form der individuellen Sinngebung des Todes eine unmittelbare *Folge* jener Umstellung der Gesellschaftsstruktur auf funktionale Differenzierung, die das unverwechselbare Individuum erst hervortreten lässt und dem der Rest der Welt aus seiner *exklusionsindividualisierten* Position als existentiell unwesentlich, uneigentlich und letztlich bedeutungslos für die „letzten Dinge" bleibt. Die Paradoxie besteht darin, dass die radikale Diskrepanz zwischen Individuum und Gesellschaft, die Erfahrung, *Exklusionsindividualität*, wenn man so will: Mensch schlechthin zu sein, erst in dem Moment eine bestimmte Form des Leidens an der Welt privilegiert und prämiiert, in dem die so angeklagte soziale Welt dies ermöglicht. Was hier als letztlich anthropologisches Modell hervortritt, als Generalisierung bürgerlicher Subjektivität, die noch in den aktuellsten Varianten einer soziologischen Ideologie der „Individualisierung" zum Ausdruck kommt, erschien dem abendländischen Denken lange als Grundlage der Humanitas schlechthin – aber ist das auch wirklich soziologiefähig?

## 3. Zur Kritik der subjektorientierten Soziologie

Was den Tod angeht, wird offenbar allein jene Form von Thematisierung als angemessen angesehen, die so etwas wie Lebensbilanzen, Gesamtschauen, die Aufhebung des biographisch Entzweiten, die konsistente Beschreibbarkeit des eigenen Lebens als einzige akzeptierbare Perspektive durchgehen lässt, die vor jenem Geheimnis Bestand haben kann und auf angemessener Augenhöhe operiert. Es ist dies der paradigmatische Fall des *exklusionsindividualisierten* Bürgers, der die Einheit seiner selbst gewissermaßen *neben* dem Getriebe der Welt entfaltet und hier jenen Ort findet, an dem sich die Einheit des Individuums herstellt. Es ist dies – bei aller Plausibilität der strukturellen Positionierung von Individualität in der modernen Gesellschaft – sicher auch eine Karikatur des selbstdistanzierten, differenzierten, protestantisch sich in sich selbst suchenden bürgerlichen Individuums, das in der Kultivierung einer die Widersprüche der Welt in sich aufhebenden Selbstbeschreibung zu sich selbst kommt und die Multiinklusion in unterschiedliche Funktions- und Organisationssysteme biographisch zu einer Einheit zu bringen vermag – oder eben unter der Unversöhnlichkeit des Unversöhnlichen leidet und dann im Leiden an der Unversöhnlichkeit des von der Mode(rne) streng Geteilten seine Einheit findet. Dies ist eine alteuropäische Denkfigur, die selbst dem stets über Alteuropa spottenden Luhmann bisweilen von der Deskription zur Präskription gerät (vgl. dazu Nassehi 2003: 89ff.).[1]

Und selbst wo die Diagnose der „Verdrängung" oder „Tabuisierung" des Todes nicht mehr in den versöhnten Zustand der westlichen Moderne passt, lebt sie in der soziologischen Standarddiagnose der „Privatisierung" und „Individualisierung" des Todes bzw. der Todeserfahrung nach – eine Diagnose, die sich bei Peter Berger und Thomas Luckmann (1970) unter Hinweis auf den Verlust „symbolischer Sinnwelten" ebenso finden lässt wie bei Alois Hahns (2000) Rekonstruktion der Selbstbeschreibung moderner Individuen, ebenso in Großbritannien in den Beiträgen Philip Mellors (1993) oder in den Untersuchungen von Hubert Knoblauch über Todesnäheerfahrungen (Knoblauch/Soeffner 1999). Die philosophische *Verinnerlichung der Todeserfahrung* verwandelt sich zu einem gesellschaftlichen *Verbindlichkeits- und Sichtbarkeitsverlust* des Todes – und gebaut sind diese Diagnosen letztlich mit den Stilmitteln einer *subjektorientierten Soziologie*. Damit wird der einzelne zum Experten seiner selbst gekürt, zum Todesexperten seiner selbst. Das soziologische Räsonement löst sich auf in den Glauben an die Authentizität des exklusionsindividualisierten Sprechers, dem man dann sogar authentische Daten entlocken kann, in denen man die Gesellschaft zu sehen glaubt. So gesehen ist die Soziologie viel theologischer, als es zunächst den Anschein hat. War dort die Inkarnation Gottes in dem Menschen Jesus die Bürgschaft für die Authentizität der guten Botschaft, ist es hier die Inkarnation der Gesellschaft im Empfinden des Subjekts, vor dem man methodologisch und empirisch in Würde erstarrt. Dass gerade der Topos *Tod* eine *subjektorientierte Soziologie* geradezu anzieht, ist also kein Zufall. Und dass die Routinen professioneller Todesexperten vor diesem Hintergrund als zwar bisweilen unvermeidliche, aber letztlich uneigentliche Thematisierungsform erscheinen, ist nicht weiter erstaunlich.

Ich werde hier nicht weiter problematisieren, dass ich schon den Ausdruck einer *subjektorientierten Soziologie* für eine *contradictio in adiecto* halte, weil sie auf eine Art soziologischer Vergessenheit der Entstehungsbedingungen soziologischen Denkens aufmerksam macht (vgl. dazu ausführlich Nassehi 2006: 69ff.). Mit Foucault könnte man dies die Frage des Subjekts als primärem *constitutum* und erst sekundärem *constituens* nennen – aber all das würde hier zu weit führen. Ich will nur darauf aufmerksam machen, dass eine dieser Art

---

1 Noch meine eigene (vgl. Nassehi/Weber 1989) These von der „Verdrängung des Todes", die explizit versucht hatte, jegliche kulturkritische Attitüde in dem klassischen Sinne fahren zu lassen, zehrt von der bürgerlichen Unterstellung des exklusionsindividualisierten Menschen, der sein Leben biographisch zu einer Einheit zu bringen habe, vor der allein der Tod angemessen ausgedrückt werden kann. Wiewohl an der Diagnose des damaligen Buches kaum etwas zurück zu nehmen ist, so würde man heute wohl besser auf den Begriff der Verdrängung für das Diagnostizierte verzichten.

formierte Soziologie offensichtlich keinen Sinn für das Problem der gesellschaftlichen Ordnung hat, weil sie gesellschaftliche Ordnung immer schon voraussetzt und dann vom *subjektorientierten Blick* auf einen *subjektorientierten
Gegenstand* schließt. Ich plädiere deshalb stark für einen *empirischen* Blick mit
*gesellschaftstheoretischen* Augen. Vielen mag das wiederum als eine *contradictio* erscheinen – was freilich mehr Symptom ist als Diagnose.

## 4. Die funktionale Differenzierung der Thematisierung des Todes

Zunächst möchte ich den banalen empirischen Tatbestand erwähnen, dass sich
in der modernen Gesellschaft die Thematisierung des Todes und seiner semanti-
schen und praktischen Derivate keineswegs auf *subjektorientierte, authentische*
Kommunikation beschränkt. Der Tod ist Kommunikationsthema aller Funktionssysteme, und Praktiken in all diesen Systemen schließen auch Thanatoprak-
tiken ein – was darauf verweist, dass sich offenbar auch die Thematisierung des
Todes der primären Differenzierungsform der Gesellschaft fügt. Auszugehen ist
also von einer *funktionalen Differenzierung der Thematisierung des Todes* (vgl.
dazu Nassehi/Saake 2005; Schneider 2005). Funktionale Differenzierung bedeutet explizit nicht Arbeitsteilung oder Entfaltung eines als funktional notwendig
erachteten Funktionensets zur Bestandserhaltung der Gesamtgesellschaft. Funktionale Differenzierung meint auch nicht Ausdifferenzierung von Institutionen
und Organisationen, sondern lediglich die historisch kontingente Entstehung
symbolisch generalisierter Kommunikationsmedien, die die Annahmewahrscheinlichkeit für *bestimmte* Kommunikationsprozesse erhöhen und damit Sys-
tembildung in Gang setzen (vgl. Nassehi 2004). Ich will dies kurz in vier Punk-
ten zusammenfassen: *Erstens* ist zu betonen, dass Funktionssysteme letztlich
keine „Adressen" sind, keine Akteursfiktionen oder irgendwie zentralisierte
Einheiten, die mit einer Stimme sprechen. Diese Systeme sind lediglich kommunikativ geschlossene Einheiten, in denen alles, was ökonomisch, rechtlich,
politisch, wissenschaftlich, künstlerisch, medizinisch oder religiös geschieht,
zunehmend abstrakteren Codierungen folgt, dabei aber eine ungeheure Variati-
onsbreite aufweist. *Zweitens* sind Funktionssysteme keineswegs „unabhängig"
voneinander oder autonom in dem Sinne, dass sie tun und lassen können, was
sie wollen. Abgesehen davon, dass Funktionssysteme nichts *wollen* können,
sind sie radikal aufeinander bezogen, strukturell gekoppelt und in ihrer Struk-
turbildung aufeinander angewiesen. Das streng systemtheoretische und operati-
ve Design dieser Theorie besagt lediglich, dass es keinen Ort außerhalb dieser
Systeme gibt, von dem sie koordiniert werden könnten. All dies muss je in
Echtzeit geschehen und erweist sich je im Nachhinein als gelungen oder nicht,
und das wiederum aus unterschiedlichen Perspektiven je unterschiedlich. *Drittens* sind die Funktionssysteme nicht mit Organisationen zu verwechseln. Erst
Organisationen ermöglichen es den Funktionssystemen, so etwas wie Inseln mit
geringerem Variationsrisiko und legitimierter sozialer Ungleichheit zu bilden.
Ferner finden *in Organisationen* strukturelle Kopplungen statt. Man denke etwa

an ein Krankenhaus, in dem viel mehr geschieht als Medizinisches, nämlich Rechtliches, Ökonomisches, Religiöses, bisweilen Wissenschaftliches. Und Konflikte innerhalb von Organisationen lassen sich oft nur verstehen, wenn man das Aufeinanderprallen der unterschiedlichen funktionalen Funktionszusammenhänge versteht, die da nebeneinander *organisiert* werden müssen und strukturell gekoppelt die Grundlage von Entscheidungen bilden. *Viertens* schließlich sind die Funktionssysteme nicht als das *ganz Andere* von individuellen Lebenslagen zu verstehen. Man muss schon ernst nehmen, dass die Multiinklusion von Individuen in Funktionssysteme der modernen Gesellschaft dafür sorgt, dass sich Lebenslagen im Bestimmungsbereich der Funktionssysteme ausbilden und die Inklusion in solche Systeme und in Organisationen jene zugleich stabile und instabile Kopplung ermöglicht, die in der Moderne die eineindeutige Integration von Menschen in traditionalen Sozialformen vermeidet. In diesem Sinne sind die Funktionssysteme alles andere als irrelevant für individuelle Lebenslagen – diese sind vielmehr Ausdruck der modernen Multiinklusionsform von Individuen. Wie Bourdieu so schön formuliert, Individuen seien „Ausgeburten der Felder", in denen sie sich aufhalten, muss auch die Theorie funktionaler Differenzierung so gelesen werden, dass die ökonomischen, rechtlichen, politischen, wissenschaftlichen, medizinischen, künstlerischen oder religiösen Inklusionsmöglichkeiten und –zwänge jene Individualitätsformen erzeugen, die sich dann bisweilen als das ganz Andere der Funktionssysteme gerieren können.

Ich belasse es bei diesen Andeutungen. Es sollte daraus aber zunächst dies deutlich geworden sein: Eine solche Gesellschaftsstruktur schließt verbindliche Todesbilder oder gar integrative Weltbilder aus. Wie alle anderen kulturellen Chiffrierungen des modernen Lebens folgen geradezu selbstverständlich auch Todesbilder keinem einheitlichen Muster und Rhythmus, sondern werden aufgesplittert in je unterschiedliche Perspektiven sowohl verschiedener Funktionssysteme als auch verschiedener Akteure innerhalb dieser Funktionssysteme. Von besonderem Interesse ist übrigens, wie die kommunikativen Prozeduren beschaffen sind, denen es aus den unterschiedlichen funktionssystemspezifischen Perspektiven gelingt, jene epistemologische Besonderheit des Todes, nämlich nur ein kommunikativer Horizont bleiben zu müssen, zu bearbeiten. Es geht also nicht nur darum, *was* in den Funktionssystemen über den Tod gesagt wird, sondern auch *wie* dies geschieht.

## 5. Organisationsgestützte Expertenkommunikation

Einer der entscheidenden Sicherheitsgeneratoren in allen Funktionssystemen ist *organisationsgestützte Expertenkommunikation*. Funktionalistisch betrachtet sind Experten Positionen, an denen in Funktionssystemen letztlich Unentscheidbares entschieden wird. Und weil es sich um Entscheidungen handelt, sind solche Positionen zumeist Positionen innerhalb von Organisationen. Experten sind soziale Adressen, die mit einiger Konsequenz kommunizieren können, was der Fall ist. Und gerade deshalb lässt sich an Expertenkommunikation die

Logik der Funktionssysteme ablesen. Unsere Interviews[2] mit Ärzten, Transplantationskoordinatoren, Krankenschwestern, Pfarrern, Psychologen, Bestattern, Kriminalbeamten, Wissenschaftlern, Ethikern, Staatsanwälten, Pädagogen und Politikern zeigen fast unisono, dass hier Kriterien kommuniziert werden, die Sicherheit und Erwartbarkeit im Umgang mit unsicheren und unerwarteten Situationen erzeugen. Und diese Kriterien reagieren unmittelbar auf die Codierungen der Funktionssysteme und ihre prominenten Programme, die Wahrheit von Unwahrheit, Recht von Unrecht, politisch Durchsetzbares von nur Wünschenswertem, Gesund Machendes von Pathogenem usw. differenzieren. Dies ist selbstverständlich nur eine technisch reduzierte Ausdrucksweise für semantisch sehr komplex gebaute Formen, aber sie verdeutlicht, wie Plausibilitäten erzeugt werden. Der funktionalistische Gedanke der Differenzierungstheorie besteht ja darin, dass der Strukturbildungseffekt von symbolisch generalisierten Kommunikationsmedien in erster Linie für die Annahmewahrscheinlichkeit von Kommunikationsofferten sorgt. An Experten kann man nur als Experte anschließen – oder eben explizit als Nicht-Experte. Expertenkommunikation ist hochgradig idiosynkratisch und konfliktbereit gebaut, basiert aber auf dem Konsens über die grundlegende Codierung. Ein gepflegter wissenschaftlicher Konflikt, auch ein ungepflegter übrigens, nimmt die Grundlagen der wissenschaftlichen Codierung in Anspruch, selbst wenn er von außerhalb der „herrschenden" Organisationen kommt – und exakt deshalb sind die entsprechenden Kommunikationsmedien symbolisch *generalisiert*, weil nur dies Respezifikation und weltgesellschaftlich grenzenlose und doch so radikal unterschiedliche Anwendung erlaubt. Das Expertentum der Experten ist also nicht *Wissen* in einem emphatischen Sinne, dem sich noch die Erhabenheit der klassischen Professionen fügte, sondern der Zugriff auf Ressourcen, die die Annahmewahrscheinlichkeit für Kommunikationsofferten sicherstellen. Insofern sind die Funktionssysteme gerade *keine* Instanzen, die die Thematisierung des Todes verhindern und verdrängen, sondern im Gegenteil: die gesellschaftlich bedeutsame Praxis des Umgangs mit Tod und Sterben – das richtige Prädikat dieses Satzes muss heißen: *sind*.

Dass Ethiker mit einem Personenkonzept oder mit dem Postulat der Widerspruchsfreiheit alle Probleme der Zurechenbarkeit und des Menschseins ebenso lösen können, wie Ärzte sich selbstverständlich für die Isolierung medizinischer Beobachtungsformen interessieren; dass Transplantationskoordinatoren Widerstände von Angehörigen, die sie zu einer schnellen Entscheidung über die Freigabe von Organen bewegen müssen, in erster Linie als Informationsdefizit konstruieren; dass Hospizmitarbeiter immer schon wissen, dass man nur nach angemessener Lebensbilanzierung angemessen stirbt; dass es für die Bestimmung des Todeszeitpunktes eindeutige Muster auf einem Oszillographen gibt; dass

---

2  Forschungsprojekt „Todesbilder in der modernen Gesellschaft", gefördert durch die DFG 1999-2002, Leitung: Armin Nassehi und Georg Weber.

rechtliche Verfahren etwa der doppelten Begutachtung bei aktiver Sterbehilfe in
den Niederlanden für rechtliche Eindeutigkeit sorgt; dass die Aufhebung des
Fraktionszwangs bei bestimmten Abstimmungen im Bundestag für eine wirklich tragfähige Entscheidung sorgt oder dass Pfarrer und Psychologen immer
schon wissen, dass man es eigentlich selber wissen muss, rekurriert stets auf
eine ähnliche Thematisierungsebene. Es nimmt die Sicherheit der Funktionssysteme in Anspruch und konstruiert je für sich Kommunikationsformen, die man
– um es mafiös auszudrücken – *nicht ablehnen kann*, d.h. nicht, dass man *ja*
sagen muss, aber diese Formen von Expertise und unterstelltem sicheren Wissen lassen sich nur auf gleicher Augenhöhe kritisieren. Daran führt in der Moderne kein Weg vorbei. Zu besichtigen ist das etwa an der Diskussion um die
Macht des Laien gegenüber dem Experten, die ja gewissermaßen für das Chaos
der *Zweiten Moderne* stehen soll. Genau besehen, ist die Entmachtung der Experten ein Expertendiskurs, ein Diskurs von Gegenexperten, die dann immer
schon von den Funktionssystemen und ihren Organisationen aufgesogen werden.

Es wäre im übrigen ein radikaler Denkfehler, organisationsgestützte Expertenkommunikation in und durch Funktionssysteme als Kommunikationsformen
zu beschreiben, die gewissermaßen jenseits der individuellen Disposition des
sterblichen Individuums situiert wären. Es wäre ein erheblicher Selbstmissver-
ständnis, hier mit der These einer Entkoppelung von Expertenkulturen und pral-
len Lebenswelten zu arbeiten, denn einerseits sind es tatsächlich organisationsgestützte Kommunikationen der Funktionssysteme, die heute auch die individuell relevante Praxis des Umgangs mit dem Tod ausmachen. Andererseits sind es
gerade die Begegnungen von Experten- und Publikumsrollen, an der sich die
Expertenschaft von Todesexperten besonders zu bewähren hat. Experten unter-
einander werden sich ohnehin in der Sachdimension treffen und damit ihre Anschlussfähigkeit sichern. Spannend wird es erst dort, wo Leistungs- und Publi-
kumsrollenträger aufeinander treffen und die Eindeutigkeitszumutungen des
Experten gegen diffuse Uneindeutigkeiten von Klienten, Patienten usw. durch-
gesetzt werden müssen – und das auch noch in einer auf Entscheidungen fixier-
ten Gemengelage in Organisationen, womöglich unter Zeitdruck.

## 6. Das Ringen um Eindeutigkeiten

Unsere Interviews, die wir mit solchen Experten geführt haben, zeigen deutlich
an, wie hier organisationsgestützte Eindeutigkeiten Routinen hervorbringen, die
sich *einerseits* den Bedürfnissen nach persönlicher Zuwendung, sogenannter
*ganzheitlicher* Kommunikation entziehen, *andererseits* exakt damit rechnen.
Bei medizinischen Experten ist etwa stets der Hinweis auf bewusste Distanz-
nahme zu hören, Pfarrer werden in den Interviews bisweilen selbst davon überrascht, dass sie ohne Rekurs auf Gott kommunizieren – damit wird gewissermaßen der Interviewer selbst zum Klienten, den man mit professionellen Formeln
verschont. Und bei Juristen findet sich sehr wohl eine deutlich thematisierte

Differenz zwischen rechtlicher Regulierungsnotwendigkeit und praktischer Abweichung. Politiker wissen, dass Entscheidungen auf der Agenda stehen, die sich nicht entscheiden lassen. Und selbst Ethiker wissen manchmal, dass sich das Leben nicht dem einfachen Algorithmus gut begründeter guter Gründe für rationale Entscheidungen fügt.

Diese Art Expertenkommunikation ringt also um Eindeutigkeiten – ihr Bezugsproblem ist die Komplexität der Welt, die Diffusität der Umwelt, die sie in eine Einfachheit transformiert, die erst so komplexe Tätigkeiten wie medizinische Behandlung, seelsorgerliche Betreuung, rechtliche Regulierung, ethische Beurteilung oder pädagogische Fürsorge ermöglicht. Sie muss sich bemühen, stets im Rahmen ihrer jeweiligen Logik zu bleiben – und wechselt doch stets im Laufe der Interviews fast flächendeckend von der Sachdimension in die Sozialdimension und kleidet professionelle *credenda* in eigentümlich authentische Bekenntnisse – es wird dann die „Wahrheit des Hirntodes" durch eine Transplantationskoordinatorin ebenso emphatisch vorgetragen, wie ein Onkologe, der gerade noch ironisch die Inszenierung von Hoffnung beim Patienten als Bedingung eines störungsfreien Therapieverlaufs beschrieben hat, den Tod dann als persönliches Thema ansprechen kann. Das Bezugsproblem solcher Kommunikationsformen in Organisationen ist letztlich der Versuch, Entscheidungsketten zu ermöglichen – und sich doch authentisch ansprechen zu lassen. Unsere Experteninterviews werden immer dann persönlich und „authentisch", wenn die blinden Flecke ihrer Routinen zum Thema werden, man könnte auch sagen: wenn ein *regressus ad infinitum* droht. Man könnte das nun so interpretieren, dass es der modernen Gesellschaft in Form professionalisierter Experten offenbar gelingt, doch so etwas wie Betroffenheit und Menschlichkeit, Authentizität und Sensibilität in Organisationsroutinen einzubauen. Das ist sicher nicht falsch. Wir neigen freilich eher zu der Interpretation, dass sich hier Organisationsroutinen an Kontexte anpassen, und zwar an *interne* und *externe* Kontexte.

Der *interne* Kontext ist die Entscheidungsroutine der Organisation selbst. In Krankenhäusern gibt es dann nur Körper und ihre zeitliche Mechanik, in rechtlichen Auseinandersetzungen gibt es nur die Frage der Zurechnungsfähigkeit von Wille und Vorstellung, in politischen Debatten folgt alles einer irgendwie sich verfahrensmäßig entfaltenden Agenda, für Ethiker gibt es nur Gründe und für Seelsorger nur Abgründe. Die internen Kontexte sichern die Anschlussfähigkeit der Expertenkommunikation ab. Sie sind das Medium, das die Inszenierung von Formen erlaubt. Sie bieten jenen Rahmen an, innerhalb dessen sich die Authentizität des Professionellen, die Sachbezogenheit des Organisierten, die überpersönliche Zwecksetzung der Organisation widerspiegelt. Die Funktion von Zwecken besteht für Organisationen bekanntlich weniger in der Selbstprogrammierung als in der Vorhaltung von Beschreibungsmöglichkeiten, die davon entlasten, übers Entscheiden entscheiden zu müssen. Dass solche Organisationskontexte dann unpersönlich erscheinen, hängt mit ihrem Funktionssinn zusammen, Inseln koordinierter Entscheidungsroutinen bereitzustellen. Insofern zielt die Kritik an unpersönlichen Experten ins Leere, weil sie gewissermaßen die Struktur der modernen Gesellschaft exekutieren und folgenreiche Kommunikation an die symbolisch generalisierten Kommunikationsmedien der Funktionssysteme binden und Organisationsroutinen auf exakt das stützen, was Organisationen anzubieten pflegen: das Vertrauen in selbst erzeugte Sicherheiten und die Absorption von Unsicherheit.

Als *externer* Kontext erscheint dann die in der Interviewkommunikation unübersehbare Tatsache, dass Todesexperten als Personen ansprechbar sind, zumal dann, wenn sie nicht an Entscheidungsketten einer Organisation gekoppelt sind, sondern wenn sie darüber räsonieren. In fast allen unseren Experteninterviews fällt diese Spannung zwischen Organisationskontext und Person auf, also wie die Differenz kommunikativer Erwartungen an Experten in Organisationskommunikation durch bloße Interaktion unter Anwesenden konterkariert wird. Das ist ein empirischer Hinweis darauf, dass diese Kommunikationsroutinen offensichtlich ganz unterschiedlichen Logiken folgen. Während die innere Unendlichkeit einer Organisation letztlich durch die Kontinuierung des Entscheidens bearbeitet wird, wird die innere Unendlichkeit der handelnden Personen erst auf Nachfrage sichtbar. Experteninterviews mit Todesexperten geraten dann – anders wohl als andere Experteninterviews – in die merkwürdige Situation, die Plausibilität der Expertenschaft durch „fremde" Semantiken zu sichern. Der organisations*externe* Kontext besteht also in der Erwartung an authentische Rede über den Tod. Hier treffen sich dann zwei meiner Prämissen wieder: *zum einen* die Tatsache, dass man die Attraktivität einer *subjektorientierten Soziologie* des Todes weniger als analytisches Instrument denn als empirisches Datum behandeln sollte, *zum anderen* dass die Plausibilität des Todes heute in das *innere* Jenseits von Individuen verpflanzt wird. All das gilt freilich nur in Kombination mit dem Befund, dass die moderne Gesellschaft alles andere als einen Verlust öffentlich wirksamer, überpersönlicher Kommunikationsformen über den Tod zu beklagen hat. Letztlich folgt auch die Kommunikation des Todes jener Struktur, der sich alle formbildenden Prozesse der modernen Gesellschaft verdanken: funktionaler Differenzierung, oder noch einfacher: *Modernisierung*.

## Literatur

Berger, Peter & Luckmann, Thomas, 1970: Die gesellschaftliche Konstruktion der Wirklichkeit. Eine Theorie der Wissenssoziologie. Frankfurt/M.: Fischer.

Hahn, Alois, 2000: Tod, Sterben, Jenseits- und Höllenvorstellungen in soziologischer Perspektive. In: Ders., Konstruktionen des Selbst, der Welt und der Geschichte. Frankfurt/M.: Suhrkamp, S. 119-196.

Kant, Immanuel, 1983: Kritik der praktischen Vernunft, Werke Bd. 6, Frankfurt/M.: Suhrkamp.

Kierkegaard, Soeren, 1957: Unwissenschaftliche Nachschrift zu den Philosophischen Brocken, Ges. Werke, 16. Abt. Düsseldorf: Diederichs.

Knoblauch, Hubert & Soeffner, Hans-Georg (Hg), 1999: Todesnähe. Interdiszi-
plinäre Zugänge zu einem außergewöhnlichen Phänomen. Konstanz:
UVK.

Mellor, Philip A. 1993: Death in High Modernity: The Contemporary Presence
and Absence of Death. In: Clarke, D. (Hg.), The Sociology of Death.
Cornwall: Blackwell.

Nassehi, Armin, 2003: Geschlossenheit und Offenheit. Studien zur Theorie der
modernen Gesellschaft. Frankfurt/M.: Suhrkamp.

Nassehi, Armin, 2004: Die Theorie funktionaler Differenzierung im Horizont
ihrer Kritik. In: Zeitschrift für Soziologie, 33, S. 98-118.

Nassehi, Armin, 2006: Der soziologische Diskurs der Moderne. Frankfurt/M.:
Suhrkamp.

Nassehi, Armin & Saake, Irmhild, 2005: Kontexturen des Todes. Eine Neube-
stimmung soziologischer Thanatologie. In: Knoblauch, H. & Zingerle,
A. (Hg.), Thanatosoziologie. Tod, Hospiz und die Institutionalisierung
des Sterbens. Berlin: Duncker und Humblot, S. 32-54.

Nassehi, Armin & Weber, Georg, 1989: Tod, Modernität und Gesellschaft,
Opladen: VS Verlag für Sozialwissenschaften.

Schneider, Werner: Der 'gesicherte' Tod. Zur diskursiven Ordnung des Lebensendes in der Moderne. In: Knoblauch H. & Zingerle, A. (Hg.), Thanatosoziologie. Tod, Hospiz und die Institutionalisierung des Sterbens. Berlin: Duncker und Humblot, S. 55-80.

Simmel, Georg, 1984: Zur Metaphysik des Todes. In: Ders., Das Individuum
und die Freiheit. München: Wagenbach.

Weber, Max, 1972: Gesammelte Aufsätze zur Religionssoziologie, Band 1.
Tübingen: J. C. B. Mohr.

# Leben und Sterben. Ein theologischer Beitrag

*Ulrich Nembach*

## 1. Vorbemerkung

Das Thema als Grundthema menschlichen Seins ist oft und intensiv behandelt worden. Das gilt für das Thema insgesamt wie für Detailfragen.[1] Die gegenwärtige Diskussion ist im Wesentlichen durch den medizinischen Fortschritt und die aus ihm resultierenden Konsequenzen bestimmt. Darin liegt eine Verkürzung der Diskussion. Das Thema wird auf eine spezifische Fragestellung reduziert und diese nochmals eingeengt durch die Fixierung des Blicks auf die Resultate – möglich gewordene und möglich werdende – medizinischen, in der Hauptsache medizinisch-technischen Fortschritts. Daher ist es dringend geboten, den Rahmen der Diskussion wieder für die ganze Breite des Themas zu öffnen. Allerdings können allenfalls Denkanstöße gegeben werden. Diese entstehen aus und in der Verknüpfung der ehedem breit geführten Diskussionstradition mit der aktuellen, sich allein am medizinischen Fortschritt ausrichtenden.

Verschiedene Traditionsstränge sind relevant. Neben der juristischen Tradition ist die literarische zu nennen – sie hat nicht wenig zu sagen –, die philosophische und nicht zuletzt die theologische mit ihrer biblisch-christlichen Basis. Jede dieser Traditionen hat ihre eigene, lange Geschichte. In ihr sind die Traditionen oft miteinander verwoben, so dass sich das Problem der Auswahl und der Begrenzung erneut, wenn auch unter anderem Vorzeichen stellt. Um nicht allzu willkürlich vorzugehen – ein Rest von Willkür bleibt zwangsläufig –, soll im Folgenden vornehmlich die jeweils jüngere Diskussion zu Wort kommen.

Sie dokumentiert sich mittlerweile auf zwei unterschiedlichen Ebenen, deren Entwicklung freilich ebenfalls durch den technischen Fortschritt bestimmt ist. Dem wissenschaftlichen Diskurs, publiziert in Büchern und Zeitschriften, tritt mehr und mehr die zeitnahe Publizität des Internets zur Seite. Es ist schnell und schnelllebig.[2] Angesichts des gleichermaßen raschen Alterns wissenschaftlicher Erkenntnis liegt darin indes kein Nachteil.[3]

---

1  Das Internet erweist sich hier als probater Indikator. Eine beliebige Recherche mit der Suchmaschine Google etwa führte unter dem Stichwort „Leben und Sterben" zu ca. 1.920.000 Ergebnissen in 0,14 Sekunden, unter dem Stichwort „Geburt und Tod" zu rund 2.990.000 Ergebnissen in 0,13 Sekunden, unter dem Stichwort „Geburt und Tod in der Bibel" zu rund 368.000 Ergebnissen in 0,16 Sekunden und unter dem Stichwort „Geburt und Tod bei Luther" zu ca. 204.000 Ergebnissen in 0,40 Sekunden.

2  Vgl. zum Thema http://de.wikipedia.org/wiki/Leben.

3  Anderes gilt angesichts der Skepsis, mit der manche Wissenschaftlerinnen und Wissenschaftler dem Medium Internet noch immer begegnen.

## 2. Der medizinische Fortschritt

Die Medizin hat in der letzten Zeit erhebliche Fortschritte gemacht. Sichtbar wird dies etwa am Rückgang der Kindersterblichkeit und an der Verlängerung der Lebensdauer. Grenzen jedoch sind – und werden es bleiben – Geburt und Tod.

Das Leben hat zudem in seiner Qualität gewonnen. Leiden zu heilen, mindestens zu lindern, Schmerzen erträglicher zu machen wurde möglich. Die Grenzen sind hier oftmals nur finanzieller und/oder personeller Natur. Vielerorts gibt es nicht genügend Ärzte und Pflegekräfte. Es fehlt an Apparaten und Medikamenten. Diese Grenzen zu erweitern, möglichst zu beseitigen, ist in der Regel ein politisches, nicht selten ein verteilungspolitisches Problem, das zu überwinden nicht selten am guten Willen der Beteiligten scheitert.

Die medizinische Forschung selbst ist davon gleichermaßen betroffen. Vielfach fehlen ihr die Mittel, ihre Forschung voranzutreiben. Auch fehlen bisweilen die notwendigen juristischen Voraussetzungen, wie sich bereits wiederholt erwies.

Schließlich aber – und nicht zuletzt – setzt die medizinische Forschung sich selber Grenzen, ethische Grenzen, die mittlerweile immer bedeutsamer werden. Sie finden u. a. ihren Ausdruck in den seit einiger Zeit existierenden Ethik-Kommissionen. Dabei spielt die Selbstbindung der Medizinerinnen und Mediziner durch den hippokratischen Eid eine Rolle. Er ist sehr umfassend und wohl überlegt formuliert.[4] Mediziner nehmen ihn ernst, nicht wenige sehr ernst. Da-

---

4 Die zweite Generalversammlung des Weltärztebundes verabschiedete im September 1948 die sog. „Genfer Deklaration". Sie versteht sich als eine zeitgenössische, zeitgemäße Fassung des Eids des Hippokrates. Mehrfach überarbeitet, hat sie zurzeit den folgenden Wortlaut:

„Gelöbnis bei meiner Aufnahme in den ärztlichen Berufsstand:
Ich gelobe feierlich, mein Leben in den Dienst der Menschlichkeit zu stellen.
Ich werde meinen Lehrern die Achtung und Dankbarkeit erweisen, die ihnen gebührt.
Ich werde meinen Beruf mit Gewissenhaftigkeit und Würde ausüben.
Die Gesundheit meines Patienten soll oberstes Gebot meines Handelns sein.
Ich werde die mir anvertrauten Geheimnisse auch über den Tod des Patienten hinaus wahren.
Ich werde mit allen meinen Kräften die Ehre und die edle Überlieferung des ärztlichen Berufes aufrechterhalten.
Meine Kolleginnen und Kollegen sollen meine Schwestern und Brüder sein.
Ich werde mich in meinen ärztlichen Pflichten meinem Patienten gegenüber nicht beeinflussen lassen durch Alter, Krankheit oder Behinderung, Konfession, ethnische Herkunft, Geschlecht, Staatsangehörigkeit, politische Zugehörigkeit, Rasse, sexuelle Orientierung oder soziale Stellung.
Ich werde jedem Menschenleben von seinem Beginn an Ehrfurcht entgegenbringen und selbst unter Bedrohung meine ärztliche Kunst nicht in Widerspruch zu den Geboten der Menschlichkeit anwenden.

rum ist die Verpflichtung zur Hilfe ein wesentliches Motiv bei der Abwägung von Leben und Tod, beispielsweise in bestimmten Fällen[5] von Organtransplantationen.[6] Es sind die Fälle, in denen hirntoten Spendern einzelne Organe – oftmals so viele wie möglich – entnommen werden, anschließend wird der Körper als Leiche beerdigt.

Zwei Fragen sind in diesem Zusammenhang zu diskutieren, wenn es, wie es das ärztliche Gelöbnis sagt, um „jedes Menschenleben" geht:

a) die Frage nach den Menschen: nach dem leidenden potentiellen Empfänger wie nach dem potentiellen Spender,

b) die Frage nach Leben und Tod: Der potentielle Empfänger wird leben, besser leben als bisher, und der potentielle Spender wird ganz sterben.

Beide Fragen werden nicht diskutiert. Sie gelten vermutlich als mit dem Rechtsinstitut des Hirntods und seiner durch den Gesetzgeber definierten rechtmäßigen Feststellung erledigt. Trifft das zu angesichts der individuellen Verantwortung, zu der sich jede Medizinerin und jeder Mediziner mit dem hippokratischen Eid verpflichtet?

Dass der potentielle Empfänger eines Organs Hilfe erfährt, steht außerhalb jeder Diskussion. Auf der anderen Seite aber steht der sterbende Spender. Wenn er als Lebender persönlich einer Organentnahme zustimmt oder dies für den Fall seines Hirntods getan hat, sind die Dinge klar geregelt. Jede und jeder kann sich für andere opfern. Anders ist es, wenn keine Zustimmung der Spender vorliegt und diese von Angehörigen eingeholt wird, die durch die Situation, die in der Regel ganz unerwartet, plötzlich über sie hereinbricht, überfordert sind. Hier brachte selbst der anders gelagerte, aber vergleichbare, die Gemüter erregende Fall der Amerikanerin Terri Schiavo, die lange Jahre im Koma lag, keine Klärung. Die Meinungen standen sich unversöhnlich gegenüber, und die dann notwendig werdenden gerichtlichen Entscheidungen gingen im Letzten am Kern der Frage vorbei.[7] Damit ist letztlich, d. h. konsequenterweise, die Frage nach dem 'lebenswerten' Leben gestellt, die auf uns Deutschen – und dies nicht allein aufgrund unserer Vergangenheit – lastet.

---

Dies alles verspreche ich feierlich, frei und auf meine Ehre."
(nach http://de.wikipedia.org/wiki/Genfer_Deklaration_des_Welt%C3%A4rztebundes).

5   Fälle wie die einer Blutstammzell- oder Knochenmarktransplantation, bei der die Stammzellen aus dem zirkulierenden Blut lebender Spender oder aus deren Knochenmark gewonnen werden, sind hier ausgenommen. Die Spender entscheiden sich freiwillig dazu; der Vorgang ist oft dem einer Bluttransfusion nicht unähnlich.

6   Vgl. dazu u. a. Lindemann (2002); Weck (2003); Rosenboom (2000); Koch (2004); schließlich ferner eine sehr kritische Stimme unter http://www.initiative-kao.de/Hirntod.htm.

7   Es ist fraglich, ob der Fall, dass ein Hirntoter gepflegt werden muss, im Hinblick auf das Leben von der Pflege eines an Alzheimer im Endstadium Erkrankten sachlich zu unterscheiden ist. Dass dessen Organe für eine Transplantation in der Regel nicht in Frage kommen, ist kein Kriterium.

Der hippokratische Eid spielt für die Entscheidung von Medizinern eine prinzipielle Rolle im Falle der Abtreibung, denn er schließt in seiner ursprünglichen Form das Versprechen ein: „Auch werde ich nie einer Frau ein Abtreibungsmittel geben".[8] Gesetzgebung und Rechtsprechung eröffneten den Medizinern inzwischen Wege, in manchen Fällen ohne negative Konsequenzen für sie selber eine Abtreibung vorzunehmen, aber auch in diesen Fällen sehen sich manche Medizinerinnen und Mediziner nicht in der Lage, dies zu tun. Die berufliche Konsequenz, nur eine eigene Praxis eröffnen oder in einem großen oder katholischen Krankenhaus arbeiten zu können, nehmen sie in Kauf. Andere Fälle von Leben und Sterben – wie etwa die Reanimation – sind geregelt.[9] Die Meinung, dass der hippokratische Eid veraltet sei[10], ist bislang die Auffassung einiger weniger Außenseiter geblieben.

---

8   Er lautet (in der Übersetzung aus dem Altgriechischen, nach: http://de.wikipedia.
    org/wiki/ Hippokratischer_Eid):
    „Ich schwöre bei Apollon dem Arzt, Asklepios und Hygieia und Panakeia und rufe
    alle Götter und Göttinnen zu Zeugen an, dass ich nach bestem Vermögen und Urteil
    diesen Eid und diese Verpflichtung erfüllen werde:
    Den, der mich diese Kunst lehrte, meinen Eltern gleich zu achten, mit ihm den Le-
    bensunterhalt zu teilen und ihn, wenn er Not leidet, mitzuversorgen; seine Nach-
    kommen meinen Brüdern gleichzustellen und, wenn sie es wünschen, sie diese
    Kunst zu lehren ohne Entgelt und ohne Vertrag; Ratschlag und Vorlesung und alle
    übrige Belehrung meinen und meines Lehrers Söhnen mitzuteilen, wie auch den
    Schülern, die nach ärztlichem Brauch durch den Vertrag gebunden und durch den
    Eid verpflichtet sind, sonst aber niemandem.
    Meine Verordnungen werde ich treffen zu Nutz und Frommen der Kranken, nach
    bestem Vermögen und Urteil; ich werde sie bewahren vor Schaden und Willkür-
    lichem.
    Ich werde niemandem, auch nicht auf seine Bitte hin, ein tödliches Gift verabreichen
    oder auch nur dazu raten.
    Auch werde ich nie einer Frau ein Abtreibungsmittel geben.
    Heilig und rein werde ich mein Leben und meine Kunst bewahren.
    Auch werde ich den Blasenstein nicht operieren, sondern es denen überlassen, deren
    Gewerbe dies ist.
    Welche Häuser ich betreten werde, ich will zu Nutz und Frommen der Kranken ein-
    treten, mich enthalten jedes willkürlichen Unrechtes und jeder anderen Schädigung,
    auch aller Werke der Wollust an den Leibern von Frauen und Männern, Freien und
    Sklaven.
    Was ich bei der Behandlung sehe oder höre oder auch außerhalb der Behandlung im
    Leben der Menschen, werde ich, soweit man es nicht ausplaudern darf, verschwei-
    gen und solches als ein Geheimnis betrachten
    Wenn ich nun diesen Eid erfülle und nicht verletze, möge mir im Leben und in der
    Kunst Erfolg zuteil werden und Ruhm bei allen Menschen bis in ewige Zeiten; wenn
    ich ihn übertrete und meineidig werde, das Gegenteil."

9   Vgl. die Richtlinien der Bundesärztekammer: http://www.watersafety.net/d/pages/
    dreanbak.htm; zu weiteren Fragen http://www.med-on-net.de/html/bereiche/ethik-
    liste.htm; http:// www.datenschutzzentrum.de/medizin/krankenh/patdskh.htm.

10  Vgl. http://www.freitodforum.de/archiv/msg/12658.html.

Die Frage nach dem Leben stellt sich ferner durch einen in jüngster Zeit gemachten Vorschlag noch einmal anders, letztlich jedoch wiederum in ihrer alten Form. Um – derzeit – medizinisch nicht zu behandelnde schwere Schmerzen für die betroffenen Leidenden erträglich zu machen, sollen sie in ein künstliches Koma versetzt werden (vgl. Anselm 2004). Unterscheidet sich die Situation der so Behandelten, faktisch gesehen, letztlich von der von Hirntoten?

## 3. Die europäische Tradition

### 3.1 Leben und Sterben im Recht

Das Bürgerliche Gesetzbuch (BGB) als umfassende Regelung der persönlichen Belange des Menschen entschied sich für pragmatische Lösungen, die jeweils einen konkreten Fall regeln. Das BGB beginnt in seinem ersten Paragraphen mit der Regelung der Rechtsfähigkeit des Menschen, und hier logischerweise mit dem Beginn der Fähigkeit, als Mensch Rechte tragen, erwerben, veräußern und dgl. mehr zu können: „Die Rechtsfähigkeit des Menschen beginnt mit der Vollendung der Geburt."

Diese klare Regelung trifft leider nicht auf alle Bedürfnisse menschlichen Lebens zu, so dass weitere Regelungen erforderlich werden. Das gilt beispielsweise für den Fall, dass jemand erfährt, dass er Großmutter bzw. Großvater werden wird und der zukünftigen Enkelin bzw. dem zu erwartenden Enkel etwas vererben will. Die Gründe, die jemanden zu einem solchen Wunsch veranlassen, können unterschiedlicher Natur sein: der bald zu erwartende Tod, Ausdruck überbordender Freude, das Wissen um die Grenzen des eigenen Kindes, so dass die Enkelin bzw. der Enkel geschützt werden soll. Das dem allen Rechnung tragende Institut ist die Einrichtung des „nasciturus". Seine Belange werden an verschiedenen Stellen im BGB geregelt.[11]

---

11 § 1923 (1) Erbe kann nur werden, wer zur Zeit des Erbfalls lebt. – (2) Wer zur Zeit des Erbfalls noch nicht lebte, aber bereits erzeugt war, gilt als vor dem Erbfall geboren.
Diese Regelung erfordert weitere Folgeregelungen, die das BGB auch trifft. Das trifft zum Beispiel u. a. auf folgende Fälle zu:
– § 1962 Ist zur Zeit des Erbfalls die Geburt eines Erben zu erwarten, so kann die Mutter, falls sie außerstande ist, sich selbst zu unterhalten, bis zur Entbindung angemessenen Unterhalt aus dem Nachlass oder, wenn noch andere Personen als Erben berufen sind, aus dem Erbteile des Kindes verlangen. Bei der Bemessung des Erbteils ist anzunehmen, dass nur ein Kind geboren wird.
– § 1912 (1) Eine Leibesfrucht erhält zur Wahrung ihrer künftigen Rechte, soweit diese einer Fürsorge bedürfen, einen Pfleger. Auch ohne diese Voraussetzung kann für eine Leibesfrucht auf Antrag des Jugendamtes oder der werdenden Mutter ein Pfleger bestellt werden, wenn anzunehmen ist, dass das Kind nichtehelich geboren werden wird.

Die Frage der Vollendung der Geburt ist nicht geregelt. Nach dem „Personenstandsrecht" gilt sie entsprechend einer von der Weltgesundheitsorganisation vorgeschlagenen Definition, wenn das Herz des Kindes nach dem Verlassen des Mutterleibes geschlagen hat oder die Nabelschur pulsierte oder die natürliche Lungenatmung eingesetzt hat. Dagegen werden in der Literatur Bedenken erhoben: Diese Merkmale seien lediglich „unverbindliche Kennzeichen". Daneben sollten weitere Merkmale nach dem Stand der medizinischen Wissenschaft anerkannt werden.[12]

Der Abbruch einer Schwangerschaft ist in Deutschland verboten.[13] Er ist rechtswidrig, aber straffrei, wenn er bis zur zwölften Schwangerschaftswoche erfolgt und zuvor eine Schwangerschaftskonfliktberatung stattfand. Ebenfalls rechtskonform ist eine Abtreibung bis zur Geburt in den Fällen, dass eine Gefahr für das Leben der Mutter besteht oder die einer schwerwiegenden körperlichen oder seelischen Beeinträchtigung der Mutter, welche allein durch die Abtreibung verhindert werden kann. Dies ist der Fall der sog. medizinischen Indikation (§ 218 a Abs. 2 StGB).[14]

Nicht geregelt ist der Fall, dass ein Kind den Schwangerschaftsabbruch überlebt. In der Regel wird dann entsprechend den allgemeinen Regelungen verfahren.

Das Leben mit seiner Fülle, seinen zahlreichen Möglichkeiten und Grenzen, ist im Bürgerlichen Gesetzbuch und über es hinaus im Recht in seiner Gesamtheit, dem kodifizierten und nicht kodifizierten, geregelt – oder leider auch nicht. Bereits das Ende des Lebens macht allein im BGB so zahlreiche Regelungen erforderlich, dass sie hier nicht näher dargestellt werden können.[15]

---

12 Habermann in Staudinger/Habermann/Weick (2005): BGB § 1, 4. Lebende Geburt 7.

13 § 218 StGB:
   (1) Wer eine Schwangerschaft abbricht, wird mit Freiheitsstrafe bis zu drei Jahren oder mit Geldstrafe bestraft. Handlungen, deren Wirkung vor Abschluss der Einnistung des befruchteten Eies in der Gebärmutter eintritt, gelten nicht als Schwangerschaftsabbruch im Sinne dieses Gesetzes.
   (2) In besonders schweren Fällen ist die Strafe Freiheitsstrafe von sechs Monaten bis zu fünf Jahren. Ein besonders schwerer Fall liegt in der Regel vor, wenn der Täter 1. gegen den Willen der Schwangeren handelt oder 2. leichtfertig die Gefahr des Todes oder einer schweren Gesundheitsschädigung der Schwangeren verursacht.
   (3) Begeht die Schwangere die Tat, so ist die Strafe Freiheitsstrafe bis zu einem Jahr oder Geldstrafe.
   (4) Der Versuch ist strafbar.

14 http://dejure.org/gesetze/StGB/218a.html; vgl. auch http://de.wikipedia.org/wiki/Schwangerschaftsabbruch.

15 Nur eine sei beispielsweise erwähnt, § 1922:
   (1) Mit dem Tode einer Person (Erbfall) geht deren Vermögen (Erbschaft) als Ganzes auf eine oder mehrere andere Personen (Erben) über.
   (2) Auf den Anteil eines Miterben (Erbteil) finden die sich auf die Erbschaft beziehenden Vorschriften Anwendung.

Nicht im BGB geregelt ist der Fall der Organtransplantation. Diesen für das Leben und den möglichen bzw. tatsächlichen Tod mehrerer Menschen wichtigen Fall regelt ein eigenes Gesetz, das „Gesetz über die Spende, Entnahme und Übertragung von Organen". Es regelt die Fälle der Organentnahme bei toten und bei lebenden Organspendern.[16] Danach ist die Entnahme von Organen bei toten Spendern zulässig, wenn u. a. „der Tod des Organspenders nach Regeln, die dem Stand der Erkenntnisse der medizinischen Wissenschaft entsprechen, festgestellt ist …" Dabei wird zwischen 'Tod' und 'Tod' unterschieden im Sinne des biologischen Todes, d. h. der Beendigung aller Körperfunktionen, und des „Hirntodes", bei dem die Atmung ausgefallen ist. Die Feststellung des Hirntods ist zum Schutz der Betroffenen und ihrer Angehörigen geregelt. Gleichermaßen wird auch zwischen 'Leben' und 'Leben' unterschieden und an die Unterschiede verschiedene Folgerungen geknüpft.

Organspenden hängen im Alltag oft von der Spende von Hirntoten ab. Organe, die ihnen entnommen wurden, leben in den Empfängern weiter. Diese medizinisch-technische Möglichkeit und ihre juristische Sanktionierung durch den Gesetzgeber haben Veränderungen zur Folge – sowohl im Hinblick auf das Leben als auch im Hinblick auf den Tod. Die Diskussion hierüber kreist um die auf diese Weise eröffnete Chance für die Empfänger der Organe, die ihnen ein besseres Leben oder gar überhaupt ein weiteres Leben ermöglicht. Ausdruck findet diese Tatsache in einem Wort, das nicht selten von Empfängern gebraucht wird, indem sie von ihrem „neuen Leben" sprechen. Manche sagen gar, sie seien wie „neu geboren". Das Wort ist mehr als eine Metapher zur Beschreibung einer neu gefunden Lebensqualität oder der Verlängerung des Lebens angesichts des zuvor gewissen nahen Todes. Es ist ein neues Leben bzw. ein Weiterleben.

Dieser auf juristischem Wege erreichten Eröffnung neuer, bislang unbekannter Möglichkeiten und Grenzen für Leben und Tod setzt dasselbe Gesetz Grenzen im Hinblick auf weitere denkbare Möglichkeiten. Der Handel mit menschlichen Organen ist verboten (§ 1 Abs. 1 S. 2). Das Gesetz gilt nicht „für Blut und Knochenmark sowie embryonale und fetale Organe und Gewebe" (§ 1 Abs. 2).

Die Forschung an embryonalen Stammzellen ist in Deutschland verboten und damit das Klonen von Menschen. Das Recht, Gesetzgeber und Justiz schließen dies aus. Die Argumentation angesichts des medizinisch verheißungsvoll erscheinenden Weges verläuft, verkürzt gesagt, so: Für ihn spricht das Argument des Helfen-Wollens und -Könnens in Fällen, in denen leidenden Menschen anders nicht geholfen werden kann. Im Gegenzug wird auf die Mensch-

---

16 Gesetz über die Spende, Entnahme und Übertragung von Organen, s. http://bundes-recht.juris.de/bundesrecht/tpg/index.html.

lichkeit, die Einzigartigkeit des Menschen, kurz, seine Geschöpflichkeit verwiesen. Nicht selten wird hinzugefügt, der Mensch solle nicht „sein wie Gott".[17]

### 3.2 Leben und Sterben in der Literatur

Leben und Sterben gehört zu den Kernthemen der Literatur. Mithin ist kaum ein Überblick über die ungezählten Facetten seiner Behandlung zu gewinnen. Vielfach werden Leben und Sterben mit dem anderen großen Thema, mit der Liebe, verbunden, so dass Leben und Tod in der Literatur hier allenfalls partiell und jedenfalls höchst selektiv angesprochen werden können. Exemplarisch sei auf Friedrich Schiller (1759-1805) und Johann Wolfgang Goethe (1749-1832) verwiesen.

Ersterer unternimmt einen Gang durch das Leben vom Beginn bis zum Ende in seinem „Lied von der Glocke" mit dem Motto „vivos voco, mortuos plango, fulgura frango" (Lebende rufe ich, Tote beklage ich, Blitze bändige ich). Das Gießen einer Glocke wie ihr Klang „von dem Dome" geben den Rahmen für die Darstellung von Leben und Tod und werden zugleich zur Metapher von dessen Beschreibung und Deutung. Der Verlauf von Leben und Tod erscheint als Geschehen in Stadt und Land, in das Schicksalsschläge und Krieg vernichtend eingreifen können. Die Entstehung des Lebens, sein Werden, auch sein Ende werden nicht explizit thematisiert, aber sie werden als „Werk des Meisters" vorgestellt, ausgelegt durch das Bild des Gießens der Glocke unter des Meisters Hand.[18]

---

17 In Anspielung auf Gen 3,5. „Ihr werdet sein wie Gott", verheißt die Schlange der Eva für den Fall, dass sie und Adam vom verbotenen Baum essen.

18 Direkt auf Gott bezogen werden Lebensbeginn und -ende in der Ballade „Die Uhr" von Johann Gabriel Seidl (1804-1875), die in der Vertonung durch Carl Loewe (1796-1869) große Bekanntheit erlangte. Die Uhr wird hier zur Metapher für die Darstellung des Lebens, seines Beginns, seines Verlaufs und seines Endes:

Ich trage, wo ich gehe, stets eine Uhr bei mir;
Wie viel es geschlagen habe, genau seh' ich an ihr.
Es ist ein großer Meister, der künstlich ihr Werk gefügt,
Wenngleich ihr Gang nicht immer dem törichten Wunsche genügt.

Ich wollte, sie wäre rascher gegangen an manchem Tag;
Ich wollte, sie hätte manchmal verzögert den raschen Schlag.
In meinen Leiden und Freuden, in Sturm und in der Ruh,
Was immer geschah im Leben, sie pochte den Takt dazu.

Sie schlug am Sarge des Vaters, sie schlug an des Freundes Bahr',
Sie schlug am Morgen der Liebe, sie schlug am Traualtar.
Sie schlug an der Wiege des Kindes, sie schlägt, will's Gott, noch oft,
Wenn bessere Tage kommen, wie meine Seele es hofft.

Und ward sie auch einmal träger, und drohte zu stocken ihr Lauf,
So zog der Meister immer großmütig sie wieder auf.
Doch stände sie einmal stille, dann wär's um sie gescheh'n,
Kein andrer, als der sie fügte, bringt die Zerstörte zum Geh'n.

Goethe verbindet Leben, Tode und Liebe miteinander in seinem „Faust". Der Mensch, vom Teufel verführt und angeleitet, vernichtet Leben, doch am Ende behält das Leben den Sieg, wird Faust gerettet. Der zweite Teil der Tragödie, „Faust II", ist eine umfassende Darstellung und weit tragende Auseinandersetzung Goethes mit dem Geist seiner Zeit, einschließlich der Wissenschaft, wie sie sich in der ersten Hälfte des 19. Jahrhunderts präsentierte. Der Ausgangspunkt Goethes, zugleich die Basis seines Denkens und Schreibens, sind die Erfahrungen, die er macht, verbunden mit der Analyse der hinter ihnen stehenden Haltungen und Überzeugungen der Akteure.

Das Erlebnis der Französischen Revolution mit ihren Folgen beschäftigt ihn stark. Napoleon eilt von Sieg zu Sieg. Das Alte mit seiner Ruhe, seinem bedächtigen Gang, ist dem Schnellen gewichen.[19] Hierin erkennt Goethe den Schaden der Menschen; ihn zeigt er auf. In einem Brief von 1825 (an Georg Heinrich Ludwig Nicolovius) charakterisiert er ihn mit der Wendung „alles veloziferisch" (Osten 2002: 5). Das ist eine Wortschöpfung Goethes, gebildet aus „velocitas", Eile, und Luzifer, dem Namen des Teufels, Mephistos.[20]

Faust ist Ausdruck dieses Denkens. Manfred Osten erinnert in diesem Zusammenhang an Friedrich Schlegel, der zu Goethes „Wilhelm Meister" notierte – Osten überträgt es auf „Faust" –, dass dies ein Werk sei, welches „mehr weiß, als es sagt, und mehr will, als es weiß" (ebd.: 7). Dies ist der Horizont, in dem in „Faust II" von Wagner künstlich ein Mensch erschaffen wird, Homunculus. Dieser ist letztlich allein das Produkt einer unbändigen Ungeduld. Wagners Tun allerdings führt zu einem „Salto mortale rückwärts [...] ins Jenseits der Großhirnepoche" (ebd.: 17).

---

Dann müsst ich zum Meister wandern, der wohnt am Ende wohl weit,
Wohl draußen, jenseits der Erde, wohl dort in der Ewigkeit!
Dann gäb' ich sie ihm zurücke mit dankbar kindlichem Fleh'n:
Sieh, Herr, ich hab nichts verdorben, sie blieb von selber steh'n.
(Text nach http://www.recmusic.org/lieder/get_text.html?TextId=14768).

19 Diese Entwicklung ist umfassend, wie Goethe meint. „So wenig nun die Dampfwagen zu dämpfen sind, ist dies auch im Sittlichen möglich: Die Lebhaftigkeit des Handelns, das Durchrauschen des Papiergeldes, das Anschwellen der Schulden, um Schulden zu bezahlen, das alles sind die ungeheuren Elemente, auf die gegenwärtig ein junger Mann gesetzt ist", konstatiert er (zitiert nach Schmidt 1999: 265). Damit, so meint Schmidt, nimmt Goethe bereits vorweg, was später Max Webers Kapitalismus-Kritik sagen wird. Weber schreibt über die von dem „kapitalistischen Geist erfüllten Naturen", Goethe im 4. und 5. Akt von „Faust II" über die Natur (vgl. ebd.: 266).

20 In dem zur späteren Verwendung zurückbehaltenen Brief heißt es: „Für das größte Unheil unserer Zeit, die nichts reif werden lässt, muss ich halten, dass man im nächsten Augenblick den vorhergehenden verspeist, den Tag im Tage vertut, und so immer aus der Hand in den Mund lebt, ohne etwas vor sich zu bringen. Niemand darf sich freuen oder leiden als zum Zeitvertreib der übrigen; und so springt's von Haus zu Haus, von Stadt zu Stadt, von Reich zu Reich und zuletzt von Weltteil zu Weltteil, alles veloziferisch" (zitiert nach Osten 2002: 7).

Jochen Schmidt, der „Faust" historisch interpretiert (vgl. Schmidt 1999: 9), führt darüber hinaus Schelling an, dessen Werk Goethe las. Bei Schelling liegt das Gewicht auf der „Darstellung des unauflöslichen, in einer Folge von Steigerungen vom Tiefsten ins Höchste fortschreitenden Lebens" (ebd.: 226), und nicht anders gehört es für Goethe zum Wesen des Bildungsprozesses, dass er die naturhafte Entwicklung und die geschichtliche, kulturelle Dynamik vereint. Dabei sieht er im geschichtlichen Prozess einer an der Antike orientierten Bildung einen den Gesetzmäßigkeiten der Natur entsprechenden und verleiht ihm auf diese Weise „eine tief greifende Legitimation" (ebd.: 227). Die Entwicklung des Homunculus durchbricht den Prozess der Natur.

Wagner, einst Fausts Schüler, durchbricht ihn, wodurch auch die Bildung in ihrem Prozess durchbrochen wird. Mit der Natur jedoch verliert der Mensch die Realität. Der menschliche Geist setzt sich selbst autonom. Er verlässt das Gegebene und entwirft Neues. In diesen Kontext gehört die Erfindung des „Menschleins", des Homunculus.[21] Reichtum zählt fortan, und der Mensch wird ideologieanfällig (ebd.: 267).[22] Diese Gefahr, von Goethe erkannt, versiegelt „Faust II". Auch Max Beckmann sieht diese Konsequenz, und er unterstreicht sie, als er 1943 im Exil in den Niederlanden Szenen aus „Faust" illustriert. Beckmann gibt Faust und Mephisto immer wieder seine eigenen Gesichtszüge.

Die Theater teilen diese Sicht der Dinge und ziehen ihre Konsequenzen. Der im „Faust" artikulierte Drang nach sinnlich-übersinnlicher Erkenntnis, verbunden mit dem Anspruch unbändiger Macht, wird im ausgehenden 20. Jahrhundert von den deutschen Theaterregisseuren als typisch deutsch verstanden. Sie inszenieren ihre Faust-Aufführungen „entpathesiert", wie C. Bernd Sucher in seiner Untersuchung der Aufführungen feststellt. Er diagnostiziert, dass das so genannte Faustische deutschen Regisseuren und wahrscheinlich auch dem größten Teil der deutschen Zuschauer peinlich geworden sei (vgl. Sucher 1994: 262). Doch was auf der Bühne peinlich erscheint, ist vor den Toren der Theater Realität – eine Realität, die das Theater kritisiert, sofern es sich noch als ʻmoralische Anstalt' versteht und als solche verstanden wird.

Andere Autoren des 19. Jahrhunderts denken und schreiben ähnlich wie Goethe, erinnert sei allein an Hans Christian Andersen (1805-1875). Sein Mär-

---

21 Schmidt (1999: 276) merkt dazu an: „Das Spektrum reicht von der Erfindung des Papiergeldes, dessen Wert im Vergleich zur Goldwährung … völlig abstrakt ist über die Erfindung eines künstlichen Menschleins in der Retorte bis zur Vorstellung und dann auch tatsächlichen Gewinnung neuen Landes, dort, wo bisher Meer war; und eine letzte Konsequenz ist, dass Faust, in seiner Blindheit unfähig, die Realität wahrzunehmen, sich ganz in den illusionären Visionen verliert, die Projekte seines ʻGeistes' sind."

22 Homunculus freilich unterscheidet sich von Faust und damit von der von Goethe kritisierten Entwicklung des Menschen. Er folgt nicht Mephisto wie sein Erzeuger Wagner, er schließt sich vielmehr bewusst den Vorsokratikern an, die durch Neptun repräsentiert werden (Osten 2002: 17).

chen „Des Kaisers neue Kleider" übt harsche Kritik an nicht dem Leben und damit der Realität verbundenen Handlungsweisen; es entlarvt sie als Betrug. Autoren des 20. Jahrhunderts zeichnen ein ähnliches Bild. Jochen Schmidt verweist auf Robert Musil (1880-1942) und dessen großes Romanfragment „Der Mann ohne Eigenschaften" (Schmidt 1999: 267).

## 3.3 Leben und Tod in der Philosophie

Wie die Literatur beschäftigt sich die Philosophie mit Leben und Sterben als zentralen Themen.[23] Die dabei in der Analyse vielfach herausgearbeiteten Parallelen sind nicht zufällig. Immer wieder wird auf Nietzsche verwiesen (vgl. Osten 2002: 16). So kann es im Folgenden bei einem kurzen Blick auf die philosophische Perspektive sein Bewenden haben.[24]

Goethe brachte den Begründer der ionischen Naturphilosophie, Thales von Milet (625-547 v. Chr.), ins Spiel. Im 2. Akt von „Faust II" lässt er ihn in der 'Klassischen Walpurgisnacht' als Neptun auftreten. Thales erklärt die Natur und die Dinge rational, ohne Zuhilfenahme des Mythos. Er geht von der Annahme aus, dass das Wasser der Ursprung von allem sei.

Die Philosophie der jüngeren Vergangenheit ist nicht unerheblich beeinflusst von Sören Kierkegaard (1813-1855). Er kritisiert Hegel scharf. Er wirft ihm vor, Logik und Existenz zu vermengen. Hegel habe nie begriffen, dass das Dasein nicht intellektuell begriffen werden könne (vgl. Kierkegaard 1844; ders. 1846).

Die Ethik – von Immanuel Kant (1724-1804) bis Hans Jonas (1903-1993) – zielt auf ein Handeln der Menschen, das den Menschen, Natur und Geist im Blick habend, zu einem verantwortlichen Umgang verpflichtet (vgl. Kant 1785; ders. 1788; Jonas 1979; ders. 1985). Kant fordert ein Handeln, das die Pflichterfüllung in den Mittelpunkt stellt, und er verbietet, den Menschen als Mittel zu benutzen („kategorischer Imperativ"). Jonas sieht den Menschen in seiner Existenz zu verantwortungsbewusstem Handeln aufgefordert. Leben und Sterben, sofern sie reflektiert werden, vollziehen sich in dieser Ordnung bzw. der Mensch vollzieht jene auf diese Art und Weise.

Diese wenigen Hinweise zeugen bereits von der Relation, der Verbindung und Nähe der abendländischen Philosophie zur Religion, speziell der christlichen Tradition. Sie ist auch und gerade in der neueren Philosophie von Bedeutung, der Philosophie der Postmoderne. Graham Ward kommt deshalb zu dem Schluss: „Die Postmoderne gefährdet die Religionsphilosophie und Fundamentaltheologie nicht, eher erschließt sie neue Aufgabenfelder" (Ward 2003: 1516). Sie ist und bleibt in vielfältiger Hinsicht ihren Fragen und Antworten verpflich-

---

23 Die Wörter „Leben und Sterben, Philosophie", gelegentlich bei Google als Suchwort eingegeben, führten in 0,18 Sek. zu 599.000 Ergebnissen.
24 Zur aktuellen Diskussion der Frage in der Philosophie vgl. L'hoste (2004).

tet. So ist es gerechtfertigt, „Leben und Sterben" theologisch zu betrachten, ohne den philosophischen Debatten im Einzelnen nachzugehen.

### 3.4 Leben und Sterben theologisch gesehen

Die abendländische Tradition ist vom christlichen Glauben geprägt. Ihre Vorstellungen von Leben und Sterben beeinflusst er bislang ausnahmslos mehr oder weniger stark. Daher kann es im Folgenden nur darum gehen, die Fragen auf ihren Kern zu bringen. Dabei soll die biblische Tradition im Vordergrund stehen, verstanden im Sinne Martin Luthers, dass die Schrift sich selbst auslegt und der Sinn der Schrift der wörtliche ist.[25]

Gott schenkt das Leben. Er formt Adam und haucht ihm das Leben ein. Gott lässt den Menschen sterben. Das endgültige Leben, das wahre Leben, das ewige Leben beginnt erst nach dem Ende der Welt. Der Tod des Todes ist bereits mit dem Tod und der Auferstehung Jesu Christi gegeben, wird aber erst nach dem Ende dieser Welt, in einer neuen vollends evident.

Diese Aussagen sind die Basis für alle weiteren. Auf ihnen bauen die Bibel und ihre Auslegungen auf. Leben und Sterben sind ihr Thema. Sie stehen am Anfang und werden deshalb bereits in den ersten drei Kapiteln der Bibel (Gen 1-3) behandelt. Der endgültige Tod und das neue Leben stehen am Ende der Welt und am Ende der Bibel (Apc 21).

Geber der Welt und des Lebens ist Gott. Er besiegt auch den Tod und führt eine neue Welt mit einem ewigen Leben herauf. Die Basis und zugleich der Rahmen sind damit gegeben. Auf dieser Basis und in diesem Rahmen vollzieht sich menschliches Leben. Der Mensch ist für es verantwortlich. Kain wird zur Rechenschaft gezogen, nachdem er seinen Bruder getötet hat (Gen 4).

Desgleichen ist der Mensch zur Hilfe aufgerufen. Zahlreich sind die Erzählungen von Heilungen Jesu und seiner Nachfolger, der Apostel.[26] Eindrücklich und auf besondere Nachdrücklichkeit angelegt ist die Erzählung vom barmherzigen Samariter, der einem Niedergeschlagenen und Ausgeraubten hilft und für seine medizinische Betreuung Sorge trägt (Lk 10,25ff.). Damit ist der Auftrag zum Helfen erteilt und mit ihm die Aufgabe gestellt, wie dem Auftrag nachzukommen ist: Die Medizin kann weder Leben schaffen noch darf sie Leben nehmen; sie kann weder Anfang noch Ende des Lebens bestimmen. Aber innerhalb dieses Rahmens hat sie tätig zu werden, um der bzw. dem Kranken zum/zur „Nächsten" zu werden.

Beginn und Ende des Lebens wurden und werden verändert durch zahlreiche, von Erfolgen gekrönte Bemühungen der Medizin. Leben wird gar möglich, wo Eltern keine Kinder bekommen können. Der Zeitpunkt des Todes wird im-

---

25 Zu Luthers Verfahren im Kontext der abendländischen Tradition vgl. Gadamer (1975: 163f.).

26 Zu den Heilungen Jesu vgl. etwa Mt 8,1ff parr., zu den Heilungen der Apostel Act 5,12ff.

mer weiter hinausgeschoben. Beides ist eine Frage des Geldes; die Bemühungen der Mediziner haben ihren Preis. Damit müssen diese sich bereits den Fragen Goethes stellen – seiner kritischen Sicht des Geldes als einem immer schneller und in immer größeren Summen verdienten Geld wie seiner Kritik am Umgang mit der Zeit seit Napoleons neuer Zeit.

Die Theologie hat sich konkret der Frage zu stellen, wie es beispielsweise mit der Unterscheidung von Hirntod und völligem biologischem Tod – mit der Konsequenz, den Hirntoten um der Entnahme von Organen zu Transplantationszwecken willen gänzlich zu töten – bestellt ist. Dass dadurch anderen Menschen geholfen, ihr Leben erleichtert, nicht selten ein Weiterleben überhaupt ermöglicht wird, ist die Absicht der Handlung. Die Frage, die zur Entscheidung steht, lautet darum: Ist der endgültige Tod eines Menschen durch eine Verbesserung oder Ermöglichung des Weiterlebens anderer gerechtfertigt, eventuell gar unter dem Vorzeichen des Helfens geboten? Die breite Mehrheit der evangelischen und auch der katholischen Theologen bejaht diese Frage. Anders entscheiden manche katholische Theologen und der Vatikan in der Frage des Tötens von Ungeborenen, wenn dies der Mutter hilft, es sei denn, dass dadurch das Leben der Mutter gerettet werde, also im Fall der sog. „medizinischen Indikation". Einigkeit besteht im Verbot des menschlichen Klonens.

Das ist ein Zickzackweg. Ein gradliniger Weg ist vermutlich nicht ohne Weiteres möglich, aber muss er nicht gesucht werden? Ist es möglich, sich auszusuchen, wer mein „Nächster" ist? Wenn dies möglich ist, dann sind die Grenzen für die Möglichkeiten der Wahl sehr eng zu ziehen. Reiner Anselm tut dies in seinem Bemühen, Patienten zu helfen, die unter unsäglichen Schmerzen leiden. Er bejaht die Möglichkeit, diese Menschen künstlich in ein Koma zu versetzen, sie „in den Vorhof des Todes" zu führen (vgl. Anselm 2004; ferner Anselm/Körtner 2003).

In diesem Fall wie im Falle der Entnahme von Organen eines Hirntoten kann der Tod vom Sterbenden gewollt oder akzeptiert sein. Dies muss der Betroffene zum Ausdruck bringen, wenn er dazu in der Lage ist. „Niemand hat größere Liebe als die, dass er sein Leben lässt für seine Freunde" (Joh 15,13). Wie groß die Liebe eines Menschen für den Fall seines Hirntods ist, kann niemand außer ihm selbst sagen oder gar festlegen wollen. Das können auch die Angehörigen nicht. Außerdem ist es ein fragwürdiges Verfahren, die Angehörigen eines Hirntoten um ihre Zustimmung zu bitten. Sie befinden sich in einer schwierigen Situation, und auch die behandelnden Ärzte stehen nicht selten unter teils erheblichem Druck der auf ein Organ Wartenden. Die Situation der Wartenden ist zu verstehen, aber andererseits können sie nicht fordern, weiterleben zu können, also das zu wollen, was sie dem Hirntoten versagen.[27]

---

27 In diesem Punkt ist die Rechtslage in Deutschland eindeutig: „Jeder hat das Recht auf die freie Entfaltung seiner Persönlichkeit, soweit er nicht die Rechte anderer verletzt" (Artikel 2 I GG).

Eine Zustimmung kann gegebenenfalls rechtzeitig auch von terminal zu se-
dierenden Patienten eingeholt werden. Ihre Situation, das Leben gelebt zu haben
und es nun aufgeben – nicht wegwerfen – zu wollen, findet sich im Alten Testament interessanterweise als ganz selbstverständliche Verhaltensweise in Dar-
stellungen vom Sterben alter Menschen gegeben. Wiederholt wird berichtet,
dass jemand „alt und lebenssatt" stirbt. So heißt es von Abraham, Isaak, David,
Jojada und Hiob (Gen 25,8; 35,29; 1 Chron 23,1; 2 Chron 24,15; Hiob 42,17).
Das ungeborene Kind indessen kann nicht gefragt werden.

## 4. Fazit

Der kurze Gang durch die europäische Geistes- und Rechtslage im Hinblick auf
einen theologischen Diskurs zu Leben und Sterben macht deutlich, dass Leben
und Sterben als ein Geschenk Gottes nicht der Beliebigkeit, selbst nicht einer
kritisch reflektierten, aber letzten Endes doch nicht zu überwindenden Beliebigkeit seitens Dritter unterliegen. Allenfalls die betroffene Person selbst kann
entscheiden, sofern sie dazu in Lage ist.

Goethe setzt sich in seinem „Faust", besonders in dessen zweitem Teil, auch
für das Leben selbst und seine Gestaltung ein. Er kritisiert das Verhalten seiner
Zeitgenossen in Gestalt und im Handeln seines Protagonisten Faust. Ebenso
geht es der Bibel um das rechte Verhalten der Menschen, ihre Leiden und Freuden, ihre Aufgaben gegenüber ihren Mitmenschen. Goethe wird zum Bibelaus-
leger.

Nichts anderes tun auf ihre Art auch Philosophie, Jura und Medizin, sofern
sie sich im Rahmen der europäischen Tradition bewegen, was weithin der Fall
ist. Und selbst das Bestreben, sich von der christlichen Tradition zu lösen, ist
ein Vorgang, den das Christentum trägt, den es pariert. In poetischer Diktion
bringt ein Psalmwort die Situation mit dem sie beschreibenden Diskurs auf den
Punkt, indem es tröstend und vertrauend bekennt (Ps 139,9f.):
*Nähme ich Flügel der Morgenröte und bliebe am äußersten Meer,*
*so würde auch dort deine Hand mich führen und deine Rechte mich halten.*

## Literatur

Anselm, Reiner, 2004: Terminale Sedierung: ethisch problematisch oder recht-
fertigbar? Eine theologische Perspektive. In: Ethik in der Medizin, 16,
S. 342-348.
Anselm, Reiner & Körtner, Ulrich H. J. (Hg.), 2003: Streitfall Biomedizin. Ur-
teilsfindung in christlicher Verantwortung. Göttingen: Vandenhoeck &
Ruprecht.
Gadamer, Hans-Georg, 1975: Wahrheit und Methode, 4. Aufl., Tübingen: C. J.
B. Mohr.

Jonas, Hans, 1979: Das Prinzip Verantwortung. Versuch einer Ethik für die technologische Zivilisation. Frankfurt/M.: Insel.

Jonas, Hans, 1985: Technik, Medizin und Ethik. Zur Praxis des Prinzips Verantwortung. Frankfurt/M.: Insel.

Kant, Immanuel, [1785] 2004: Grundlegung zur Metaphysik der Sitten. Hrsg., eingel. u. erl. von Jens Timmermann. Göttingen: Vandenhoeck & Ruprecht.

Kant, Immanuel, [1788] 2003: Kritik der praktischen Vernunft. Hrsg. von Horst D. Brandt. Hamburg: Meiner.

Kierkegaard, Sören, [1844] 1952: Philosophische Brocken. De omnibus dubitandum est. Düsseldorf: Diederichs.

Kierkegaard, Sören, [1846] 1957. 1958: Abschließende unwissenschaftliche Nachschrift zu den Philosophischen Brocken. Düsseldorf: Diederichs.

Koch, Gudrun, 2004: Persönlichkeitsrechtsschutz bei der postmortalen Organentnahme zu Transplantationszwecken in Deutschland und Frankreich. München: Utz.

L'hoste, Sibylle H., 2004: Ambivalenz der Medizin am Beginn des Lebens. Der Schwangerschaftsabbruch; kann die Philosophie zu einer Lösung beitragen? Münster: LIT-Verlag.

Lindemann, Gesa, 2002: Die Grenzen des Sozialen. Zur sozio-technischen Konstruktion von Leben und Tod in der Intensivmedizin. München: Fink.

Osten, Manfred, 2002: Homunculus, die beschleunigte Zeit und Max Beckmanns Illustrationen zur Modernität Goethes. Stuttgart: Steiner.

Rosenboom, Erik, 2000: Ist der irreversible Hirnausfall der Tod des Menschen? Die Problematik des irreversiblen Hirnausfalls und ihre Bedeutung für die Organtransplantationspraxis. Frankfurt/M.: Lang.

Schmidt, Jochen, 1999: Goethes Faust, erster und zweiter Teil. Grundlagen – Werk – Wirkung. München: C. H. Beck.

Staudinger, Julius von; Habermann, Norbert; Weick, Günter, 2005: Kommentar zum Bürgerlichen Gesetzbuch mit Einführungsgesetzen und Nebengesetzen, Buch 1: Allgemeiner Teil: Einleitung zum Bürgerlichen Gesetzbuch, Paragraphen 1-14, Verschollenheitsgesetz. Berlin: Sellier-de Gruyter.

Sucher, Bernd C., 1994: Faust-Inszenierungen in Deutschland, Frankreich und Italien seit 1980. In: Brown, J. K. et al. (eds.), Interpreting Goethe's Faust today. Columbia, SC: Camden House, S. 262-270.

Ward, Graham, 2003: Art. Postmoderne, II. Religionsphilosophisch und fundamentaltheologisch. In: Religion in Geschichte und Gegenwart, 4. Aufl., Bd. 6, Tübingen: C. J. B. Mohr, Sp. 1515-1516.

Weck, Monika Chr., 2003: Vom Mensch zur Sache? Der Schutz des Lebens an seinen Grenzen. Aachen: Shaker.

# Tod als Zugang zum Leben

*Horst Jürgen Helle*

## 1. Vorbemerkung

Die technische Zivilisation der Wohlstandsländer des beginnenden dritten Jahrtausends macht die unter ihren Bedingungen lebenden Menschen dazu geneigt, den Tod zu verleugnen. Das geschieht mindestens in soweit, als der Tod das unausweichliche Schicksal jedes Menschen ist. Tritt ein Tod ein, so wird das nicht selten als Versagen der Medizin oder als selbstverschuldetes Abweichen von der Norm – als Leichtsinn oder sonstige Unvernunft – bei dem Betroffenen gedeutet. Der kultivierte Umgang mit der unleugbaren Tatsache des Sterbenmüssens ist jedoch Merkmal jeder Form von Religion und lässt sich auf jeder Stufe der Entwicklung des Menschseins belegen. Das ist z.B. in der vielleicht ältesten erhaltenen Religion, im Schamanismus, der Fall, der dem Feldforscher noch heute in Nepal, Sibirien und Südkorea zugänglich werden kann. Feldnotizen aus Südkorea sollen im Schlussteil dieses Beitrags zeigen, wie die Kontaktaufnahme zu Verstorbenen durch die Schamanin geeignet ist, den Glauben an das Leben nach dem Tode zu stützen.

## 2. Der Tod des Einen ermöglicht das Leben des Anderen

Die weite Verbreitung von Tieropfern in der Geschichte der großen Religionen lässt den Schluss zu, dass in vielen Kulturen die Überbrückung des Widerspruchs zwischen Leben und Tod dadurch versucht wurde, dass die Handlung des Jagens, also das für die Menschen bei den Jägern und Sammlern lebenserhaltende Töten von Tieren, geheiligt wurde. Das scheint dadurch erreicht worden zu sein, dass eine Jägerreligion geglaubt wurde, nach deren Lehre das Nahrungstier selbst als eine Gottheit verehrt wurde, die sich ihren Anhängern zu essen gab, um sie vor dem Verhungern zu bewahren. „Manche griechische Mythen setzen andeutend den Gott und sein Opfertier gleich: Zeus verwandelt sich in den Stier, Dionysos in ein Ziegenböckchen" (Burkert 1972: 90). Zur Erarbeitung des Hintergrundes für dieses Szenario einer *Jägerhypothese* müssen wir aber zunächst etwas weiter ausholen.

Der Mensch stammt von Primaten ab, (eine Hypothese, die dem Glauben an die Schöpfung nicht im Wege zu stehen brauchte), die in tropischen Regionen in ihrer Nahrungsaufnahme ganz überwiegend *Vegetarier* waren wie die Affen und die in aller Regel *nicht getötet* haben. Die Menschwerdung im Vollsinne, also nicht nur als Thema *biologischer* Evolution, setzte dann voraus, dass dem Menschen auch unwirtliche Gegenden der Erde zugänglich wurden, in denen das Klima eine vegetarische Lebensweise ausschloss, weil dort weder Bananen noch Orangen gedeihen konnten. Der Mensch musste Pflanzennahrung durch

Fleischnahrung ergänzen oder ersetzen, um sich in diese Gebiete ausbreiten zu können, und dazu musste er Jäger werden.

Die Kulturfähigkeit des Menschen beruht wesentlich auf seinem Können, im Gegenüber – und zwar auch in dem Du, das ein Tier ist – sich selbst wieder-zuerkennen. Die Jagdbeute ist der Partner, den man kennt und den man gerade dadurch überlisten und erlegen kann, dass man sich mit ihm identifiziert. Jagd-planung ist der Ursprung symbolischer Kommunikation und damit ein Aus-gangspunkt menschlicher Kultur. Die soziale Qualität des Jägers befähigt ihn nicht nur dazu, in der Gruppe zuverlässig zu kooperieren, sondern sogar in der zu erjagenden Beute sein 'alter ego' zu sehen, in dessen Verhalten er sich durch einfühlendes Verstehen hineindenken kann. Unter Berücksichtigung seiner kör-perlichen Ausstattung und der simplen steinzeitlichen Waffentechnik hieß das:

a) er musste sich mit dem Nahrungstier identifizieren, um es als Interakti-onspartner verstehen, sein Verhalten nachvollziehen und voraussagen und es schließlich stellen und überwinden zu können, und

b) er musste es töten können.

In der Verbindung von gleichsam brüderlicher Hinwendung zum Nahrungstier als einem verstehbaren Du (nach a) mit der Entschlossenheit, ihm das Leben zu nehmen (nach b) lag offenbar ein furchtbarer emotionaler Konflikt.

Der Widerspruch des Lebens, in den der Mensch der Steinzeit von vornher-ein geriet, hatte diese Form: Einerseits musste er dem Tier, das er essen wollte, innerlich so nahe kommen, dass es ihm gleichsam ein Bruder oder sonstiger naher Verwandter wurde, andererseits musste er ihm nicht nur Leid zufügen, sondern er musste sein Fleisch gewinnen, um selbst dadurch leben zu können. So entstand eine Lebensmystik, die am Leibe anknüpfte: Der eine musste sein Leben geben, um seinen Leib als Speise anbieten zu können, der andere brauch-te den Leib als Nahrung, um davon leben zu können. Die Unversehrtheit des Tierleibes war die Voraussetzung für *dessen* Leben, die Verwundung und Zer-teilung des Tierleibes war die Voraussetzung für das Leben der essenden *Men-schen*. Die frühesten Formen von Religion entstanden im Umkreis dieses er-schütternden Widerspruchs, der in seiner Unerträglichkeit nicht stehen bleiben konnte: er musste religiös aufgehoben werden, damit *Menschlichkeit* im kultu-rellen Sinne begründet werden konnte.

Das Nahrungstier wurde aus religiöser Perspektive zum Lebensspender für den Menschen, ohne dabei sein eigenes Leben unwiderruflich zu verlieren: Sein unversehrtes Skelett musste der Natur zurückgegeben werden, damit es erneut mit Fleisch bekleidet werden konnte – wie eine Pflanze, die, wenn der Mensch sie behutsam behandelt, nicht stirbt, sondern immer wieder Früchte für ihn trägt. Die Religion der Jäger schuf die Voraussetzung dafür, dass unsere fernen Vorfahren töten konnten, ohne dabei zu Mördern zu werden. Die nachfolgenden Beispiele dienen der Überprüfung dieser These, nach der die älteste Form von Religion die Heiligung der Jagd und des Nahrungstieres zum Ziel hatte (Helle 1997: 77f.).

### 3. Funde aus der Zeit des Magdalénien

Das Buch Numeri befahl den Israeliten im antiken Judentum, eine *„fehlerlose Kuh"*, *„auf die noch kein Joch ist"* (Numeri, 19,2), auszuwählen und zu opfern. Wie weit reicht die Überlieferung in der Religionsgeschichte zurück, die beim Volk Israel in die Form einer schriftlichen Anweisung gegossen wird? Hinweise auf religiöse Jagdrituale aus der späten, also unserer Zeit am nächsten liegenden Endphase der *Altsteinzeit* entnimmt die Vorgeschichtsforschung archäologischen Funden bei Hamburg:

„So wurden nahe den magdalénienzeitlichen Lagerplätzen von Stellmoor und Meiendorf in einem ehemaligen Tümpel mehrere jugendliche, weibliche Rentiere von den spätpaläolithischen Jägern versenkt, nachdem man ihnen den Brustkorb geöffnet und mit Steinen beschwert hatte. Das eine Tier zeigt eine offenbar mit Pfeil und Bogen zugefügte Schusswunde am Schulterblatt. Wir müssen also annehmen, dass die Renkühe erlegt, nicht etwa verendet aufgefunden worden waren. Nach ihrem Lebensalter handelt es sich um allerbestes Wildbret, das hier absichtlich (...) geopfert wurde." (Müller-Karpe 1977²: 224f.; vgl. ebd.: 140; Müller-Karpe 1998: 20)

Der mit Steinen gefüllte Brustkorb erinnert an das Märchen von dem Wolf und den sieben Geißlein, in dem berichtet wird, dass am Schluss dem Wolf Steine in den Leib genäht werden. Bei den *Versenkopfern* der Jäger der Altsteinzeit wird es sich um eine Frühform religiösen Verhaltens handeln. Die Jägerbande verzichtete auf ein ganz besonders attraktives Fleischmahl, indem sie das erjagte Wild dem Jenseits übergab. Hermann Müller-Karpe, auf dessen Deutung wir uns hier stützen, unterscheidet freilich zwischen religiösem Gehalt im engeren Sinne und magischen Praktiken, die er nicht als religiös anerkennen will. Bei den Fleischopfern der Jäger der Altsteinzeit vermutet er, dass es sich überwiegend um Magie handelt. Um diese Position zu stärken, schreibt er:

„Sie [diese Meinung] stützt sich darauf, dass Angehörige rezenter Jägervölker auf Befragen über die Bedeutung von Tier- oder Fleisch-'Opfern' sich dahingehend äußerten, diese 'Opfer' würden deponiert, damit daraus neues Jagdwild entstehe." (Müller-Karpe 1977²: 227)

Vor dem Hintergrund unserer These ist die Gegenüberstellung von Religion und Magie nicht hilfreich: Angehörige rezenter Jägervölker mögen ähnliche Schwierigkeiten haben, an die Auferstehung eines getöteten Tierkörpers zu glauben, wie viele Christen an die Auferstehung Jesu. Insofern schließen die Aussagen von Angehörigen rezenter Jägerkulturen nicht aus, dass die Versenkopfer ein religiöses Ritual darstellten, welches dem erlegten, aber nicht verzehrten, sondern geopferten Nahrungstier dazu verhelfen sollte, neues Jagdwild nicht magisch, sondern nach religiösem Glauben entstehen zu lassen.

Auch der Reinkarnationsglaube hat möglicherweise in alten Vorstellungen der Jägerreligion seine Wurzel. Zentrales Thema war die Überzeugung, dass das Leben beim Töten des Nahrungstieres durch die Jäger nicht zu Ende sein könne. Blieb der Leib, in dem das Tierleben sich fortsetzen sollte, mindestens in Teilen (z.B. den Gebeinen) mit dem Leib identisch, der vor der Tötung gelebt hat, so handelte es sich um ein Auferstehen. Erhielt jedoch die Seele zum Weiterleben nach den Vorstellungen der Menschen einen neuen, anderen Leib, so konnte das als Reinkarnation verstanden werden. Die restlose Verbrennung des toten Leibes zu Asche (wie im Falle der roten Kuh im Buche Numeri 19, 1-21) würde nach diesen Überlegungen dem Reinkarnationsglauben entsprechen, die behutsame Bestattung des unversehrten Skeletts dem Auferstehungsglauben. Dazu passt es auch, dass die jüdische Religion und die christlichen Kirchen in der Vergangenheit ihren Gläubigen die Leichenverbrennung als zum Auferstehungsglauben im Widerspruch stehend nicht erlaubt haben.

Müller-Karpe berichtet übrigens, es habe sich um *junge weibliche Tiere* gehandelt. Sie *nicht* zu essen, obschon sie gewiss besonders schmackhafte Fleischnahrung gewesen wären, muss wohl als Hinweis auf ein religiöses Opfer gedeutet werden. Vielleicht glaubten die Jäger von Stellmoor und Meiendorf, durch Versenken im Wasser würden die jungen Tiere in ein neues Leben eingehen, sich dort als Tiermütter fortpflanzen und den Jägern neue Tiere für die zukünftige Jagd zur Welt bringen. Obschon es sich bei dieser Sichtweise nur um eine Hypothese handelt, kann doch eine Parallele zwischen vorgeschichtlicher Archäologie und dem Buche Numeri darin gesehen werden, dass *nicht irgendwelche* Tiere als Opfer infrage kamen: Vor rund 10.000 Jahren waren es in der Gegend des heutigen Hamburg *junge weibliche* Tiere, vor rund 4.000 Jahren musste es in Israel *„eine fehlerlose Kuh"* sein, „auf die noch kein Joch gekommen ist". Auch sie war demnach sowohl jung als auch weiblich und *„fehlerlos"*.

## 4. Behandlung des Skeletts beim Opfermahl

Für die Annahme von der weiten Verbreitung und langen Dauer einer durch die ganze Steinzeit hindurch praktizierten Jägerreligion spricht das Vorhandensein bestimmter überall in Variation wiederkehrender Praktiken im Umkreis religiöser Tieropfer. Dabei fällt die Bedeutung des Skeletts oder von Teilen des Skeletts auf. Die Kulturen, von deren Opferritual verlässliche Berichte vorliegen, sind durchweg *längst nicht mehr* Jäger und Sammler. Viele sind seit vielen Generationen Viehzüchter geworden, tradieren aber – wie offenbar die Israeliten im Buche Numeri – religiöse Bräuche weiter, die aus der langen Vorgeschichte der betreffenden Kultur stammen müssen.

Die Beispiele des steinzeitlichen *Versenkopfers* und des altisraelitischen Kuhopfers durch Verbrennen sind ungeeignet, will man Erkenntnisse darüber gewinnen, dass in vielen Kulturen das Fleisch des Opfertieres mindestens teilweise auch als Opfermahl *gegessen* wurde. Dem Verzehr geht notwendig die Trennung des Fleisches von den Knochen des Tieres voraus, und über den rituell vorgeschriebenen Umgang mit den Knochen gibt es zahlreiche Berichte:

„Der Ritus dieses Opfermahls ist nach den einzelnen Völkern und Stämmen sehr verschieden. Bei den Südaltaiern besteht die Vorschrift, dass das Opferfleisch ganz aufgegessen werden muss von den Anwesenden; die von dem anhaftenden Fleisch befreiten

Knochen werden gesammelt, auf Birkenreiser gelegt und mit Birkenzweigen und Blättern bedeckt, auf einem Gerüst dargebracht." (Vorbichler 1956: 46)

Auch in einem anderen Zusammenhang erfahren wir von der „Aufbahrung" des Skeletts auf einem Gerüst, wobei der Eindruck entstehen kann, die Leibteile würden so arrangiert, dass eine Auferstehung erleichtert oder gesichert werden kann:

„Bei der zweiten Form der Darbringung aber bleiben Kopf, Langknochen und die vier Extremitätsknochen mit der Haut verbunden; diese wird an eine lange Stange, gleichsam als Rückgrat, gesteckt und das Ganze auf einem Holzgerüst, nach Osten gerichtet, aufgestellt" (ebd.: 45f.).

„Es handelt sich dabei um das Opfer ‚eines von ihm *(dem Opferer)* getöteten Elentieres'. Und bei diesem Opfer wurden die Knochen herausgenommen und sorgfältig darauf geachtet, dass keiner zerbrochen wurde. *Später* wurden diese dann an einem sicheren Platz auf einem Baum aufgehängt, dass kein Hund oder Wolf daran gelangen konnte. Die Aufbewahrung der Knochen ist also nur eine zur Vervollkommnung dieses Opferritus gehörende Zeremonie; das Opfer selbst aber bestand in der Darbringung des Elentieres selbst, welche freilich nicht näher beschrieben ist. Als dann am folgenden Tag der Opferer wieder ein Elentier schoss, da sagte der Medizinmann zu ihm: ‚Du siehst, mein Sohn, wie deine Güte belohnt worden ist; du gabst das erste, was du tötetest, dem Geist; er wird Sorge tragen, dass du nicht Mangel leidest.'" (ebd.: 106f.)

Vorbichler, dem wir diese und die folgenden Angaben verdanken, stammt aus der Schule des Steyler Missionars Pater Wilhelm Schmidt SVD, dessen Hauptwerk ‚Der Ursprung der Gottesidee' (abgekürzt als UdG) von ihm häufig zitiert wird.

„Bei den *Montagnais* wird ein solches Opfer vom erlegten Bären, aber auch von anderen Wildtieren dem Wildgeist dargebracht (UdG II: 461). Und zwar wird zu Ehren des ‚Weißen Geistes' bei der Tötung des ersten Bären im Frühling eine Zeremonie gehalten, wobei der *ausgestopfte Körper* des Bären in der Mitte liegt. *Später* werden dann Schädel und Knochen des Bären auf Pfählen befestigt, wie das auch bei anderen Wildtieren geschieht. Also auch hier bildet die Darbietung der Knochen nur gleichsam den Abschluss des Kultaktes, bei dem der *ganze Bär*, ausgestopft, also scheinbar lebend, in der Mitte liegt." (Vorbichler 1956: 105f.)

„Dann schließt sich ein Festmahl an, in dem das dafür bestimmte Festtier in lauter gleiche Teile geteilt wird, entsprechend der Zahl der Opferteilnehmer. Jeder soll dann seine Portion möglichst schnell verzehren. Hierauf müssen alle Knochen säuberlich gesammelt und ins Feuer geworfen werden, oder in fließendes Wasser, so dass die Hunde nicht herankommen." (ebd.: 108)

Die in den Berichten mitgelieferten Erklärungen, z.B. „so dass die Hunde nicht herankommen" oder „dass kein Hund oder Wolf daran gelangen konnte" bleiben an der Oberfläche des Phänomens. Mit dem Skelett wird ein bedeutsamer Teil des ursprünglichen Körpers feierlich vor der Zerstörung bewahrt in der Erwartung, der unversehrte Zusammenhang der Knochen könne und werde sich erneut mit Fleisch bekleiden und so gleichsam auferstehen. Das dürfte der religiöse Ursprung des rituellen Tuns gewesen sein, selbst wenn der in der Überlieferung nicht unbeschädigt tradiert werden konnte. Das *Fleisch* ist es ja auch, was die Jäger brauchen, um zu überleben. Wenn die Jägerreligion daher als Sitz des Lebens beim Tier nicht Fleisch und Blut sondern das *Skelett* definiert, kann dem Tier das Fleisch genommen werden, ohne dass ihm das Leben genommen werden müsste. Der Jäger gewinnt, was er zum Leben braucht und lässt doch dem Tier, was es zur Auferstehung braucht: sein Skelett.

„In der Betonung der Knochen lebt die alte jägerische Glaubenswelt weiter, die in den Knochen, bzw. im Gesamtskelett eine das Fleisch überdauernde Lebenskraft konzentriert sieht und die zauberische Wiederbelebung der Jagdtiere evtl. von dem Vorhandensein dieses Skeletts überhaupt abhängig macht." (Findeisen/Gehrts 1983: 77)

Findeisen nennt die Vorstellung „zauberisch", will sich also wie Müller-Karpe damit auf magische Konzepte beziehen; das Modell des Auferstehungsglaubens wendet er nicht an.

In seinem grundlegenden Werk über den Schamanismus berichtet Mircea Eliade von einer Geschichte aus der Edda, einer alten Handschrift, in der isländische und skandinavische Traditionen festgehalten sind. Darin geht es um die Ziegen des Gottes Thor. Auf einer Reise macht der Gott mit seinem Wagen und seinen Ziegenböcken bei einem Bauern Rast. Am Abend schlachtet der Gott seine Böcke, bewirtet seine Gastgeber mit deren Fleisch und isst selbst auch davon. Die Felle der Tiere legt Thor etwas abseits vom Feuer nieder und fordert den Bauern und dessen Diener auf, die Knochen auf die Felle zu werfen. Ein Sohn des Bauern nimmt jedoch einen Oberschenkelknochen und öffnet ihn mit einem Messer, um das Mark herauszunehmen. Der Gott will die Nacht dort verbringen, doch vor Sonnenaufgang steht er auf, kleidet sich an, schwingt seinen Hammer, ruft seine Ziegenböcke, und sofort erheben sich beide, um ihm zu folgen. Der eine Bock, dessen Oberschenkelknochen der Sohn des Bauern geöffnet hatte, lahmt jedoch (Eliade 1956: 162). Die Geschichte zeigt, dass sich auch im Bereich alt-germanischer Kulturen die Vorstellung von der Unverletzbarkeit des Skeletts erhalten hat.

Philip Drucker hat bei den Indianern der Nordwestküste der U.S.A. beobachtet, dass dort der Lachs als wichtiges Nahrungstier religiös verehrt wird. (Drucker 1955). So sehr die Stämme dieser Region sich in anderen Einzelheiten ihrer Kulturen auch unterscheiden, sie glauben übereinstimmend an die Lachsgeister, die in Menschengestalt in einem großen Haus im Meer leben. Für die alljährliche Lachswanderung nehmen sie Fischgestalt an und beginnen stromaufwärts zu schwimmen, um sich den Menschen zu essen zu geben. Die ersten Fische, die gesichtet werden, lösen ein Begrüßungsritual aus. Es ist so kompliziert, dass nur der Medizinmann es ausführen kann. Der erste große Lachs wird mit dem Zeremoniell begrüßt, das für den Besuch des Häuptlings eines befreundeten Stammes vorgesehen ist. Von allen verspeisten Lachsen müssen die Gräten ins Meer zurückgeworfen werden. Das ist die Voraussetzung dafür, dass sich aus dem abgegessenen Fischskelett der jeweilige Fischgeist regenerieren kann. Werden die Gräten nicht vollständig dem Meer übergeben, so kehrt der betroffene Lachsgeist verkrüppelt mit z.B. nur einem Arm oder Bein in das große unterseeische Haus zurück. Das löst die Verärgerung aller Fischgeister aus, die davon erfahren, und im darauffolgenden Jahr wird ihre Gruppe die

Menschen dadurch bestrafen, dass sie nicht an der Lachswanderung teilnimmt, sich ihnen also nicht zu essen gibt (ebd.: 141).

Das Weiterleben der Tiergeister über die Tötung durch die Jäger hinaus macht es möglich, dass die Menschen zu ihnen eine zeitlich nicht begrenzte, also ewige Beziehung eingehen können. Während Alltagsbeziehungen unter der Einschränkung der zeitlichen Begrenztheit stehen (die Krankenschwester kann sich um den Patienten nur kümmern, bis sie Feierabend hat; der Studierende verlässt seinen Professor, sobald er das Examen bestanden hat u.s.w.) wird einer Beziehung ihre religiöse Qualität in allen Religionen durch die Annahme zuge-schrieben, dass sie ewig sei. Ewig im Sinne von „ohne zeitliche Begrenzung" kann eine Beziehung nur sein, wenn die Beteiligten ihre Existenz als ewig aner-kennen. Eine Person, die sich – aus gutem Grund – für sterblich hält und dazu noch – ganz grundlos – meint, mit dem Tode sei alles aus, wird keine Bezie-hung mit Ewigkeitscharakter aufbauen. Religiös kann eine Beziehung daher nur sein, wenn von der Unendlichkeit der Existenz der daran Beteiligten als offen-kundiger Voraussetzung für die unbegrenzte Fortdauer ihrer Beziehung ausge-gangen wird.

## 5. Typologie 'ewiger' Beziehungen

Dies führt von einem neuen Ausgangspunkt aus wiederum zum Umgang mit dem Tod. Alle Religionen, so unterschiedlich sie in ihren Lehren sonst sein mögen, stimmen darin überein, dass der Tod *nicht* die Existenz der Person aus-löscht. Der Kommunismus Maos in China musste die traditionelle Hochschät-zung der Ahnen fortführen. Um aber nicht Religion zu sein, lehrte er, dass jeder das Andenken seiner Vorfahren im Gedächtnis behält wie Bilder in einem Pho-toalbum, verbunden jedoch mit der ausdrücklichen Überzeugung, dass eine reale Existenz aller verstorbenen Verwandten mit deren Tode geendet habe. Ein frommes Angedenken an eine Person, deren Realpräsenz nicht geglaubt werden kann, weil sie als im Tode erloschen gilt, kann – folgt man der hier vorgeschla-genen Definition – nicht zu einer religiösen Beziehung führen. Es ist vielmehr charakteristisch, dass die Person, auf die hin der Kreative sich orientiert, als unsterblich und daher ewig gilt. Sie ist dies entweder, weil sie schon verstorben ist, wie Vorfahren und Heilige, oder weil sie dem Tode niemals unterlag, wie Personen mit göttlicher Qualität und andere Geistwesen.

Es würde aber den Begriff „religiös" zu sehr einengen, wenn man bei der Definition fordern würde, dass an jeder religiösen Beziehung eine unsterbliche Person als unmittelbarer Interaktionspartner beteiligt sein muss. Das Wort „wo zwei oder drei in meinem Namen beisammen sind..." weist in die Richtung der Vermittlung von jenseitiger Realpräsenz durch diesseitige Beziehungen. Die religiösen Erfahrungen in Beziehungen zu Unsterblichen folgen einer Typologie von Begegnungen, die man wie folgt zusammenfassen kann.
a) Begegnung im Diesseits: Mose am Dornbusch und in anderen Situationen.
b) Begegnung im Jenseits: Bileam beim Brandopfer als Seher in Glossolalie.

c)  Begegnung über menschliche Vermittler: Aaron durch Mose, Israel durch
    Aaron.
d)  Begegnung über tierische Vermittler: Bileam über seine Eselin.

Das ist eine unter religionssoziologischen Gesichtspunkten wertungsfrei zu-
sammengestellte Typologie. Die konkreten Religionen freilich werten, indem
sie lehren, den einen Beziehungstyp zu bewundern, den anderen aber zu verur-
teilen. Es liegt nahe, die religionssoziologische Fragestellung eng an die perso-
nalen Beziehungen zu jenseitigen Personen, also zu Göttern, Heiligen, Dämonen und Seelen Verstorbener, anzulehnen. Aus der großen Vielfalt von heute
auf der Welt gelebten religiösen Wirklichkeiten, wird wie angekündigt der
Schamanismus herausgegriffen, der in Südkorea eine erheblich praktische Bedeutung für die Orientierung und Lebensführung von Menschen aller sozialen
Schichten hat. Man nennt Zahlen zwischen 70.000 und 80.000 praktizierenden
Schamanen, die zu 90% Frauen sind.

## 6. Feldnotizen aus Korea

Der Schamanismus-Experte Prof. Park Il-Young, ein Koreaner, der in Freiburg
in der Schweiz promoviert hat, holt mich an einem heißen Augusttag gegen 16
Uhr an der Sogang Universität in Seoul ab. Wir nehmen ein Taxi ins Zentrum
der Riesenstadt. Dort betreten wir ein Büro-Hochhaus, fahren mit dem Fahr-
stuhl ins 9. Stockwerk und gehen dann ins 8. wieder hinab. Vom Fenster im
Treppenhaus aus schaut man tief hinunter auf die typisch koreanischen Dächer
von Häusern, die 100 bis 200 Jahre alt sind. An einer Tür, die aussieht wie zahl-
lose andere Eingänge zu Büros, klingelt Prof. Park, obwohl die Tür nur ange-
lehnt ist. Die Schamanin erscheint, erkennt ihn, lächelt, verneigt sich, deutet uns
an, einzutreten, und zieht sich zur Fortsetzung ihrer Arbeit hinter einen Raumteiler zurück.

Wir ziehen asienkundig gleich an der Eingangstür die Schuhe aus; auf
Strümpfen treten Park und ich in den einen und einzigen Raum ein: ein ursprünglich ganz nüchternes Büro, vielleicht 5 Meter breit und 7 Meter lang. Ein
altmodischer Schrank steht als Raumteiler quer, so dass in dem uns zunächst
zugänglichen Teil etwa 4 Meter übrigbleiben. Der Schrank lässt an seinem rech-
ten Ende einen Durchgang von etwa einem Meter frei. Jenseits des Schrankes,
in dem Bücher stehen, empfängt, berät, behandelt die Schamanin ihre Klienten,
Kunden, Patienten, Gläubigen. Diesseits des Schrankes, also in dem Teil des
Zimmers, das allein ich vorerst sehe, sitzen zwei Frauen und zwei Männer am
Boden. Einer der Männer rückt etwas zur Seite, um Platz zu machen: Park und
ich setzen uns auch. An der Wand gegenüber, nahe am Durchgang zum „Behandlungsraum", steht der einzige Stuhl, um den ich die andere Frau beneide,
die darauf sitzt. Sie ist auch eine junge Erwachsene, etwas bunter gekleidet,
etwas koketter aufgemacht als die andere, aber alle sind sehr korrekt und gut
angezogen.

Hinter dem Bücherschrank hört man, wie die Schamanin mit einem weiteren Mann redet, den wir noch nicht gesehen haben. Von Vertraulichkeit kann keine Rede sein: jeder hört alles mit! Mir bleibt freilich fast alles verborgen, weil ich der Landessprache nicht mächtig bin und Herr Park in die Stille hinein nicht dauernd für mich übersetzen kann. Nach fünf oder zehn Minuten kommt der Mann hinter dem Raumteiler, also dem Bücherschrank hervor, sucht seine Schuhe und geht. Die Schamanin bittet nun gleich drei Personen nach hinten: die beiden Frauen und einen Mann. In unserem Teil des Zimmers wird Platz: Herr Park setzt sich auf den einzigen Stuhl, von dem aus der „Behandlungsraum" eingesehen werden kann. Er schaut auch recht ungeniert dort hinein. Man hört die Schamanin im Singsang so etwas wie eine Litanei beten, man hört sie auch wiederholt Münzen in einem Behälter schütteln und dann krachend auf den Tisch werfen. Man hört selten Stimmen der Kunden, aber fast durchgehend ihre sichere und sympathische Stimme in lehrendem Ton. Park sieht, wie ich meine Beine, die den Schneidersitz nicht gewohnt sind, zu entknoten suche, bietet mir den einzigen Stuhl an, deutet auch an, da könne ich doch was sehen! Gerade das lässt mich zögern, aber endlich nehme ich an.

Der „Behandlungsraum" ist in Wahrheit ein Altarraum! In Verlängerung der Wand, an die ich gelehnt gesessen hatte, steht ein Altar, bedeckt mit vegetarischen Nahrungsmitteln, vorwiegend Äpfeln und Melonen, auch Wassermelonen. An der Wand oberhalb des Altares hängen Papierbilder von „Heiligen" oder „Gottheiten" und auf dem Altar stehen vier Leuchter mit brennenden Kerzen. Die Schamanin sitzt mit dem Rücken zu mir an einem Tischchen, so dass ich dem Mann ins Gesicht sehen kann und die beiden Frauen im Profil sehe. Die Schamanin hat offenbare Mühe mit den Dreien, und ich spekuliere, was wohl das Problem sein könnte. Später, in dem anschließenden ausführlichen Gespräch, sagt uns die Schamanin, der Mann sei reich, wolle ein Geschäft (Bar oder Café) mit den beiden gründen und habe eine Art Unternehmensberatung aus dem Jenseits erbeten. Sie habe klar gemacht, dass die beiden Frauen zu verschieden seien, als dass das gelingen könnte! Vielleicht wird durch diese Art der Unternehmensberatung aus dem Jenseits die Zahl der Konkurse in Süd-Korea wirksam verringert oder doch mindestens viel Ärger vermieden.

Endlich, nach etwa einer halben Stunde, gehen die Drei, natürlich unter Zurücklassung eines ansehnlichen Honorars in bar. Nun kommt noch der letzte junge Mann hinter den Raumteiler in den Altarraum, und das Gespräch mit ihm beschließt den Arbeitstag der Schamanin. Es ist fast 18 Uhr; eine alte Dame taucht auf: die Mutter der Schamanin. Bald treffen zwei weitere Frauen ein, die Professorinnen und Kolleginnen von Prof. Park sind. Die Mutter spült Geschirr und geht wieder, offenbar bewohnen Schamanin und Mutter auf der gleichen Etage noch andere Räume. Wir sitzen zu fünft – außer der Schamanin lauter Hochschullehrer – auf dem Boden im „Wartezimmer" in fröhlicher Runde. Von den Wissenschaftlerinnen spricht eine Englisch (7 Jahre U.S.A.), die andere Deutsch (Verlagslektorin, übersetzt deutsche Bücher ins Koreanische). Das ist für mich entscheidend, weil ich auf ständiges Übersetzen angewiesen bin.

Wir setzen uns um ein niedriges Tischchen. Es gibt Birne und Wassermelone, und eine fröhliche und spannende Unterhaltung beginnt, die vielleicht eine Stunde dauert, dann gehen wir zusammen in ein vegetarisches buddhistisches Restaurant und anschließend noch in eine Teestube (mit Weihrauch- oder Duftlampenaroma in der Luft) und plaudern lange.

Die Schamanin ist etwa 30 Jahre alt und sehr hübsch, sieht aus wie eine Frau aus Süditalien oder Spanien, dunkle Augen, schwarzes Haar. Das Haar hat sie eng an den Kopf zu einem eleganten Knoten zusammengesteckt. Sie trägt ein rosa- bis purpurfarbenes traditionelles Kleid, bodenlang, in großer Glockenform, das so hoch am Oberkörper tailliert ist, dass die Brüste mit in der Glocke verschwinden. Was sie ausstrahlt ist Sicherheit, Empfindsamkeit, Fröhlichkeit, und dabei hat sie scheinbar unerschöpfliche Energie. Ihre Rede, die ich ja leider nicht verstehe, begleitet sie mit ausdrucksvollen Handbewegungen, und sie wäre gewiss eine gute Schauspielerin, falls sie das wollte. Auch ohne ihre Worte zu verstehen, einfach ihr beim Reden zuzuschauen, ist ein Erlebnis. Sie lacht immer wieder laut und herzlich, ist oft auch schelmisch wie ein kleines Mädchen.

Zuerst stelle ich langsam Fragen, später, gegen Ende des Abends interviewt sie dann mich. Das gipfelt darin, dass sie meint, in zwanzig Jahren wäre sie etwa fünfzig, dann sei sie als Schamanin zu alt, dann wolle sie mit mir an einem Buch über den koreanischen und sibirischen Schamanismus schreiben. Park übersetzt das. Ich lasse zurückübersetzen: Ich werde ab sofort meinen Lebenswandel darauf einstellen, dass ich unbedingt in zwanzig Jahren noch voll einsatzfähig sein werde. Park übersetzt. Sie antwortet, sie werde dafür beten. Ich entgegne ihr, damit sei die Sache geklärt und abschließend entschieden. Alle haben großen Spaß. Sie meint, ich könne ihr ja schon jetzt bei der Feier der Schamaninnen-Liturgie assistieren: Ich brauchte nur zu lernen, eines der alten Musikinstrumente, oder notfalls auch nur das Schlagzeug (also etwa wie der Ministrant, der zur Wandlung klingelt) zu beherrschen, dann sei ich sofort einsetzbar.

Sie wurde als achtjähriges Mädchen schwer krank. In ihrer Verzweiflung, weil gar nichts zu helfen schien, ließ ihre Mutter sie katholisch taufen, doch sie wurde nicht gesund. Später brachte sie das Kind zu einer Gruppe protestantischer Pfingstler. Auch das half nicht. Endlich rieten Nachbarn aus dem Dorf, in dem sie wohnte, ihr die Grundausrüstung einer Schamanin zu kaufen: Schwert und Fächer. Kaum erhielt sie diese Insignien, schon wurde sie gesund. So begann sie als achtjähriges Mädchen ihre Tätigkeit als Wahrsagerin. Sie trieb ihre Verwandten zur Verzweiflung, weil sie ihnen auf den Kopf zusagen konnte, wie viel Geld jeder in der Tasche hatte. Dann kam die lange Ausbildung zur Schamanin, welche die Beschwörung (Herbeirufung) der Seelen Verstorbener einschloss. Sie erzählt, wie ein älterer Filmregisseur sie beauftragte, die Seele seiner toten Mutter herbeizurufen. Da ihr das gelang, wurde sie von der Mutter besessen. Sie erinnert sich, wie sie als des alternden Regisseurs Mutter diesem um den Hals fiel und zugleich dachte: warum mache ich denn so etwas, ich bin doch eine ganz junge Frau! Als sie das berichtet, muss sie ausgelassen lachen über die Erfahrung ihrer eigenen Doppelexistenz, die sie im Zustand der Besessenheit machte.

Ich frage (noch in der Teestube, wo wir wieder im Schneidersitz auf dem Boden im Kreis um einen ganz flachen Tisch hocken) nach dem Trick mit den Münzen, der mich wirklich gestört hatte. Sie erklärt sehr freundlich und mit größter Sicherheit: Das laute Schütteln der Münzen hören die Götter, Sie werden so darauf hingewiesen, dass zu einer wichtigen Frage ihre Meinung erbeten wird. Die Münzen (nach dem, was ich beobachten konnte, etwa 10 bis 12 an der Zahl), fallen dann in einem bestimmten Muster auf den Tisch, und das deutet die Schamanin. Bilden z.B. die Münzen bei der Beratung eines Paares, das Probleme hat, die Form eines Y, so ist mit der baldigen Trennung des Paares zu rechnen. Der Münzenwurf beeinflusst also das Schicksal nicht, er dient nur der Kommunikation mit dem Jenseits, wo alles, was kommen wird, schon bekannt ist.

Ich lasse sie fragen, ob sie bei allen Klienten immer eine Antwort weiß, oder ob es auch vorkommt, dass sie sagen muss: tut mir leid, dazu kann ich leider gar nichts sagen. Sie lässt übersetzen: Die Götter wissen immer eine Antwort, nur kann es der Schamanin verboten sein, die Wahrheit auch mitzuteilen. So kommt es vor, dass der Klient die Wahrheit, z.B. über den baldigen Tod eines nahen Verwandten, nicht ertragen würde. Dann muss sie die richtige Antwort verschweigen, obschon sie selbst sie kennt. Einmal wurde sie gebeten, das Verschwinden eines Jungen zu erklären, der seit einer Woche vermisst war. Sie erkannte als Wahrsagerin, dass der Junge tot an einem Bahndamm lag, und sagte es der Mutter. Die Mutter hielt das für falsch und ging zu einer anderen Schamanin, die ihr versprach, der Junge lebe und komme bald heim. Kurz darauf wurde die Leiche das Jungen an einem Bahndamm gefunden.

Übrigens wisse sie auch, wer aus der bevorstehenden Präsidentschaftswahl in Süd-Korea als Wahlsieger hervorgehen werde, doch die Götter verbieten ihr, das jetzt schon mitzuteilen. Mir kommt der stumme Gedanke: Aber unter vier Augen würden Sie es mir doch sicher sagen? Obschon ich das freilich nicht ausspreche, schaut sie mich an, und mir kommt die unheimliche Idee, dass sie genau weiß, was ich nicht sage! Dann erzählt sie, sie habe einmal einen Amerikaner als Klienten gehabt, der bei den New York Philharmonics als Musiker spielte. Ihm habe Sie gesagt, ein so empfindsamer Mann, wie er, werde sich bei einer westlichen Frau auf die Dauer nicht wohlfühlen. Sie rate ihm, sich nach einer Partnerin aus Asien umzuschauen. Darauf habe er geantwortet: Ja, genau das habe er auch vor.

Diese „begeisterte" Frau scheint erleichtert, endlich mal von sich reden zu dürfen, anstatt immer nur die Probleme anderer anhören zu müssen. Park kann nur einen Bruchteil für mich übersetzen. Ich beschwöre ihn, noch in der Nacht aus dem Gedächtnis alles aufzuschreiben. Er sagt, man hätte ein Tonband laufen lassen müssen. Doch das hätte wohl eher die Stimmung verdorben. Sie braucht viel Ruhe, um zu beten, sagt sie. In der Stadt sei es zu hell und zu laut. Sie geht darum gern nachts hinaus in die Berge. Da fühlt sie die Nähe zu den Göttern. Sie möchte auch gern einmal weit weg, in den Himalaja zum Beten reisen.

Jede Schamanin hat eine Patin, unter deren Schutz sie zur Schamanin wird. Die Patin ist ihre „göttliche Mutter". Sie, unsere dreißigjährige Mudang (das koreanische Wort für Schamanin) hat schon Patenkinder, und obschon sie deren „göttliche Mutter" ist, sind diese Schamaninnen doch älter als sie selbst! Sie scheint so etwas wie ein schamanisches Wunderkind zu sein. Am kommenden Samstag, also übermorgen, feiert sie zusammen mit drei anderen Schamaninnen ein ganztägiges Ritual, Kut genannt. Eine Familie hat eine Serie von Unglücken erlitten. Zuletzt starb der Ehemann, und nun erscheint seine Seele der Ehefrau und fordert sie auf, ihm ins Jenseits zu folgen. Da muss man mit ihm reden und ihm klarmachen, dass er sich aus dem Jenseits heraus falsch verhält. Also wird Samstag vormittags der Beistand der großen Götter erfleht und am Nachmittag dann redet man mit dem Herrn Toten selbst.

Abb. 1:
Verneigung einer jungen Frau vor dem – nach ihrem Glauben – im Körper der Schamanin real anwesenden verstorbenen Verwandten.

Betrat man zu Beginn des Rituals den Kleintempel auf einem Hügel oberhalb der Riesenstadt Seoul – und das war nur von der offenen Frontseite her möglich – so konnte man geradeaus auf die gegenüberliegende Wand zugehen, die in ihrer ganzen Länge von einem Altar ausgefüllt war. Darüber hingen schlichte Bilder verschiedener Götter und Geister, der Altar war mit Früchten und Reis reich bedeckt. Wandte man sich nach links, so sah man im hinteren Teil, an den Altar angrenzend, Götterbilder auch an dieser Wand, und in der Ecke am linken Ende des Altars und altarnahem Ende der linken Wand, saßen immer zwei Frauen und sorgten für den nach dem Ritual jeweils erforderlichen Begleitrhythmus. Eine hatte vor sich eine Uhrenglas-Doppeltrommel, etwa 80 cm lang und mit einem Durchmesser der beiden Trommelfelle von ca. 50 cm, die vor ihr lag, so dass sie mit beiden Händen Stöcke von links und von rechts daran schlagen konnte. Das Material war wohl Holz, und hätte man die Trommel aufrecht hingestellt, so hätte sie wie eine riesige Sanduhr ausgesehen. Die andere hatte einen goldglänzenden runden Gong, auch etwa 50 cm im Durchmesser. Zu Trommel und Gong wurde nach Bedarf gesungen.

Es fängt an mit der Anrufung von Göttern oder Seelen, sehr meditativ, gleichförmig, und dem Trommelschlag meist lang, kurz-kurz lang, usw., wie im vier Vierteltakt mit einer halben Note am Anfang des Taktes. Die Schamanin singt, schwingt die Arme, dreht sich wie ein Kreisel, tanzt und wird endlich besessen von der Seele des Verstorbenen (wer „Ghost" im Kino oder als Video gesehen hat, denkt an die farbige Schauspielerin Goldberg). Der Verstorbene schlüpft also in den Körper der alten Schamanin und spricht dann zu seinen Kindern und seiner Nichte.

Während des Rituals sind die Trauernden sehr ergriffen, und der Gedanke irgendeines unehrlichen Theaters kommt einem gar nicht. Die Konfrontation mit der Seele des lieben Toten im Körper der von ihr besessenen Schamanin hat etwas Zärtliches. Auf wechselseitigen Trost ausgerichtetes Verhalten scheint im Vordergrund zu stehen.

Nach einer Umbaupause geht es weiter. Alle warten gespannt im Tempel. Sun-dok hat sich zurückgezogen, um etwas auszuruhen, vielleicht zu beten, auch um etwas zu essen. Die andere alte Schamanin macht Witze: „Wir müssen hier warten und hungern, und die 'Mudang' geht essen!", sagt sie lachend. Sie sagt die *Mudang* und erkennt damit die zentrale liturgische Rolle der Sun-dok als einer Art Erz-Schamanin an. Das schwarze Stirnband mit dem durchschwitzten saugfähigen Papier dahinter wird erneuert, Sun-dok wird als Mann, vielleicht als Offizier eingekleidet.

Der Kontrast zwischen der sehr fraulichen Frau, als die sie außerhalb des Rituals auftritt und dem militärischen Gehabe nun, fasziniert mich noch einmal neu. Trommel und Gong signalisieren den ernsthaften Beginn dieser Szene mit großer Lautstärke, aber ich schaue in einer Mischung aus Müdigkeit und Versonnenheit auf den tanzenden Körper der als Offizier verkleideten schönen Frau. Sie dreht sich in einem kraftvollen Tanz, unsere Blicke begegnen sich für den Bruchteil einer Sekunde, und ich habe blitzartig begriffen: Sie schaut mich fast bittend an. Hier fängt gerade die schwierigste und entscheidende Szene des ganzen Tages an: Sun-dok will versuchen, die Seele des Verstorbenen zu befreien, der sich in der Gewalt einer Gangsterbande befindet. Ich blicke für einen Moment auf meine schmerzhaft verknoteten Beine im Schneidersitz, konzentriere mich und denke: Es muss ihr gelingen, es muss ihr gelingen! Als ich wieder aufschaue, rast sie schon. Man reicht ihr Schwerter, dann Doppelmesser, sie tanzt wie eine Wahnsinnige. Sie erinnert mich an ein eigensinniges Kind, das sagt: wenn ich meinen Willen nicht bekommen, höre ich auf zu Atmen, auch wenn ich blau anlaufe. Sie kämpft um die Seele des Verstorbenen, und tanzt so – bei über dreißig Grad im Schatten – dass sie sich selbst dabei umbringen könnte, wenn sie das zu lange fortsetzte.

Abb. 2:
Die Schamanin trägt Männerkleidung, um als Medium für männliche Unsterbliche zu dienen.

An innerer Beteiligung bei mir besteht nun kein Mangel mehr. Zeitweilig packt mich die nackte Angst, ihr könnte ein Schwert oder Messer aus den rasenden Händen gleiten und sich in meinen erstarrten Körper bohren. Ich spekuliere, ob ich noch blitzschnell ausweichen könnte, so dass ihre Waffe sich krachend in die Tempelwand hineinfressen würde, doch dazu reicht die Distanz nicht, im Gegenteil, wenn sie so weitertobt, wird sie den Aktionsradius ihres Tanzes erweitern; dann kann sie mich mit dem Schwert treffen, auch ohne es aus der Hand fallen zu lassen.

Und im Jenseits: Da spielt sich vielleicht so etwas ab wie in action movies: der Held allein besiegt eine ganze Bande von Gegnern. Es ist ganz unvorstellbar, dass Sun-dok die Szene beschließt und sich an die Hinterbliebenen wendet mit den Worten: „Es tut mir leid, Euer Vater und Onkel befindet sich weiterhin in der Gewalt der Gangster". Der Sohn, die Tochter, die Nichte, sie alle drei verfolgen atemlos diese Szene. Das ganz kleine Kind, das mir am Vormittag einen Apfel gegeben hatte, war von seinem Vater abgeholt worden. Sun-dok tanzt diesen Kampftanz weiter. Wie lange hält sie das noch durch?

Abb. 3:
Im rasenden Tanz erreicht die Schamanin die Unsterblichen.

Mit den wild in die Höhe geschwungenen Armen reißt sie sich das schwarze Stirnband herunter. Das löst eine sofortige heftige Reaktion bei der Ministranz aus. Das Stirnband muss ihr schnellstens wieder angelegt werden. Dabei riskiert die junge Hilfs-Schamanin, die diese schwierige Aufgabe übernimmt, dass Sun-dok im Verlauf ihres wilden Schwertertanzes die Ministrantin gleich mit erledigt, so als wäre sie Mitglied der Gangster-Bande; denn die zelebrierende Schamanin reagiert auf den Verlust ihres Stirnbandes überhaupt nicht.

Alles gelingt: Das Stirnband kann ihr wieder umgebunden werden, sie beschließt die Kampfszene, erschöpft und mit schweißüberströmtem Gesicht, aber ohne zusammenzubrechen, und sie kann ihren Klienten und allen berichten, dass die Gangster von der Seele des Verstorbenen abgelassen haben, sie freigegeben haben. Nun erst hat der Tote die Chance, in den Frieden des Jenseits einzugehen.

Sun-dok zieht sich zurück, um sich zu erholen. Inzwischen wird umgebaut. Mitten im Tempel und damit zu Füßen des Altares wird am Boden ein ganz flacher Tisch vorbereitet. Die Helferinnen servieren ein Abendessen, vegetarisch mit Reis. Sun-dok tritt wieder auf, für wenige Momente herrscht Unsicherheit wegen der Sitzordnung, doch dann ist klar: Sie übernimmt den Vorsitz an der Tafel mit dem Rücken zum Altar, und rechts und links von ihr sitzen wir beiden Professoren. An meiner anderen Seite sitzt die Mutter unserer Vorsitzenden. Gegen Ende der Mahlzeit drängt sich die alte Schamanin zwischen Sun-dok und mich, so dass ich zwischen den beiden Seniorinnen eingeklemmt bin, welche beide mich mit beängstigender Herzlichkeit mit Essen versorgen. Park ist so freundlich und übersetzt vom Kopfende der Tafel her, informiert auch auf Fragen, dass ich am Ende der nun anbrechenden Nacht nach Tokio fliegen werde. Sun-doks Mutter meint, in vier Wochen sei ein weiterer Kut, und dann würde ich wohl wiederkommen. Von ihr kann die Tochter die Gabe des Hellsehens nicht geerbt haben. Sun-dok weiß, dass ich nicht wiederkommen werde.

Die ganztägige Zeremonienfolge schließt mit der Herbeirufung der Seelen der Ahnen des Klans und endlich, draußen im Dunkel der Nacht auf dem Tempelvorplatz, auf dem vor Stunden das bedauernswerte Huhn zweimal aufgeschlagen war, mit der Vorbereitung der Jenseitsreise. Wieder zelebriert Sun-dok: Leinentücher von etwa zehn Meter Länge müssen der Länge nach in drei schmalere Teilstreifen zerrissen werden, dann tanzt sie inmitten dieser drei Streifen, die an ihren Enden von männlichen Helfern stramm gehalten werden, und flicht mit erstaunlichen Tanzbewegungen der Arme aus den drei Streifen Zöpfe. Dabei greifen ihre Hände immer wieder die Stoffstreifen in geänderter Reihenfolge und schwingen sie in großen Halbkreisbewegungen über den Kopf, so dass die Textilzöpfe von ihrem Ende auf die Schamanin zuwachsen, ihren Spielraum immer mehr einengend, bis sie endlich gleichsam in ihrem eigenen Geflecht gefangen ist, weil es sich um ihren Hals schließt. Das geschieht zweimal mit zwei verschiedenen Leinentüchern, und dabei muss die Schamanin durch kraftvolles Vorschieben ihres Körpers gegen die angerissenen Tücher das Zerreißen mit dem Bauch oder den Rippen bewirken, braucht also noch mal viel Kraft. Obschon die ärgste Hitze des Tages vorüber ist, signalisiert Sun-dok, dass sie nicht mehr kann. Die Alte springt ein, schon umgezogen, in normaler Alltagskleidung, doch mit dem schwarzen Stirnband als zelebrierende Schamanin ausgewiesen, und vollendet, was noch an der Zeremonie für die Jenseitsreise des Verstorbenen fehlte.

Die völlig erschöpfte Sun-dok sitzt im Tempel. Sie braucht Hilfe, weil sie die Schuhe nicht allein ausziehen kann, eine Frau von der Ministranz assistiert. Man schließt die Tempeltüren, damit sie sich unbeobachtet umziehen kann. Die zahlenden Klienten besteigen ein Auto und fahren hinunter nach Seoul. Die Schamaninnen beladen zwei Kleinbusse mit ihrer Ausrüstung. Der ganze Altar wird demontiert, alle Bilder der Götter wandern in die Busse.

Abb. 4:
Die tragbare „Ikonenwand" hinter dem Altar vor dem Abbau.

Dann taucht Sun-dok aus dem Tempel wieder auf. Jetzt sehe ich sie zum ersten
Mal in Zivil, also weder in dem traditionsreichen „koreanischen Dirndl" noch in
Schamanenkleidung, sondern mit Pulli und Hose. Sie sieht auch so sehr gut aus.
Sie, Park und ich steigen in einen der beiden Kleinbusse, und der Fahrer erhält
Anweisung, uns drei hinunterzufahren. Unten am Stadtrand, wo der steile Feld-
weg auf die erste normale Stadtstraße stößt, bleibt der Kleinbus stehen, und wir
drei steigen aus. Wir schlendern fünfzig Meter zur Haltestelle des Linienbusses.
Sun-dok ist immer noch bei uns. Es liegt in der Luft, dass wir noch irgendwo
Teetrinken und Plaudern gehen, wie Mittwoch. Aber sie ist zu sehr am Ende
ihrer Kräfte, und außerdem warten die beiden Busse mit dem ganzen schamanistischen Tross. Sie muss zurück, der Abschied wirkt irgendwie schwer, Park
und ich winken ihr noch nach, dann ist sie nicht mehr zu sehen und wir stehen
in dieser Nacht, wie Tausende andere Menschen in Seoul, und warten auf den
Bus, der uns heimbringt, und in dem über die Lautsprecheranlage als Kunden-
dienst für die Fahrgäste der Schlusssatz aus Beethovens Neunter gespielt wird.
    Die Teilnahme an dem Ritual zeigt, dass dabei – nach dem Glauben aller
Beteiligten – die Schamanin den Kontakt zu dem angesprochenen Verstorbenen
aufnimmt, dass sie sich als Mittlerin zur Verfügung stellt, damit der Verstorbene durch sie zu seinen hinterbliebenen Angehörigen „sprechen" kann. Es ist
offenkundig, dass der Schamanismus, wie man ihn gegenwärtig in dem tech-

nisch und wirtschaftlich entwickelten Südkorea beobachten kann, ohne den Glauben an die Unsterblichkeit des Menschen keine Grundlage hätte.

Für Mircea Eliade (1956) ist der Schamanismus eine Technik der Ekstase. Jemand, der in Ekstase gerät, ist, wie man auch alltagssprachlich sagt, *außer sich*. Ronald Hitzler (1982) sieht im Schamanen eher jemanden, der „begeistert" ist, der es also *in sich* hat. Man kann demnach sagen, bei Eliade steht die *Ekstase*, bei Hitzler der *Enthusiasmus* im Vordergrund. Ekstase bedeutet, dass der Geist der Person den Körper verlässt, Enthusiasmus bedeutet umgekehrt gerade, dass ein dem Körper eigentlich fremder Geist (oder sogar mehrere zugleich) in den Körper des Einzelnen hineinfahren, von ihm Besitz ergreifen, so dass er oder sie dann „besessen" ist. Bei einem Schamanen kann gewiss beides vorkommen, doch halte ich es mit Hitzler für wichtiger und im praktizierten Schamanismus für unverzichtbar, dass der Körper des Schamanen enthusiasmiert, oder wie Hitzler schreibt, „begeistert" wird, also zusätzliche Geister in sich aufnimmt.

Der Schamane, gleich ob männlich oder weiblich, zeichnet sich demnach dadurch aus, dass er im Kernbereich seiner schamanistischen Praxis, *jemand anders* wird.

Abb. 5:
Schamane am Strand mit Betender und Tontechniker.

Dass dabei auch einmal die Seele eines verstorbenen Durchschnittsmenschen auf Bitten von Hinterbliebenen und gezwungen durch die rituelle Macht in den Leib des Schamanen fährt, ist richtig, aber nicht wesentlich für das Schamanesein: das leisten andere Medien spiritistischer Praxis auch. Der Schamane aber wird nicht nur *irgendwer anderer*, er wird vorübergehend die *Gottheit*! Während der gewöhnliche Gläubige sich mit der Gottheit nur bis zu dem Punkt identifiziert, an dem er ihre Perspektive übernimmt, kann der Schamane soweit gehen, dass er oder sie auf Zeit die Gottheit ist. Wenn wir dies zum Definitionskriterium des Schamanen erheben, erscheint das Phänomen in einem anderen und für die Frage nach Gemeinsamkeiten der Religionen interessanten Licht.

Abb. 6:
Die Schamanin am Strand verkündet eine Botschaft aus dem Jenseits.

Der Schamanismus tritt schon an der Schwelle zu archaischen Religionen auf. Da dort die Gottheit im religiösen Denken der gläubigen Menschen Tiergestalt hat, wird der Schamane, insoweit er die Gottheit wird, selbst tiergestaltig. Wandzeichnungen in steinzeitlichen Felshöhlen zeigen Schamanen in Tierfelle gehüllt. Das Geweih des Nahrungstieres bildet den Kopfschmuck. Solche *Verkleidungen* helfen dem Gläubigen, sich zu vergewissern, dass der Schamane im Ritual zeitweilig zur Inkarnation der Tiergottheit wird. Wenn aufgrund der Entwicklung des religiösen Bewusstseins der Menschen die Gottheit nicht mehr tiergestaltig vorgestellt wird, ändert das am *Prinzip* des Schamanismus nichts. Nur nimmt der Schamane nun, wenn er auf Zeit die Gottheit ist, eben deren *menschliche Gestalt* an und nicht mehr die eines Tieres.

# 7. Schlussbemerkungen

Die in den Feldnotizen festgehaltenen Erfahrungen aus Korea sind in wichtigen Einzelfragen verallgemeinerungsfähig: Wenn die Gottheit Menschengestalt hat, kann der Schamane nicht mehr allein durch die Metamorphose seines Erscheinungsbildes signalisieren, dass er oder sie nun die Gottheit ist. Jetzt müssen andere Merkmale hinzutreten: Allwissen, Allmacht, Unsterblichkeit. Die jüdisch-christliche Tradition legt zum Thema Unsterblichkeit dem Gläubigen nahe, von Mose, Elija und Jesus zu glauben, dass es zu keinem der drei je ein Grab gab, in dem der Leichnam dauerhaft Aufnahme gefunden hätte. Alle drei taten Wunder, d.h. sie vollzogen Handlungen, die mit solcher Wirkung nur eine Gottheit in ihrer Allmacht vollziehen kann und also durch den jeweiligen Mittler vollziehen ließ.

Die Texte des Pentateuch sind einer Interpretation zugänglich, die Mose als Medium deutet, das in besonderer Weise für den Jenseitskontakt geöffnet ist. Mose war nach dieser Hypothese, die in heuristischer Absicht, nicht als Tatsachenbehauptung, eingeführt wird, von höchster Sensibilität für die Eingebungen seines Gottes, und er konnte daher, aus der Sicht des Schamaninnenrituals, von Gott „besessen" werden, jedoch als Demagoge fühlte er sich ungeeignet. Auf dem Höhepunkt der Öffnung auf das Jenseits hin, mag Moses Rede zur Glossolalie geworden sein, die nur noch von seinem Bruder Aaron verstanden und in Alltagsprache übersetzt werden konnte. Dazu passt der folgende Text aus Exodus, Kap. 4:

10 Mose aber sprach zu Jahwe: „Ach, Herr, ich bin kein Mann des Wortes. Ich war es früher nicht und bin es auch jetzt nicht, seitdem du mit deinem Knechte redest. Denn unbeholfen ist mein Mund und meine Zunge." 11 Da erwiderte ihm Jahwe: „Wer hat dem Menschen einen Mund gegeben? Wer macht stumm oder taub, wer sehend oder blind? Bin nicht ich es, Jahwe? 12 Gehe nun, ich werde mit deinem Munde sein und dich lehren, was du reden sollst."

13 Er aber entgegnete: „Ach, Herr, sende, wen du willst!" 14 Da wurde Jahwe zornig über Mose und sprach: „Hast du nicht deinen Bruder Aaron, den Leviten? Ich weiß, dass dieser sehr gut reden kann. Siehe, er ist schon auf dem Wege, um mit dir zusammenzutreffen. Wenn er dich sieht, wird er sich herzlich freuen. 15 Rede mit ihm und lege ihm die Worte in seinen Mund. Ich aber will mit deinem und mit seinem Munde sein und will euch anweisen, was ihr tun sollt. 16 Er soll für dich zum Volke reden; er soll für dich der Mund sein, und du sollst für ihn der Gott sein..."

Die Formulierung: „du sollst für ihn der Gott sein" ist merkwürdig genug. Sie macht jenseits der Besessenheitshypothese nicht viel Sinn.

27 Und Jahwe sprach zu Aaron: „Gehe Mose in die Wüste entgegen!" Da machte er sich auf und traf ihn am Berge Gottes und küsste ihn. 25 Mose sagte alle Worte Jahwes, mit denen er ihn gesandt, und alle Wunderzeichen, die er ihm befohlen hatte. 29 Mose und Aaron gingen hin und versammelten alle Ältesten der Israeliten. 30 Aaron berichtete alles, was Jahwe zu Mose geredet hatte. Dieser aber wirkte die Wunderzeichen vor den Augen des Volkes. 31 Das Volk glaubte, und freute sich, dass Jahwe die Israeliten heimgesucht und dass er ihr Elend angesehen habe; sie verneigten sich und warfen sich nieder.

Ähnliche Hinweise finden sich auch im 6. Kapitel des Buches Exodus:

12 Mose aber redete vor Jawe: „Siehe, nicht einmal die Israeliten haben auf mich gehört. Wie wird der Pharao mich anhören, zumal ich im Reden unbeholfen bin?"

30 Mose aber erwiderte Jahwe: „Siehe, ich bin im Reden unbeholfen. Wie sollte der
Pharao auf mich hören?"

Die ersten neun Verse des 7. Kapitels von Exodus, die hieran direkt anschlie
ßen, weisen in die gleiche Richtung:

1 Jahwe aber sagte zu Mose: „Siehe, ich mache dich dem Pharao gegenüber zum Gott,
und Aaron, dein Bruder, soll dein Prophet sein. 2 Du sollst ihm alles sagen, was ich dir
auftrage. Und dein Bruder Aaron soll es dem Pharao vortragen damit er die Israeliten
aus seinem Land entlässt. 3 Ich aber werde das Herz des Pharao verhärten und viele
Zeichen und Wunder im Land Ägypten wirken..." 7 Mose war achtzig Jahre alt und
Aaron dreiundachtzig Jahre, als sie mit dem Pharao verhandelten.

8 Jahwe sprach zu Mose und Aaron: 9 „Wenn der Pharao euch auffordert: Wirket doch
ein ʻWunder!' dann sprich zu Aaron: Nimm deinen Stab und wirf ihn vor den Pharao
hin. Er wird zu einer Schlange werden."

Jahwe redet zu Mose, Mose wird von Jahwe erfüllt und dadurch für seine Gläubigen zu einem „Gott". Mose kennt den Willen Gottes, und Aaron versteht die
Worte des Mose so, wie das Volk sie verstehen kann. Mose ist der Prophet
(Schamane) Jahwes, Aaron ist der Prophet (Schamane) des Mose.

Wenn die Schamanen die Sprecher des jeweiligen Gottes waren und sind,
dann war Mose der größte Schamane Israels. Die Bibel freilich übersetzt seinen
Titel als „Prophet". Als kleine Pontifices waren Schamanen in der wohl ältesten
Form religiöser Orientierung der Menschheit tätig. Niemand kennt die Zahl der
Schamaninnen und Schamanen, die in den fünfziger Jahren im China Maos
hingerichtet oder einfach totgeschlagen worden sind. Trotzdem ist der Schamanismus heute noch die Volksreligion von Millionen von Chinesen und anderen
Asiaten. Südkorea, das Land aus dem die hier berichteten Beobachtungen
stammen, ist seiner Kulturgeschichte nach dem alten China eng verbunden. Was
der Kommunismus den Chinesen genommen oder zu nehmen versucht hat, ist
der Glaube an das ewige Leben. Doch die überwältigende Mehrheit aller Chinesen lebt auch heute noch oder wieder im Angesicht ihrer verstorbenen Vorfahren.

## Literatur

Burkert, Walter, 1972: Homo Necans. Interpretationen altgriechischer Opferriten und Mythen. Berlin: Walter de Gruyter.

Drucker, Philip, 1955: Indians of the Northwest Coast (Anthropological Handbook No 10). New York: McGraw Hill.

Eliade, Mircea, 1956: Schamanismus und archaische Ekstasetechnik. Zürich:
    Rascher.

Findeisen Hans & Gehrts, Heino, 1983: Die Schamanen. Jagdhelfer und Ratgeber, Seelenfahrer, Künder und Heiler. Köln: Diederichs.

Hitzler, Ronald, 1982: Der 'begeisterte' Körper. Zur persönlichen Identität von Schamanen. In: Gehlen, R. & Wolf, B. (Hg.), Unter dem Pflaster liegt der Strand. Bd. 11. Berlin: Kramer, S. 53-73.

Helle, Horst Jürgen, 1997: Religionssoziologie. Entwicklung der Vorstellungen vom Heiligen. München: Oldenbourg.

Müller-Karpe, Hermann, 1977: Handbuch der Vorgeschichte, 2. Aufl., Bd. I. München: C. H. Beck.

Müller-Karpe, Hermann, 1998: Grundzüge früher Menschheitsgeschichte, Bd. I. Darmstadt: Wissenschaftliche Buchgesellschaft.

Schmidt, Wilhelm, 1912-1955: Der Ursprung der Gottesidee. Eine historisch-kritische und positive Studie, 12. Bde. Münster: Aschendorff.

Vorbichler, Anton, 1956: Das Opfer. Auf den uns heute noch erreichbaren ältesten Stufen der Menschheitsgeschichte. Eine Begriffsstudie. Mödling: St.-Gabriel-Verlag.

# Seepage of the Sacred: The Impact on Religion and Society

*Phillip E. Hammond*

Most people who think about the secularization of the world probably imagine that the decline of religion means as well the decline of the sacred. With Emile Durkheim as one of my expert witnesses, I want to offer another view—that, as the sacred seeps out of the institutional structures generally held to be religious, the sacred does not disappear but emerges elsewhere in society. This paper will discuss several examples of this movement of the sacred, but first a few more comments about religion and the sacred.

Durkheim was very clear about the difference between religion and the sacred. In short, for him religion involves the sacred plus four conditions: 1) a set of beliefs about the sacred, 2) a set of practices regarding the sacred, 3) the unity of those beliefs and practices, and 4) a moral community bound by that unity. Clearly Durkheim imagined situations where some, but not all, of these conditions existed. Paraphrasing him in *The Elementary Forms*: the sacred can exist without a „church"; the two are not identical (Durkheim 1961: 62).

The same distinction can be seen in the work of Georg Simmel, my second expert witness and a favorite theorist of the man we honor at this conference. Simmel was masterful in seeing the sacred elements in social life—in his words, he saw them in „sin and redemption, love and faith, dedication and self-assertion"—which may then acquire a „physical, objective form", i.e., become a religion (Simmel 1997: 144). Simmel, I believe, was implying that the sacred consisted of all that is thought to be good or evil, true, or beautiful.

Is it not generally thought that in the earliest stages of human existence, much of social life was regarded as sacred—infused with magic, as Max Weber would say? In time, of course, specialists arose to deal with the sacred, and certain places emerged for carrying out activities related to the sacred. Religion, that is to say, emerged as a differentiated sphere of thought and action, making other spheres „secular". From a situation where much of social life was diffusely sacred, then, religious institutions arose and, by the 13th Century in the West, claimed a monopoly on the *charismatic authority* to declare what is good, evil, true, or beautiful, i.e., to declare what is sacred. And they did this in such areas as education, science, law, the arts, politics, and the economy.

It is this monopoly with regard to the sacred that began to decline after the 13th Century, making for a „seepage" of the sacred in the West that increased during the Enlightenment and Protestant Reformation and continues today. As I said before, probably most students of religious history agree with this generalization. Where they might disagree is whether this seepage means the disappearance of the sacred from social institutions *or* simply its relocation. I, of course, argue here for the sacred's relocation, but one more point must be made. The sacred, in seeping from a location where it has been „solidified" in institutional form, „liquified", so to speak, and thus more readily flown into other parts of the social body. Such movements may not be recognized as the sacred, even less likely is it to be recognized as religion. Put another way, before seeping, the sacred will easily be seen as religion using a substantive definition; after seeping, a functional definition is more likely to allow the sacred to be identified as such.

## 1. Science

Perhaps the arena in which the relocation of the sacred is most readily seen is in science, a realm that the medieval church once ruled. Not only did science demonstrate with the lightening rod that lightning can be harnessed, for example, but also science cast doubt on the church's teaching that, since lightning struck church steeples as the tallest structures in town, it must be God's retribution for sinning. Less obvious is the process whereby this episode is but one in a series still occurring that establishes science as the judge and purveyor of truth about the physical universe. Nowhere is this phenomenon more obvious than in medicine, as doctors take on god-like qualities and patients act as supplicants.[1]

## 2. Literature

From the time when the Bible and collateral material formed the basis of people's „leisure" reading, we now have available literary works that may or may not be proclaimed by their authors to deal the sacred but may nonetheless be read that way. Andrew Greeley nicely illustrates this point in an autobiographical essay. He writes:

„I began to think seriously about testing my theories of (the sociology of) religion by writing popular novels. Might not fiction be, I asked myself, the stained glass window of the modern world, a tool for handing on a religious heritage not by indoctrinating or educating but by illuminating, by asking the reader to enter the world of the story and then providing him with an enhanced view of the possibilities for his life as he returns to his own world?" (Greeley 2000: 208)

He continues:

„My novels were and are theological novels, stories about God's love, as is patent to any fair reader (…) [many of whom] write to me to tell me how the stories have changed their lives" (ebd.: 208).

The applicability of Greeley's testimony to my thesis here is underscored when three facts are added: 1) Andrew Greeley is a Roman Catholic priest, 2) his novels involve vivid sexual scenes, and would have placed them on the Index of

---

1   In 1958 Pope Pius XII declared in the encyclical, The Prolongation of Life, that determining the point of death was a matter not for the church but for the physician (Lamb 1996: 52).

Forbidden Books, which has made them controversial, and 3) the Second Vatican Council of the 1960s did away with both that Index and the required Bishop's *imprimatur* for any book written by a Catholic. The authority to rule on the publishability of Greeley's sacred stories had seeped from the Church into secular publishing firms.

## 3. Art

In the West, after Christianity came to dominate culture, art in the forms of painting, sculpture, and music were essentially extensions of the Roman Catholic Church. The Church provided the themes, sponsorship, and location for much that was artistic. It is clear that such depictions of the sacred were heavily influenced, if not outright controlled, by religious organizations.

This began to change in the post-Enlightenment period until the artistic functions once carried out by the Church largely shifted to „secular" institutions. This shift did not mean that sacred subjects disappeared, however. It *did* mean that the *authority* for providing themes, sponsorship, and location fell to others: private academies, galleries, museums, and the like. Here, then, is another example of the sacred seeping out of religion, not to vanish but to move elsewhere. The authority to declare what is „beautiful" falls into other hands.

This shift is seen rather ambiguously in late 20th Century painting with the controversy surrounding some so-called „contemporary art". Two examples will illustrate: Andre Serrano's „Piss Christ" and Chris Offili's „The Holy Virgin Mary." Both aroused enormous outcries of blasphemy, the first for displaying a plastic crucifixion figure in a jar of the artist's urine, the second for the lump of elephant dung placed over the Virgin's right breast.

Without debating the aesthetic issue here, we can note that both these artists claimed that their intentions were truly religious as well as artistic, a claim made plausible by the analysis of two scholars (one a religion scholar, the other an art professor) in a forthcoming book (Eckstrom/Hecht). They claim to find authentic religious overtones in both paintings (e.g., by noting that elephant dung symbolizes power in Black African culture).

What these controversies indicate for the argument here is that the „authority" to pronounce these paintings as „sacred" art has not settled definitively anywhere. The sacred has seeped from the Church, but in the case of contemporary art, it has yet to find a new institutional home. Hence the controversy.

## 4. Education

Formal education, once the exclusive domain of religion, has—in the West—largely moved to the public realm. Churches still teach Sunday School, hold membership classes, and generally see themselves as „educating" those who voluntarily play the student role. The „authority" of what is taught is thus also voluntarily accepted, obeying canon law being a case in point.

What has largely replaced religious institutions in the education realm—research universities most vividly—of course have their origins in monastic religion (still symbolized in academic regalia), but in recent centuries have become thoroughly secular in most respects. There is at least one way the university is not secular, however, but sacred—in its systematic and continuous efforts to seek truth. So sacred is this activity that violations (e.g., plagiarism, make-believe research findings, phantom entries in a *curriculum vitae*, claims of non-existent degrees), when discovered, lead to severe penalties. Few in academic life, and even fewer outside, are likely to think of the university as sacred, but note the lengths to which academic credentials have become the measuring rods by which people's expertise is accepted. Certainly in science, but also in foreign and economic policy, Western societies rely greatly on knowledge generated by the university.

## 5. A First Summary

My argument here is not simply that much that is sacred has seeped out of those social institutions commonly regarded as religious. Presumably nobody would reject that assertion. The burden of my argument rests on evidence that in seeping out of churches, the sacred has not vanished but relocated in social institutions not commonly regarded as religious. Put another way, the sacred authority to define the good, the evil, the true, and the beautiful, once monopolized by religion—a monopoly that was widely acknowledged in society—is sacred authority now exercised elsewhere. To be sure, with the possible exception of the legal realm (soon to be discussed), these charismatic elements are not as firmly institutionalized as they were in churches. Indeed, they may appear and then fade away, only to reappear, as in family holiday celebrations or in university commencement exercises. The question of who, in these secular settings, manifests these elements may be unclear, as in evaluating pieces of art or literature. But the presence of the sacred, however fleeting, can be unmistakable, as demonstrated in the 2001 attack on New York's World Trade Towers. Firemen, policemen, Mayor Guiliani, and others became symbols of courage, hope, and generosity, the kind of episode Simmel would easily recognize as containing the sacred „stuff" from which religion may—but often does not—emerge. These reactions were not „rational" responses but *sui generis*. They were not instrumental but expressive. True charismatic authority was observable.

I believe something similar—if less dramatic—can be seen in each of the four institutional spheres already discussed, thus revealing the seepage of the sacred and its relocation in secular places. But one sphere where the relocated sacred can be seen in a highly institutionalized manner is the legal realm. I conclude, then, with some comments about law and the sacred.

## 6. The Law

Earlier I referred to science, especially medical science, as the sphere where truth about the physical universe is now found, after seeping out of religious institutions. While no thinking person would deny this shift, there may be some doubt whether the shift to declare this truth truly reflects the „sacred". Are scientists and physicians really keepers of the sacred? No such doubt exists about the seepage of the sacred into legal institutions, especially in the West, especially in Anglo-American legal systems, and especially in the United States.

Many have commented on the „religious" character of American law. Supreme Court justices have been called „nine high priests", their meetings preceded by a chaplain's prayer, their deliberations in public somber indeed.

Elsewhere I have written of the inevitable pressure on the courts „to perform for American society the sacred task of providing a common moral understanding" (Hammond 1980: 149). Alexander Pekelis (1950: 56) has suggested much the same about the common law in general. The chief reason for this development lies in the separation of church and state, so that where that separation is greater, the sacred aspects of the courts are more pronounced, as in the U.S.

No more dramatic example of this point could be found than the current scandal in America involving the Roman Catholic priests who sexually abused children, and the Bishops who ignored or concealed the abusers.

Secular courts generally have stayed out of conflicts within churches, leaving to whatever passes as canon law in each denomination to seek resolution. In the sexual abuse cases, however, not only were canon laws violated but also criminal laws. Priests and Bishops have been named in civil suits and deposed by civil lawyers, all of which means that it is the „secular" judicial system that will determine whether „sacred" obligations have been violated (see New York Times, April 28, 2002; May 4, 2002; May 12, 2002; and August 25, 2002). A similar confrontation is brewing among the Jehovah's Witnesses (see New York Times, August 11, 2002).

The significance of such developments is found not just in the atrocious and blatant failure to keep priestly vows but also in the fact that it is the secular law that defines and applies the moral code. Even if the Church took disciplinary actions against priests and bishops, the secular judicial system would still be the controlling agency.

## 7. Conclusion

Emile Durkheim told us that while religion is certainly a social phenomenon, society is itself a religious phenomenon. That is to say, society has within it the capacity to generate the sacred. In the societies he studied the sacred was highly institutionalized, its beliefs widely held, its rituals long-standing. Together, these things constituted a „church".

In modern societies, the sacred is not so neatly packaged. Though there remain organizations called „churches", they have no monopoly on the sacred, while containing much that is secular. I have offered as examples the sacred as found in science, literature, art, education, and law. No doubt other examples could be cited, as in family rituals, athletic events, and political rallies. Obviously, however, the aim here is merely illustrative, not exhaustive; it is an invitation to broaden the search for the sacred.

## Bibliography

Durkheim, Emile, 1961: The Elementary Forms of Religious Life. Translated by J.W. Swain. New York: Collier.

Eckstrom, Linda & Hecht, Richard D. [forthcoming]: Saved from Matter: The Religious Culture of Contemporary Art. Berkeley: University of California Press.

Greely, Andrew, 2000: The Craft of Religious Studies. Edited by Jon R. Stone. New York: Palgrave.

Hammond, Philipp E., 1980: Pluralism and Law in the Formation of American Civil Religion. In: Bellah, R. & Hammond P., Varieties of Civil Religion. San Francisco: Harper and Row.

Lamb, David, 1996: Death, Brain Death, and Ethics. Adershot: Avebury.

New York Times, April 28, 2002; May 4, 2002; May 12, 2002; August 25, 2002 and August 11, 2002.

Pekelis, Alexander, 1950: Law and Social Action. Ithaca, NY: Cornell University Press.

Simmel, Georg, 1997: Essays on Religion, Edited and translated by Horst J. Helle in collaboration with Ludwig Nieder. New Haven: Yale University Press.

# Zu den Autorinnen und Autoren

*Dr. Alexander Bogner*

Studium der Soziologie in Salzburg und Frankfurt am Main, anschließend Post-graduierten-Lehrgang und Projektassistent am Institut für Höhere Studien in Wien, seit 2002 wissenschaftlicher Mitarbeiter am Institut für Technikfolgen-Abschätzung der Österreichischen Akademie der Wissenschaften. Arbeitsbereiche: Wissenschafts- und Technikforschung, Methoden der empirischen Sozialforschung.

*Prof. Phillip E. Hammond, Ph.D.*

Ph.D. an der Universität Columbia, D. Mackenzie Brown Professor Emeritus für 'Religious Studies' an der Universität von Kalifornien, Santa Barbara, vorher Lehrtätigkeiten an den Universitäten von Yale, Wisconsin und Arizona. Arbeitsbereiche u.a.: Religionssoziologie, Soziologische Theorie.

*Prof. Dr. Horst J. Helle*

Promotion und Habilitation für Soziologie an der Universität Hamburg, Lehrstuhlinhaber an der Rheinisch-Westfälischen Technischen Hochschule Aachen, der Universität Wien und seit 1973 der Universität München. Arbeitsbereiche: Verstehende Theorie, Religionssoziologie, Familiensoziologie.

*Dipl.-Kulturwiss. Antje Kahl*

Studium der Kulturwissenschaften in Frankfurt/Oder, Promotionsstipendiatin der Stiftung Humatia für Sepulkralkultur am Institut für Soziologie der Technischen Universität Berlin. Arbeitsbereiche: Thanatosoziologie, Religions- und Kultursoziologie, Soziologische Theorie, qualitative Sozialforschung.

*Prof. Dr. Hubert Knoblauch*

Professor für Allgemeine Soziologie an der Technischen Universität Berlin, zuvor Professor für Religionssoziologie und -wissenschaft an der Universität Zürich. Arbeitsbereiche: Wissen, Kommunikation, Religion, Qualitative Methoden.

*Prof. William R. LaFleur, Ph.D.*

Ph.D. in 'History of Religions' an der University of Chicago, Professor für 'Japanese Studies' und 'Religious Studies' an der University of Pennsylvania, lehrte in Princeton, an der UCLA und an der Sophia University in Tokio. Arbeitsbereiche u.a.: Buddhismus und 'Comparative Ethics'.


*Prof. Dr. Armin Nassehi*

Professor für Soziologie an der Ludwig-Maximilians-Universität München, davor Privatdozent und Oberassistent an der Universität Münster/Westfalen. Arbeitsbereiche u.a.: Soziologische Theorie, Kultur-/Wissenssoziologie, politische Soziologie.


*Prof. Dr. Dr. Ulrich Nembach*

Professor für Praktische Theologie in Göttingen bis 2000, Studium der evangelischen Theologie und Jura, Promotionen in Basel und Münster/Westfalen, Habilitation in Münster/Westfalen. Arbeitsbereiche u.a.: Praktische Theologie unter besonderer Berücksichtigung von Fragen der Verkündigung.


*PD Dr. Ludwig Nieder*

Studium der Soziologie, Psychologie und Philosophie, gegenwärtig wissenschaftlicher Mitarbeiter an der Universität Augsburg, davor Oberassistent und Privatdozent am Institut für Soziologie der Ludwig-Maximilians-Universität München. Arbeitsbereiche: Soziologische Theorie, Religionssoziologie, Kultursoziologie, Soziologie der Zeit.


*Prof. Dr. Wulf Schiefenhövel*

Studium der Humanmedizin in München und Erlangen, seit 1991 apl. Professor an der Ludwig-Maximilians-Universität München (Ethnomedizin und Medizinische Psychologie), Leiter der Gruppe Humanethologie des Max-Planck-Instituts in Andechs. Arbeitsbereiche: Humanethologie, Anthropologie, evolutionäre Medizin, Ethnomedizin.

*Prof. Dr. Werner Schneider*

Professor für Soziologie an der Philosophisch-Sozialwissenschaftlichen Fakultät der Universität Augsburg, zuvor wissenschaftlicher Mitarbeiter am Institut für Soziologie der Ludwig-Maximilians-Universität München. Arbeitsbereiche u.a.: Wissens- und Kultursoziologie, Thanatosoziologie, Diskursforschung.


*Prof. Dr. Ursula Streckeisen*

Professorin für Soziologie an der Pädagogischen Hochschule Bern und Privatdozentin am Institut für Soziologie der Universität Bern. Arbeitsbereiche: Professions- und Berufssoziologie, Professionalisierungstheorie, kultursoziologisch orientierte Bildungsforschung, Medizinsoziologie, Thanatologie.

## Studien zur interdisziplinären Thanatologie

hrsg. von Prof. Dr. phil. Armin Nassehi (München), Prof. Dr. päd. Franco Rest (Dortmund) und Prof. Dr. theol. Dr. phil. h. c. Georg Weber (Münster)

Martin Kurthen
**Die dritte Natur**
Über posthumane Faktizität. Mit einem Geleitwort von Detlef B. Linke
Der Posthumanismus besteht nicht in der technischen Herstellbarkeit eines Wesens nach dem Menschen, sondern in dem unmerklichen Zusammenfallen des Humanen und des Posthumanen in der einheitlichen Positivität eines posthumanen Todestriebs. Dort gewinnt das soziale und kulturelle Leben wieder Aspekte einer natürlichen Evolution. Dies impliziert jedoch nicht die Regression zu einer vorkulturellen Natur, sondern eher eine Progression in eine subjektlose selbstläufige Entwicklung, die all die subtilen kulturellen Funktionen in ihren objektiven Fortlauf integriert. Das ist die dritte Natur, wenn die Kultur als „zweite Natur" hatte gelten dürfen.
Bd. 7, 2004, 152 S., 19,90 €, br.,
ISBN-DE 3-8258-7558-x, ISBN-CH 3-03735-134-9

Julia von Hayek
**Hybride Sterberäume in der reflexiven Moderne**
Eine ethnographische Studie im ambulanten Hospizdienst
Die vorliegende Ethnographie erforscht auf der Grundlage teilnehmender Beobachtungen und leitfadengestützter Interviews, wie sich die institutionelle Ordnung im ambulanten Hospizdienst gestaltet. Die soziologische Frage hierzu lautet: Hat sich die institutionelle Ordnung im ambulanten Hospizbereich im Vergleich zu den modernen Institutionen wie den Kliniken gewandelt? Und wenn ja, in welcher Weise? Im Rahmen einer reflexiven Moderne werden – so zeigen die empirischen Ergebnisse – „hybride Sterberäume"

errichtet, in denen sich eine professionelle Unterstützungsleistung mit den Vorstellungen der „modernen Familie" verbindet, wodurch institutionelle Verhältnisse nach einer ihnen eigenen Logik entstehen.
Bd. 8, 2006, 296 S., 24,90 €, br.,
ISBN 3-8258-9791-5

## Forum „Hospiz"

hrsg. von Prof. Dr. Franco Rest (Dortmund)

Andreas Stähli
**„Ich will mitfliegen, aber ich habe noch keinen Platz"**
Reflexion und Erfahrung über Kranksein, Sterben und Tod auf der Palliativstation „Johannes-Hospiz" in München
Die Hospizarbeit fordert in besonderer Weise das philosophische Denken zu einer Klärung und Vertiefung in ihr gemachter Erfahrungen. Fragen, die im Umgang mit Kranksein, Sterben und Tod aufbrechen, finden in der philosophischen Reflexion einen wichtigen Aspekt möglicher Beantwortung. Thematisiert wird im ersten Teil der vorliegenden Arbeit unter anderem die Frage nach der Theodizee, Fragen nach der Sprache, dem Willen und dem Bewusstsein des schwerkranken und sterbenden Menschen, aber auch die Frage nach der Zeit. In der Bemühung um eine Antwort ist stets die Nähe zur Praxis bedeutsam. Der zweite Teil stellt die Spiritualität in den Mittelpunkt seiner Ausführungen. Den Schwerpunkt bildet eine Betrachtung über das Gebet im Johannes-Hospiz.
Bd. 2, 2001, 192 S., 15,90 €, br.,
ISBN 3-8258-5107-9

Reimer Gronemeyer; Erich H. Loewy (Hg.), in Zusammenarbeit mit Michaela Fink, Marcel Globisch und Felix Schumann
**Wohin mit den Sterbenden?**
Hospize in Europa – Ansätze zu einem Vergleich
In Deutschland wie in anderen europäischen Ländern treten die Konsequenzen eines noch

**LIT** Verlag Berlin – Hamburg – London – Münster – Wien – Zürich
Fresnostr. 2 48159 Münster
Tel.: 0251 / 620 32 22 – Fax: 0251 / 922 60 99
e-Mail: vertrieb@lit-verlag.de – http://www.lit-verlag.de

nie dagewesenen demographischen Umbruchs zutage: Europas Gesellschaften sind alternde Gesellschaften. Davon wird auch der letzte Lebensabschnitt der Menschen tangiert: *Wohin mit den Sterbenden?* Die Familie sieht sich immer weniger zur Pflege imstande, das Krankenhaus ist eine problematische Ersatzlösung. In ganz Europa entstehen heute Hospize als Antwort auf die neue soziale Herausforderung. Dieser Band legt Berichte über Erfahrungen mit Hospizen aus verschiedenen europäischen Ländern vor.
Bd. 3, 2002, 240 S., 20,90 €, br., ISBN 3-8258-6011-6

## Fremde Nähe – Beiträge zur interkulturellen Diskussion
hrsg. von Raimer Gronemeyer (Gießen), Roland Schopf (Fulda) und Brigitte Wießmeier (Berlin)

Kemal Bozay
**Exil Türkei – Ein Forschungsbeitrag zur deutschsprachigen Emigration in der Türkei (1933–1945)**
Die vorliegende Arbeit greift eines der erfreulichsten Kapitel in den Beziehungen zwischen Deutschland und der Türkei auf. Leider ist es bislang auch eines der am wenigsten bekannten. Die Tatsache, daß die Türkei nach 1933 zahlreichen deutschen Wissenschaftlern und Künstlern nicht nur Asyl und Zuflucht, sondern auch ein Betätigungsfeld geboten hat, steht im doppelten Schatten der deutschtürkischen militärischen Kooperation bis zum Ersten Weltkrieg einer und der türkischen Migration nach Deutschland seit den sechziger Jahren andererseits. In seiner Arbeit geht es dem Autor freilich nicht in erster Linie um die Darstellung und Analyse des Ereignisses selbst, das wissenschaftlich recht gut dokumentiert ist. Vielmehr stellt er es in den Kontext der Migrationsforschung: Der Aufenthalt der Deutschen, bei denen es sich um jüdische Emigranten, wissenschaftliche und kulturelle Dissidenten und nicht zuletzt um politische Gegner des Hitler-Faschismus

handelte, wird im Zusammenhang mit der allgemeinen deutschen Migrationsgeschichte verstanden. Migration, also "Wanderung" ist gleichbedeutend mit dem Übergang in eine neue soziale und kulturelle Lebenswelt. Dieser Prozeß beinhaltet eine Loslösung von alten Lebensweisen sowie einen Verlust von kultureller und sozialer Selbstverständlichkeit. *Udo Steinbach*
Bd. 15, 2001, 136 S., 15,90 €, br., ISBN 3-8258-5103-6

Jürgen Klute; Spyros Papaspyrou; Lioba Schulte (Hg.)
**AGORA – Von der Kohle zum Amphitheater**
Kleine Schritte in Richtung Europa
*Vom Gastarbeiter zum Gastgeber* – diesen Weg haben die Griechische Gemeinde e. V. Castrop-Rauxel, die evangelische Kirche, die griechisch-orthodoxe Kirche und seit einiger Zeit auch die katholische Kirche in Zusammenarbeit mit der Stadt Castrop-Rauxel, dem Land Nordrhein-Westfalen, der Arbeitsverwaltung und zeitweilig auch in Zusammenarbeit mit der Europäischen Union unter dem Dach des AGORA Kulturzentrum in der ehemaligen Zeche Ickern I/II in Castrop-Rauxel gemeinsam zurückgelegt. Der vorliegende Band dokumentiert Erfahrungen und Reflexionen aus den über zwanzig Jahren dieser gemeinsamen Integrations- und Kulturarbeit sowie das in diesem Kontext entstandene Theaterstück „Damals waren wir die Fremden ..." des *Theatro Odysseus Schwestern.*
Bd. 17, 2003, 360 S., 19,90 €, br., ISBN 3-8258-5988-6

Julien Koku Kita
**Pour comprendre la mentalité africaine**
Les rapports afro-occidentaux en dynamisme constructif
Cet ouvrage essaie de restituer ce que l'Afrique et l'Occident ont de commun et de spécifique dans leurs mentalités et nous invite à engager le dialogue sur ce que nous, Africains et Occidentaux, avons de plus profond en nous, non pour affirmer sa valeur

**LIT** Verlag Berlin – Hamburg – London – Münster – Wien – Zürich
Fresnostr. 2 48159 Münster
Tel.: 0251 / 620 32 22 – Fax: 0251 / 922 60 99
e-Mail: vertrieb@lit-verlag.de – http://www.lit-verlag.de

inaltérable, mais pour le relativiser en vue de réaliser l'accord conciliant: Africanité et Occidentalité.
Bd. 18, 2003, 152 S., 14,90 €, br.,
ISBN 3-8258-6283-6

Julien Koku Kita
**Afrikanische und europäische Mentalitäten im Vergleich**
Mit Beispielen aus der Beratungsarbeit
Mentalität bezeichnet in diesem Buch eine allgemeine soziokulturelle Tendenz. „Julien Kita ( … ) geht davon aus, dass viele interkulturelle Probleme durch Missverständnisse und falsche Interpretation der Lebenserfahrungen von Menschen aus einem anderen Milieu entstehen" (*Münstersche Zeitung, 28.09.02*).
Bd. 19, 2003, 144 S., 14,90 €, br.,
ISBN 3-8258-6607-6

Philipp Wolf; Stefanie Rück (Hg.)
**Wir und das Fremde**
Nell-Breuning Symposium Rödermark
Oktober 2002
Globalisierung und weltweite Migration führen zu einer zunehmenden Konfrontation mit anderen und fremden Kulturen. Sie scheinen die Vertrautheit und Sicherheit, die relativ geschlossene Gesellschaften, Ethnien oder Staaten traditionell (mehr oder weniger) gewährleisten konnten, zu erschüttern. Dies wird häufig als Zumutung empfunden, das Ich reagiert mit Abwehr und Fremdenfeindlichkeit. Interkulturelle Begegnung sollte und kann aber auch als Chance begriffen werden – als Chance zum Verständnis des Fremden in uns selbst wie der Gemeinsamkeiten und Differenzen, die das Zusammenleben und die Kommunikation mit dem Fremden so fruchtbar für alle machen können. Das gemeinsame Anliegen der 22 Aufsätze ist es, gute Gründe für das Verstehen anderer Kulturen zu geben, aber auch Methoden und Wege zu einer Annäherung aufzuzeigen. Der Band dokumentiert die Vorträge eines internationalen Symposions mit Religionswissenschaftlern, Ethnologen, Sozialwissenschaftlern und Literaturwissenschaftlern (vor allem aus der Anglistik und Amerikanistik), das im November 2002 von der Stadt Rödermark und der

Nell-Breuning-Schule Rödermark ausgerichtet wurde.
Bd. 20, 2004, 384 S., 19,90 €, br.,
ISBN 3-8258-6697-1

Frank Beyersdörfer
**Multikulturelle Gesellschaft**
Begriffe, Phänomene, Verhaltensregeln
Die Studie thematisiert die multikulturelle Gesellschaft. Es werden Begriffe erörtert und Phänomene vorgestellt. Philosophische Ansätze (u. a. Platon, Spinoza, Foucault, Rawls) zeigen, dass die westlichen Gesellschaften auf Multikulturalität nie völlig unvorbereitet waren. Hierzu gehören die Sorge um Fremde, ein Denken in Gleichordnung sowie die Erinnerung an die eigene Geschichte. Die Studie mündet in Verhaltensregeln für das Leben mit Multikulturalität.
Bd. 21, 2004, 296 S., 19,90 €, br.,
ISBN 3-8258-7664-0

Vito Antonio Lupo
**Die italienischen katholischen Gemeinden in Deutschland**
Ein Beispiel für die Auswanderungspastoral während der letzten 50 Jahre
Hundertdrei Italienische Katholische Gemeinden haben seit Anfang der 50er Jahre mehr als drei Millionen Menschen aus Süditalien und von den Inseln unterwegs nach Deutschland sozial und pastoral betreut. Die ersten Jahre der Zuwanderung, die s. g. Bleijahre, aber auch die späteren, verlangten von etwa fünfhundert italienischen Geistlichen einen harten körperlichen und geistigen Einsatz, viel Fantasie und pastorale Initiativen. Mit diesem Buch ist es dem Autor gelungen ein wichtiges Stück Pastoralgeschichte der Nachkriegszeit Deutschlands festzuhalten, ein Beispiel von Sozialpastoral bzw. Aus- wanderungspastoral besonderer Prägung darzubieten und Zukunftsperspektiven aufzuzeigen.
Bd. 22, 2005, 632 S., 49,90 €, gb.,
ISBN 3-8258-8395-7

LIT Verlag Berlin – Hamburg – London – Münster – Wien – Zürich
Fresnostr. 2 48159 Münster
Tel.: 0251 / 620 32 22 – Fax: 0251 / 922 60 99
e-Mail: vertrieb@lit-verlag.de – http://www.lit-verlag.de